THE NETTI-PAKARAṆA

경전 이해의 길

네띠빠까라나 上

이 책은 (재)한국연구재단의 지원으로 학고방출판사에서 출간, 유통합니다.

경전 이해의 길

THE NETTI-PAKARAṆA

네띠빠까라나 上

E. Hardy 엮음

임승택·서갑선·이춘옥 옮김

學古房

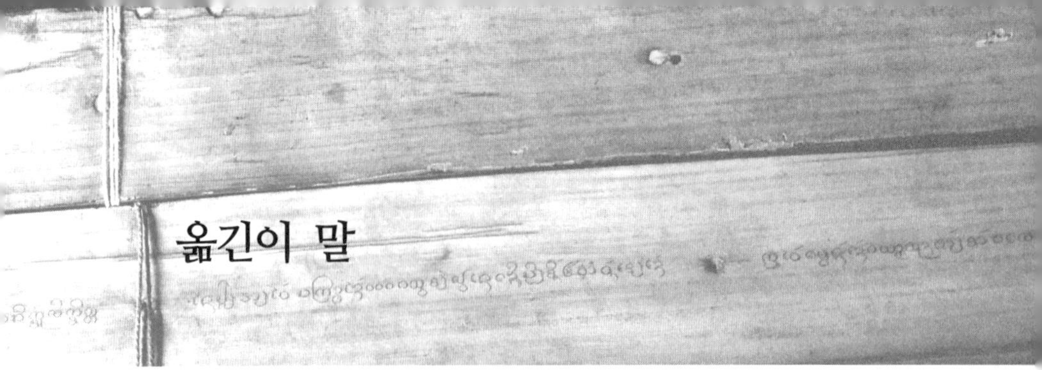

옮긴이 말

최근 10년 남짓한 기간 동안 국내 불교학계의 초기불교에 대한 연구와 논의 수준은 상당한 진척을 보이고 있다. 4부 니까야가 완역되었고 『법구경』이라든가 『숫따니빠따』 등의 주요 소부니까야(*Khuddaka-Nikāya*)가 지속적으로 번역·출간되고 있다. 또한 이들 니까야에 근거한 학술논문들도 급속히 세분화되는 추세이다. 엄밀한 문헌학적 연구에서부터 다양한 방면에 걸친 학제간 융합 연구에 이르기까지 예전에는 미처 생각하지 못했던 분야에서 수많은 결과물이 산출되고 있다. 이러한 최근의 양상은 초기불교에 대한 연구 역량이 그만큼 축적되었음을 의미한다.

그럼에도 국내의 초기불교에 대한 연구는 일본이나 서구권에 비해 많이 뒤떨어진 형편이다. 우선 빨리(Pāli) 삼장(三藏)의 번역이 완비되지 못한 상태이다. 일부 연구자들 사이에 치열한 논의가 있었지만 아직도 주요 용어들에 대한 우리말 번역 작업이 본격적인 궤도에 오르지 못하고 있다. 경장(經藏)과 논장(論藏) 그리고 주석 문헌들 사이에 존재하는 간극에 대한 해명도 적절히 이루어지지 않고 있다. 무엇보다도 이러한 문제를 해결하기 위한 논의구조마저 형성되어 있지 않다. 몇몇 개별 연구자에 의해 대부분의 번역 작업이 주도되고 있으며, 그 결과물에서 나타나는 편차가 적지 않다.

네띠빠까라나(*Nettippakaraṇa*)의 번역은 이러한 문제점을 고민하던 와중에 기획되었다. 무엇보다도 경장에 대한 안내서로 저술된 문헌이라는 점이 마음을 끌었다. 이것에 대해 다수의 연구자들이 오랜 시간과 논의의 과정을 통해 함께 번역을 진행해 나간다면 기존의 작업에서 노출되었던 문제점들이 개선될 수 있을 것이라는 생각이 들었다. 그러나 실제로 번역을 진행해 나가다 보니 원래의 바람과 희망은 차츰 시들어 갔고, 오히려 그간의 결과물들이 얼마나 많은 땀과 노고로 이루어진 것이었는가를 절감하게 되었다. 작업이 진행되는 내내 스스로의 부족함을 되짚어보지 않을 수 없었다.

그렇지만 책을 내면서 이 작업을 진행했던 방식만큼은 분명히 밝히고 싶다. 초벌번역은 스리랑카(Sri Lanka) 켈라니야대학(University of Kelaniya)의 빠알리 · 불교학 대학원에서 석박사과정을 수학한 이춘옥 선생과 현재 페라데니야대학(University of Peradeniya)에서 박사학위논문을 쓰고 있는 서갑선 선생이 맡았다. 두 선생은 5년여에 걸쳐 우 빤디따 사야도(U Pandita Sayadaw)로부터 미얀마(Myanmar) 목갈라나(Moggallāna) 전통의 관계문법(Relational Grammar)을 사사 하였다. 두 선생의 노고가 없었더라면 이 작업은 시작되지도 못했을 것이고 완성을 보지도 못했을 것이다.

매주 한 번씩 모여 초벌번역을 낭독하면서 이를 보완하거나 수정하는 방식을 취했다. 또한 방학 중에는 합숙을 통해 집중적으로 교정과 윤문 작업을 진행했다. 이 과정에서 경북대학 철학과의 임승택(필자)과 강의숙 선생은 초벌번역을 검토하고 보완하는 역할을 맡았다. 박마리아 선생은 번역된 원고의 낭송을 도맡았고, 황현권 선생은 정보 수집과 분위기 메이커 역할을 하였다. 또한 간헐적으로 최제용 교수, 이우철 교수, 강정실 선생, 강동오 선생 등이 참여하여 작업을 도왔다. 이렇게 3년여에 걸쳐 모임을 유지한 끝에 작업이 마무리되었다. 초기에는 구성원들 간의 견해 차이로 적지 않은 갈등도 있었다. 특히 초벌번역을 맡은 이춘옥 선생은 매번 인욕바라밀을 실천하는 마음으로 어려움을 넘겼을 것이다.

번역을 진행하면서 견지했던 원칙이 있다. 기존의 한자어가 이미 정착되어 있거나 친숙하게 사용되는 경우에는 굳이 새로운 번역어를 쓰지 않았다. 그러나 원어의 의미를 명확하게 전달하지 못하거나 친숙하지 않은 경우에는 과감하게 우리말 번역을 시도하였다. 또한 동일한 맥락으로 사용되는 용어들에 대해서는 가급적 하나의 번역어를 고수하였고, 동일한 패턴으로 반복되는 구문들에 대해서도 일관된 번역 스타일을 유지하고자 하였다. 그렇게 하다 보니 간혹 생소하거나 어색한 번역이 초래되는 문제점이 발생하였다. 첨부된 빨리어 원문은 이러한 취약점을 보완하는 장치가 될 수 있지 않을까 생각한다.

3년여에 걸친 시간을 이 작업과 더불어 알뜰하게 보냈다는 생각이 든다. 자주 있었던 일은 아니지만 텍스트 내용에 희열감이 북받쳐 서로의 들뜬 얼굴을 번갈아 쳐다보던 때가 있었다. 아마 그때의 감동은 결코 뇌리에서 사라지지 않을 것이다. 부족한 역량이지만 많은 정성을 기울였다. 텍스트 전체를 몇 등분으로 분할하여 윤독을 진행하였고, 분할된 각각에 대해서는 많게는 7번에서부터 적게는 4번 정도에 걸쳐 반복적으로 함께 낭송하였다. 그럼에도 불구하고 난해한 대목에 이르러서는 여전히 자신이 없다는 사실을 솔직히 고백한다. 이제 이 부분에 대한 평가와 질책은 독자의 몫으로 넘긴다. 담담한 마음으로 귀 기울인다.

2014년 4월

임 승 택

해 제

1. 성립 시기

네띠빠까라나(Nettippakaraṇa, 이하 네띠)는 경장(Sutta-Piṭaka)이나 논장(Abhidhamma-Piṭaka)에 속하지 않으면서도 그들에 못지않은 권위를 인정받아 온 독특한 성격의 문헌이다. 이러한 부류의 문헌들로는 네띠 이외에도 뻬따꼬빠데사(Peṭakopadesa,이하 뻬따), 밀린다팡하(Milindapañha) 등이 있다. 미얀마(Myanmar) 전통에서는 이들 셋 모두를 소부(小部)의 꿋다까니까야(Kuddakanikāya)에 포함시킨다. 또한 스리랑카(Sri Lanka)에서 작성된 일부의 목록집에서도 네띠를 꿋다까니까야에 포함시키는 경우가 있다. 그러나 일반적으로 인정되는 꿋다까니까야의 목록은 법구경(Dhammapada), 숫따니빠따(Suttanipāta), 장로게(Theragāthā) 등의 열다섯으로 제한되며 네띠 등의 셋은 배제된다.

네띠와 뻬따는 붓다의 가까운 제자들 중 한명이었던 마하깟짜나(Mahākaccāna) 존자가 지은 것으로 전해진다. 두 문헌이 과연 경으로서의 지위를 지니는가의 문제에 관해서는 주요 전통들 간에 의견이 일치하지 않는다. 그렇지만 상좌부에서 오랜 동안 경장에 준하는 권위를 누려왔던 것은 사실이다. 두 문헌에는 붓다의 가르침을 해석하는 고유한 방법론이 담겨있다. 현대 학자들은 마하깟짜나에 의해 고안된 방법론이 그를 따르던 제자들에게 계승되었고, 그 후 이 두 문헌으로 남게 되었을 것으로 본다.

붓다의 가르침에 대한 정확한 해설의 필요성은 붓다가 살아있을 당시부터 존재했다. 앙굿따라니까야(Aṅguttara Nikāya)의 에따닥가 왁가(Etadagga-vagga)에서는 붓다가 설한 짧은 교설을 상세하게 풀어 설명할 수 있는 최고의 제자로 마하깟짜나를 언급한다. 마하깟자나의 해설 능력은 마두삔디까숫따(Madhupiṇḍika-Sutta) 등의 경에서 확인할 수 있다. 그는 간략하게 설해진 붓다의 가르침을 탁월한 방식으로 해설하여 붓다로부터 인정을 받는다. 마두삔디까숫따는 경장에 공식적으로 포함되어 있으며 마하깟짜나에 귀속되는 다수의 교설 가운데 하나이다.

붓다의 주요 활동 무대는 인도 중부의 라자가하(Rājagaha) 혹은 사밧티(Sāvatthī)였다. 그러나 마하깟짜나는 서부의 아반띠(Avanti) 지방에서 살았다. 닛데사(Niddesa)에 따르면 붓다 당시부터 주요 제자들은 독자적으로 자신들의 제자 무리를 이끌었다. 또한 그들에 의해 운영되는 빠리웨나(Parivena)라고 부르는 교육 장소가 있었다. 마하깟짜나는 아반띠에서 붓다의 육성을 직접 들을 수 없는 사람들을 위해 빠리웨나를 운영하였다. 거기에서 그는 붓다의 말씀을 해석하는 고유의 방법론을 가르쳤던 것으로 보인다. 네띠의 끝부분에는 이 문헌의 성립에 관련하여 “마하깟짜나 존자가 말씀하시고 세존께서 인가하시고 근본결집에서 합송되었다(āyasmatā mahākaccānena bhāsitā bhagavatā anumoditā mūlasaṅgītiyaṃ saṅgītāti).”라는 기술이 있다. 이것이 사실이라면 마하깟짜나의 방법론은 아반띠에서 그의 제자들에게 전승되다가 붓다의 입멸 후 네띠라는 명칭으로 합송되어 남겨지게 되었을 것이다.

네띠는 주석서와 복주서가 함께 전해지는데, 이들 세 문헌 모두 네띠의 저자를 마하깟짜나로 밝히고 있다. 그러나 네띠의 저자로 언급되는 마하깟짜나가 아반띠의 마하깟짜나와 동일한 인물인지 확인할 만한 증거는 존재하지 않는다. 상좌부 전통에는 특정 문헌을 붓다의 직제자에게 귀속시키는 관행이 있다. 예컨대 꿋다까니까야에 공식적으로 포함되는 닛데사(Niddesa)와 빠띠삼비다막가(Paṭisambhidāmagga)가 그러하다. 이들은 네띠보다 더 늦은 시기에 성립되었지만 사리뿟따(Sariputta)의 저술로 간주되고 있다. 이 두 문헌은 사리뿟따의 제자들에 의해 전승된 것이 분명하지만 사리뿟다 자신의 저술로 인정받고 있다. 네띠 또한 마하깟짜나의 전통에 속한 인물에 의해 편찬되었을 가능성이 크다.

네띠의 성립 연대를 추측하게 하는 중요한 근거의 하나는 아비담마(Abhidhamma)와의 관계이다. 사리뿟따에게 귀속되는 닛데사와 빠띠삼비다막가는 아비담마와 직접적으로 연관되어 있다. 예컨대 논의의 주제를 일괄 제시하고서 본론에 들어가는 논모(mātikā)에 의거한 서술 방식이라든가 아비담마 고유의 전문화된 술어의 사용이 그것이다. 그러나 네띠에는 그와 같은 논모라든가 새롭게 고안된 술어들이 등장하지 않는다. 네띠에서는 논장(Abhidhamma-Piṭaka) 혹은 아비담마의 법 분류 방식이 철저하게 무시된다. 네띠에서 강조되는 것은 오로지 경에 나타나는 교설들뿐이다. 이 문헌은 경장으로부터는 수많은 구절들을 인용하지만 논장에 귀속될 수 있는 인용문은 단 하나도 포함하지 않는다. 이점은 네띠의 출현을 아비담마 이전의 시기로 추정하게 하는 강력한 근거가 된다.

다음으로는 네띠의 주석서에 나타나는 언급이다. 네띠앗타까타(Nettiaṭṭhakathā, 이하 앗타까타)를 저술한 담마빨라(Dhammapāla)는 네띠의 기본 구성에 관해 일차적으로는 교설의 이해(pariyatti)에 주력하고, 다음으로는 실천(paṭipatti)에 초점을 모으며, 최종적으로는 꿰뚫음(paṭivedha) 즉 깨달음의 문제를 다룬다고 기술한다. 그에 따르면 네띠의 주요 내용은 이들 셋의 상관성을 다루는 데 할애된다. 그런데 이러한 구성은 율장이나 논장에서는 찾아볼 수 없으며 오로지 네띠 자체에 국한된다. 바로 이것은 이 문헌이 율장이나 논장을 의식하지 않았다는 것을 의미한다. 또한 담마빨라는 네띠에 관해 아홉 갈래의 가르침(navaṅgabuddhasāsana, 九分教)으로 나타나는 붓다의 교설에 대한 주석서라고 규정한다. 아홉 갈래의 가르침이란 경장(Sutta-Piṭaka)이 완성되기 이전의 교법 분류 방식으로, 이것에 대한 주석은 아비담마 시기에 행해진 법의 분석 및 체계화 작업과는 구분되어야 한다. 이점 또한 네띠의 저술 시기를 아비담마의 성립 이전으로 보게 한다.

이러한 사실에 비추어 네띠의 성립 시기를 아비담마의 등장 이전으로 추정할 수 있다. 제1차 결집 당시에는 아비담마가 존재하지 않았으며 제2차 결집 이후로는 아비담마로의 분화가 빠르게 진척되었다. 따라서 네띠의 성립은 아비담마적 움직임이 본격화되지 않았던 제2차 결집 이전으로 소급되어야 한다. 제2차 결집의 시기와 실제 발생 여부에 관해서는 의견이 분분하지만 대략 불멸 후 100년 무렵으로 의견이 모아진다. 바로 이 시기를 네띠 성립의 하한 연대로 상정할 수 있다.

2. 문헌의 구성 및 목차

네띠는 크게 총론(saṃgahavāra)과 각론(vibhāgavāra)의 두 부분으로 나뉜다. 총론과 함께 각론의 제1부와 제2부에서는 네띠를 구성하는 핵심 용어와 주제를 나열한다. 이들은 텍스트에서 다루어지는 주요 내용을 소개하기 위한 용도를 지닌다. 한편 이 책의 대부분을 할애하는 제3부에서는 제1부와 제2부에서 언급된 내용을 개별적으로 상술한다. 바로 여기가 이 책의 본론에 해당한다. 제3부는 다시 제1장부터 제4장으로 나누어진다. 이상이 네띠의 기본 구성이다.

제1부 요약의 장(uddesavāra)은 이 책에서 다루는 주요 내용을 간략하게 제시한다. 즉 16가지 전달(soḷasahāra), 5가지 방식(pañcanaya), 18가지 뿌리가 되는 구문(aṭṭhārasamūlapada)이라는 세 범주를 사용하여 네띠의 전체 내용을 분류한다. 16가지 전달이란 법

(dhamma)을 전달하는 데 사용되는 언설의 유형을 16가지로 구분하여 나눈 것이다. 5가지 방식이란 법을 전하는 방식을 기쁨으로부터의 전환(nandiyāvaṭṭa), 세 갈래 잎(tipukkhala), 사자의 놀이(sīhavikkīḷita), 방향별로 갈래지음(disālocana), 갈고리(aṅkusa) 따위의 독특한 명칭들로 분류한 것이다. 18가지 뿌리가 되는 구문이란 무명, 갈애, 사마타, 위빠사나 등의 주요 키워드를 옳음(kusala)과 옳지 않음(akusala)이라는 구분법에 적용하여 쌍으로 나열하고, 다시 이들을 앞서의 5가지 방식과 결부시켜 재분류한 것이다. 이들 전달과 방식과 뿌리가 되는 구문이라는 세 범주는 네띠와 뻬따에만 나타나는 것으로 경(Sutta)을 이해하기 위한 고유의 방법론에 해당한다.

제2부 설명의 장(niddesavāra)은 제1부에서 간략하게 제시된 개념들을 설명한다. 특히 16가지 전달과 5가지 방식을 게송의 형태로 풀이한다. 또한 여기에서는 경이 지닌 형태적 측면으로서의 언설과 목적적 측면으로서의 의미를 12가지 경우로 분류하여 열거한다. 이들 중 언설(byañjana)을 나타내는 여섯 경우인 음절(akkhara), 용어(pada), 문장(byañjana), 어원분석(nirutti), 상술(niddesa), 서법(敍法, ākāra) 등은 경의 언설 구조에 대한 올바른 이해를 위해 고려되어야 한다. 또한 의미(attha)를 나타내는 여섯 경우인 요약(saṅkāsanā), 소개(pakāsanā), 해명(vivaraṇā), 분석(vibhajana), 해석(uttānīkamma), 묘사(paññatti) 등은 경이 설해진 최종 목적인 열반의 실현으로 이끌기 위한 것이다.

이 책의 대부분을 차지하는 제3부 개별적 설명의 장(Paṭiniddesavāra)은 제1장 전달의 분석(hāravibhaṅga), 제2장 전달의 적용(hārasampāta), 제3장 방식의 형성(nayasamuṭṭhāna), 제4장 가르침의 유형(sāsanapaṭṭhāna)이라는 네 장으로 세분화 된다.

제1장 전달의 분석은 붓다의 가르침을 전달하는 16가지 언설 방식을 경의 사례로써 설명하고 예시한다. 그 가운데 첫째인 '교설을 통한 전달'은 하나의 언설 방식에 해당하지만 제3부 전체를 요약하는 역할을 병행한다. 즉 붓다가 설하는 법의 특성, 언설과 의미의 구성, 5가지 방식의 적용, 개인의 성향과 유형, 벗어남을 위한 실천 방법 등 본서 전체에 나타나는 주요 내용을 함축한다. 이하 '분석을 통한 전달', '타당성을 통한 전달' 등 나머지 열다섯은 각각의 기준에 따라 한정된 범위 안에서 붓다의 언설 방식을 경의 사례로써 예시하고 분류한다.

제2장 전달의 적용은 특정한 하나의 게송을 예로 들어 이것을 제1장에서 언급했던 16가지 전달에 적용시킨다. 즉 "마음을 수호하고서 바른 의향의 고유영역(行境, gocara)을 지닌 자, 바른 견해를 앞에 둔 자, 나태와 졸음을 이겨낸 그 비구는 생겨남과 사라짐을 알았으므로 모든 나쁜 곳을 뒤로 하고 떠난다."라는 우다나(Udāna)의 게송을 '교설을 통한 전달', '분석을 통한 전달', '타당성을 통한 전달' 등의 16가지에 일관되게 적용함으로써 전달 방식에 대한 구체적인 이해를 돕는다.

제3장 방식의 형성에서는 제1부와 제2부에서부터 언급된 5가지 방식과 18가지 뿌리가 되는 구문을 자세히 다룬다. 5가지 방식이란

법을 전달하는 5가지 패턴을 가리키며, 이들의 구체적인 적용 대상이 곧 18가지 뿌리가 되는 구문들이다. 사마타, 위빠사나, 탐욕 없음, 성냄 없음, 어리석음 없음, 추함의 지각, 괴로움의 지각, 무상의 지각, 무아의 지각 따위는 18가지 뿌리가 되는 구문들 중에서 옳음에 해당하는 9가지에 속한다. 한편 갈애, 무명, 탐욕, 성냄, 어리석음, 아름다움의 지각, 즐거움의 지각, 항상함의 지각, 자아의 지각 따위는 옳지 않음에 해당하는 9가지 구문을 구성한다. 붓다의 교설은 어떤 것이라도 전자의 9가지에 연관되거나 후자의 9가지에 반드시 연관된다. 여기에서는 이들 18가지 뿌리가 되는 구문을 5가지 방식이라는 일정한 패턴에 적용하여 분석한다.

5가지 방식 중 첫 번째에 해당하는 기쁨으로부터 전환의 방식은 18가지 뿌리가 되는 구문들 가운데 갈애와 무명, 사마타와 위빠사나라는 4가지 구문에 적용된다. 즉 갈애와 무명은 사마타와 위빠사나에 의해 제거되며, 이 과정에서 사성제가 드러나는 것을 경의 사례를 통해 보여준다. 이 방식이 기쁨으로부터 전환의 방식으로 불리는 이유는 열반이라는 궁극의 목표를 위해 갈애와 기쁨과 즐거움이라는 것으로부터 전환하여 돌아서는 것을 보여주기 때문이다.

세 갈래 잎의 방식에서는 탐욕과 성냄과 어리석음이라는 3가지 옳지 않음의 뿌리에 대해 탐욕 없음과 성냄 없음과 어리석음 없음이라는 벗어남의 길이 제시된다. 이 방식에서는 탐욕과 성냄과 어리석음이 어떻게 영향을 미치며 또한 어떻게 그것들로부터 벗어날 것인가를 다룬다. 그들 셋이 존재하는 한 사성제는 깨달을 수 없으며 그 셋이 제거되지 않는 한 열반이라는 목표는 이룰 수 없다.

사자의 놀이의 방식에서 '사자'는 붓다, 홀로 깨달은 붓다, 붓다의 거룩한 제자들을 일컫는다. 그들은 열반이라는 목표를 실현하고 설명하는 데서 자신들만의 독특한 방식을 지닌다. 여기에서는 바로 그것을 놀이라는 용어로 표현한다. 그들의 놀이는 닦음, 실현, 끝냄이며, 그것은 방향별로 갈래지음의 방식에서 언급되었던 두 방향 중 업과 오염의 방향이 아닌 세간을 벗어남의 방향을 통해 이루어진다. 이 방식은 추함의 지각, 괴로움의 지각, 무상의 지각, 무아의 지각, 아름다움의 지각, 즐거움의 지각, 항상함의 지각, 자아의 지각이라는 8가지 뿌리가 되는 구문을 중심으로 전개된다.

이상의 3가지 방식은 궁극의 목표인 열반으로 이끌기 위한 것이다. 이들 셋을 앞에서 언급했던 경이 지닌 2가지 측면으로서의 12가지 경우에 적용하면 요약, 소개, 해명, 분석, 해석, 묘사 따위의 의미(attha)를 보여주는 여섯에 연관된다. 한편 후술하는 나머지 2가지 방식으로서 방향별로 갈래지음의 방식과 갈고리의 방식은 언설(byañjana)을 보여주는 여섯 경우인 음절, 용어, 문장, 어원분석, 상술, 서법에 관련된다. 즉 이 둘은 목표를 가리키는데 사용되는 언어를 다룬다.

방향별로 갈래지음의 방식은 수많은 용어들을 특정한 기준에 따라 분류하고 정리하여 그들이 지향하는 방향이 있음을 알게 해준다. 의사소통의 와중에 하나의 단어는 여러 가지 맥락에서 표현될 수 있다. 따라서 그 의미를 온전히 이해하기 위해서는 그것이 가리키는 방향을 잘 파악해야 한다. 붓다는 법을 드러내기 위해 여러 가지 표현을 사용하지만 그들이 내포한 의미는 같다. 따라서 법을 알고자 할 때는 언어의 작용과 쓰임을 알아야 한다. 방향별로 갈래지음의 방식에서는 이러한 언어의 기능에 초점을 모은다. 이 방식에 의해 18가지 뿌리가 되는 구문이 그것이 드러내고자 하는 방향에 따라 분류된다.

마지막은 갈고리의 방식이다. 갈고리란 과실을 따는 막대기의 끝에 달려있는 고리를 말한다. 갈고리를 사용하면 잘 익은 과실만을 선택적으로 따낼 수 있다. 그와 같이 갈고리의 방식은 18가지 뿌리가 되는 구문들을 옳음과 옳지 않음이라는 기준으로 나누고서 각각에 해당하는 사례를 선택적으로 예시한다.

제4장은 16가지 가르침의 유형과 18가지 가르침의 유형이라는 두 부분으로 구성된다. 전자는 오염(kilesa)과 이 오염을 정화하는 훈습(vāsanā)과 통찰(nibbedha)과 배울 것이 없는 이(asekha)라는 세 경지에 관련된 10가지, 오염의 종류로서 갈애에 의한 오염과 견해에 의한 오염과 나쁜 행동에 의한 오염 및 이들의 정화에 관련된 6가지로 분류된다. 이 16가지 가르침의 유형이 업과 윤회의 원인, 그것으로부터 벗어남을 설명하는 의미적 측면을 중심으로 경을 분류한 것이라고 본다면, 18가지 가르침의 유형은 경의 형태적 분류에 속한다고 볼 수 있다. 즉 세간에 속한 것(lokiya), 세간을 넘어선 것(lokuttara), 자신의 말(sakavacana), 다른 자의 말(paravacana) 등 9쌍의 분류로서, 거기에 찬탄이 포함됨으로써 실제는 19가지가 설명된다. 두 부류의 유형들 모두 특정 경문의 예시를 통해 제시되며

서로 연결되는 특징을 지닌다. 예컨대 세간에 속한 것에 관련된 경은 오염에 관련된 경과 훈습에 관련된 경이라는 두 부류의 경으로 거론된다. 세간을 넘어선 것에 관련된 경은 봄에 관련된 경, 닦음에 관련된 경, 배울 것이 없는 이에 관련된 경이라는 세 부류의 경으로 언급된다.

이상과 같은 네띠의 내용을 목차로 나누면 다음과 같다.

* 총론(Saṅgahavāra)
* 각론(Vibhāgavāra)

제1부. 요약의 장(Uddesavāra)

제2부. 설명의 장(Niddesavāra)

1. 전달의 요약
2. 방식의 요약
3. 언설과 의미의 열두 가지 경우

제3부. 개별적 설명의 장(Paṭiniddesavāra)

제1장. 전달의 분석(Hāravibhaṅga)

1. 교설을 통한 전달(Desanā-hāra)
2. 분석을 통한 전달(Vicaya-hāra)
3. 타당성을 통한 전달(Yutti-hāra)
4. 근접요인을 통한 전달(Padaṭṭhāna-hāra)
5. 특징을 통한 전달(Lakkhaṇa-hāra)
6. 네 가지 정리를 통한 전달(Catubyūha-hāra)
7. 전환을 통한 전달(Āvatta-hāra)

13. '해결을 통한 전달'의 적용
14. '관점을 통한 전달'의 적용
15. '요건을 통한 전달'의 적용
16. '상승을 통한 전달'의 적용

제3장. 방식의 구성(Nayasamuṭṭhāna)

1. 기쁨으로부터 전환의 방식
2. 방향별로 갈래지음의 방식
3. 사자의 놀이의 방식
4. 세 갈래 잎의 방식과 갈고리의 방식

제4장. 가르침의 유형(Sāsanapaṭṭhāna)

1. 열여섯 가지 가르침의 유형
2. 열여덟 가지 가르침의 유형

3. 내용적 특징과 구조

이상과 같은 네띠의 목차는 서술된 순서에 따른 것이다. 이것은 텍스트 전체의 형식적 구성을 개관하는 데 도움을 준다. 그러나 네띠의 구조는 목차로 나타나는 내용들이 중층적으로 복잡하게 얽혀 있는 특징을 지닌다. 따라서 네띠의 흐름을 바르게 이해하기 위해서는 목차와는 별도로 전체의 내용을 다시 분류하고 재구성해보는 작업이 요구된다.

네띠의 내용적 특징은 16가지 전달, 5가지 방식, 18가지 뿌리가 되는 구문 등을 서로 연결시켜 독특한 해석의 틀로 엮어 낸다는 점에 있다. 또한 네띠는 풍부한 경(Sutta)의 예시를 통해 이러한 해석의 틀을 구체적으로 적용한다. 고유의 방법론을 경문의 예시를 통해 다각적으로 보여주려는 시도는 붓다의 가르침에 대한 폭넓은 이해의 계기를 제공한다. 그러나 그 과정의 복잡성은 네띠 자체를 이해하기 어렵게 만드는 측면이 없지 않다.

네띠는 그 제목처럼 붓다가 설한 교법을 이해하는 방법론을 제공하는 데 목적을 둔다. 붓다가 짧게 설한 것을 마하깟짜나가 자세히 설명한 후 많은 제자들이 알아들었듯이, 붓다 당시에도 붓다의 법을 이해하는 것은 쉽지 않았다. 네띠는 붓다가 법을 설하기 위해 다양하게 드러낸 것, 즉 경 전체를 대상으로 언설과 의미를 해석하는 방식을 제시한다. 일반적으로 주석서의 해석에서는 경에 묘사된 용어나 구문 하나하나를 설명하는 방식을 취한다. 그러나 네띠는 경 전체를 구조적으로 이해해 들어가는 방법을 다룬다는 점에 특징이 있다.

법을 설하는 매개는 언어이다. 네띠는 이 둘의 관계, 즉 법과 언어의 관계에 주목한다. 붓다 스스로 언급했듯 법이란 잴 수 없는 것임에도 잴 수 있는 언어를 통해 전달된다. 이 때 잴 수 없는 법을 잴 수 있는 언어로 어떻게 전달할 것인가가 관건이 된다. 또한 전달에 따른 이해의 정도는 듣는 사람의 역량에 따라 달라진다. 붓다는 이 모든 상황을 고려하여 적절한 방식으로 법을 설하지만 듣는 사람에게는 자기 수준에 맞는 내용만이 얻어질 뿐이다.

네띠는 법이 언어로 전달되는 상황에서 발생하는 문제를 깊이

인식하고 있으며, 법과 언어의 간격을 극복하려고 시도한다. 네띠는 붓다의 제자들이 이들의 차이를 인식하고서 스스로가 제시하는 해석의 틀에 따라 법에 접근하기를 권한다. 그렇게 하면 붓다가 말하는 언설과 의미를 제대로 이해할 수 있을 것으로 본다. 이러한 취지에서 네띠는 언설의 전달 형식과 의미를 다양한 기준에 따라 탐구하고 분류한다.

붓다가 설한 법은 의미(attha)와 언설(byañjana)을 갖추었다. 이것은 다음의 경문을 통해 분명히 제시된다. "비구들이여, 그대들에게 처음도 좋고 중간도 좋고 마지막도 좋은, 의미(attha)와 언설(byañjana)을 갖춘, 온전하고 원만하며 청정한 법을 설하겠다." 법은 말의 형식인 언설과 그 말에 내포된 의미를 통해 전달된다. 언설과 의미라는 두 갈래는 네띠의 전체 내용에 두루 걸쳐 있으며, 언설을 전달하는 방식(atthanaya)과 의미를 전달하는 방식(byañjananaya)에 대한 분석은 네띠의 전개에서 기본 틀이 된다.

언설과 의미가 어떻게 나타나는가를 보여주는 것이 제2부와 제3부 제1장의 첫 부분인 교설을 통한 전달에 나타나는 12가지 경우이다. 이들은 언설에 관련된 6가지와 의미에 관련된 6가지로 구성된다. 전자의 언설은 제3부 제1장과 제2장에 해당하는 16가지 전달과 제3부 제3장에 포함된 방향별로 갈래지음의 방식, 갈고리의 방식 등과 상관성을 지닌다. 이들은 경이 설해진 형태적 측면으로서의 언설의 이해에 해당한다. 한편 후자의 의미는 제3부 제3장의 나머지 부분인 기쁨으로부터 전환의 방식, 세 갈래 잎의 방식, 사자의 놀이의 방식이라는 셋에 연결된다. 이들은 열반이라는 최종의 목적으로 이끄는 실천적 측면과 관련되며 모든 의미는 이 목적으로 귀결된다.

따라서 5가지 방식은 제3부 제3장에 배속되어 있지만 실제로는 텍스트 전체의 내용과 유기적으로 연결되어 있다. 이러한 방식으로 경에 대한 이해는 관련 경문의 언설적 측면과 의미적 측면에 대한 검토가 병행된다. 또한 5가지 방식은 언설과 의미의 12가지 경우만이 아니라, 제4장에 속한 18가지 뿌리가 되는 구문과도 깊숙이 연관되어 있다. 갈고리의 방식은 18가지로 예시되는 뿌리가 되는 구문들 전체를 옳음과 옳지 않음이라는 기준의 갈고리로 나누어 9가지 쌍으로 대별한다. 방향별로 갈래지음의 방식 또한 18가지 뿌리가 되는 구문들 전체에 적용된다. 즉 갈애와 무명이라는 오염의 뿌리와 사마타와 위빠사나라는 정화의 뿌리로 이루어진 두 겹의 한 쌍(2×2), 탐욕, 성냄, 어리석음이라는 옳지 않음의 뿌리와 탐욕 없음, 성냄 없음, 어리석음 없음이라는 옳음의 뿌리를 이루는 세 겹의 한 쌍(3×2), 아름다움의 지각 등의 4가지 거꾸로 봄(四顚倒)과 그들 각각을 대치하기 위한 추함의 지각 등의 사념처(四念處)라는 네 겹의 한 쌍(4×2)으로 이루어져 2×2+3×2+4×2=18이라는 형식으로 18가지 뿌리가 되는 구문들 전체에 연결된다.

한편 나머지 세 방식은 18가지 뿌리가 되는 구문들 가운데 일부에만 한정적으로 적용된다. 예컨대 기쁨으로부터 물러남의 방식은 갈애와 무명이라는 오염의 뿌리와 사마타와 위빠사나라는 정화의 뿌리로 이루어진 두 쌍에, 세 갈래 잎의 방식은 탐욕, 성냄, 어리석음이라는 옳지 않음의 뿌리와 탐욕 없음, 성냄 없음, 어리석음 없음이라는 옳음의 뿌리를 이루는 두 쌍에, 사자의 놀이의 방식은 아름다움의 지각 등의 4가지 거꾸로 봄(四顚倒)과 그들 각각을 대치하기 위한 추함의 지각 등의 사념처(四念處)라는 두 쌍에 연관된다. 이렇게 해서 5가지 방식은 형태적 측면으로서의 언설과 교설의 목적으로서의 의미에 관련되는 동시에 18가지 뿌리가 되는 구문들 전체에 포괄적으로 적용된다. 나아가 이러한 언설과 의미를 담은 경은 또한 16가지와 18가지로 제시되는데 이는 세존 가르침의 의미와 형태에 따라 경의 유형을 분류한 것으로 볼 수 있다.

이상에서 거론한 언설(byañjana), 의미(attha), 전달(hāra), 방식(naya), 뿌리가 되는 구문(mūlapada) 등은 결국 다양한 측면에서 붓다의 가르침에 접근해 들어가기 위한 것이다. 네띠에서는 이러한 분류의 틀을 바탕으로 수많은 경의 사례를 부류별로 개관한다. 이들은 다양하게 제시된 붓다의 가르침을 그 성격과 특징에 따라 용이하게 파악할 수 있도록 해준다. 또한 네띠는 이렇게 분류된 내용들이 서로 중층적으로 연관되어 있다는 사실을 보여준다. 이것은 개별적으로 제시된 교설들이 서로 어떠한 관련성을 지니는가를 드러내 그들 모두에 대한 이해의 폭을 확장시킨다고 할 수 있다.

냐나몰리(Ñāṇamoli)가 제시한 도식을 바탕으로 이상의 내용을 정리하면 다음과 같다.

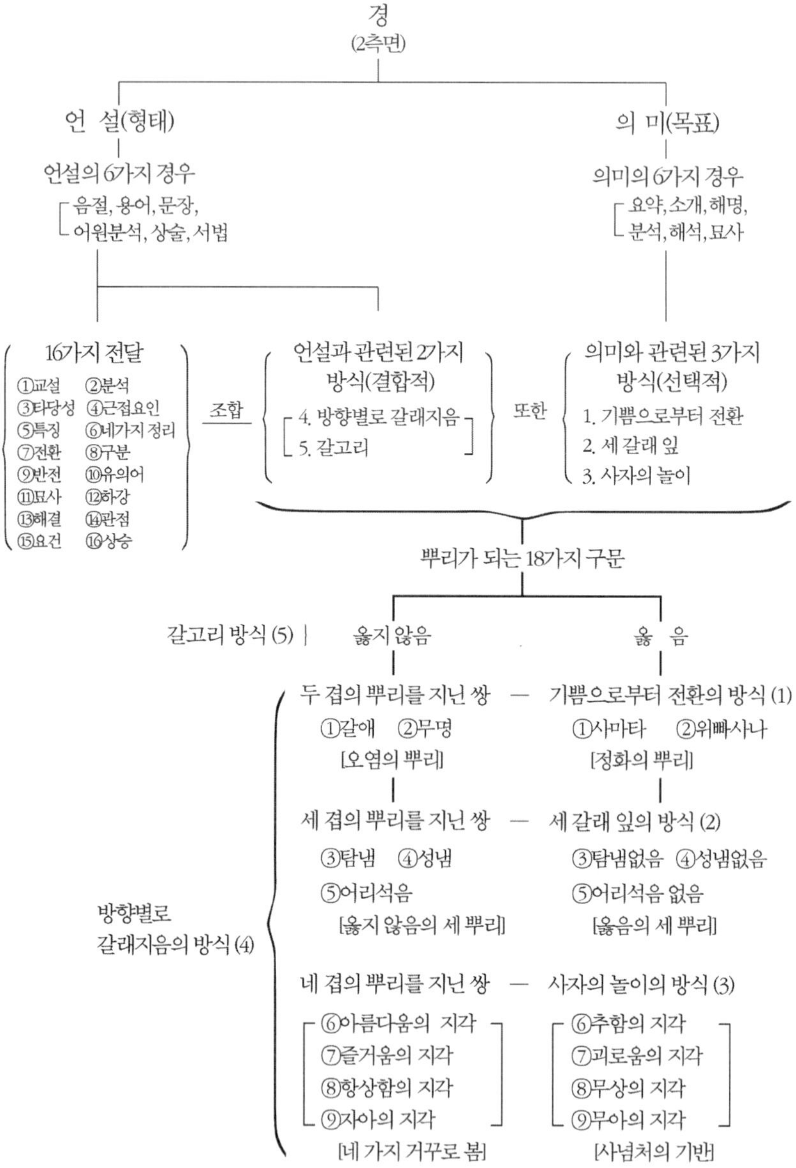
경
(2측면)
언 설(형태)
의 미(목표)
언설의 6가지 경우
음절, 용어, 문장,
어원분석, 상술, 서법
의미의 6가지 경우
요약, 소개, 해명,
분석, 해석, 묘사
16가지 전달
①교설 ②분석
③타당성 ④근접요인
⑤특징 ⑥네가지 정리
⑦전환 ⑧구분
⑨반전 ⑩유의어
⑪묘사 ⑫하강
⑬해결 ⑭관점
⑮요건 ⑯상승
조합
언설과 관련된 2가지
방식(결합적)
4. 방향별로 갈래지음
5. 갈고리
또한
의미와 관련된 3가지
방식(선택적)
1. 기쁨으로부터 전환
2. 세 갈래 잎
3. 사자의 놀이
뿌리가 되는 18가지 구문
갈고리 방식 (5)
옳지 않음
옳 음
두 겹의 뿌리를 지닌 쌍
기쁨으로부터 전환의 방식 (1)
①갈애 ②무명
[오염의 뿌리]
①사마타 ②위빠사나
[정화의 뿌리]
세 겹의 뿌리를 지닌 쌍
세 갈래 잎의 방식 (2)
③탐냄 ④성냄
⑤어리석음
[옳지 않음의 세 뿌리]
③탐냄없음 ④성냄없음
⑤어리석음 없음
[옳음의 세 뿌리]
방향별로
갈래지음의 방식 (4)
네 겹의 뿌리를 지닌 쌍
사자의 놀이의 방식 (3)
⑥아름다움의 지각
⑦즐거움의 지각
⑧항상함의 지각
⑨자아의 지각
[네 가지 거꾸로 봄]
⑥추함의 지각
⑦괴로움의 지각
⑧무상의 지각
⑨무아의 지각
[사념처의 기반]
〈그림. 네띠빠까라나의 구조〉

약어표

CHS	Chaṭṭha Saṅgāyana(미얀마 6차결집)
DOP	A Dictionary of Pāli
DPPN	Dictionary of Pāli Proper Names
PED	Pali English Dictionary
PTS	Pali Text Society

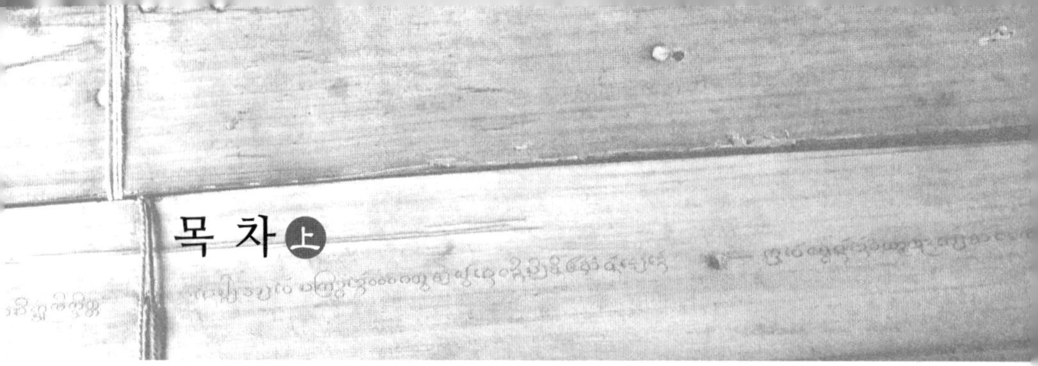

목 차 上

목 차 (下)

Namo Tassa Bhagavato Arahato Sammāsambuddhassa

그 분, 세존이시고 아라한이시며 올바로 완전히 깨달으신 분께 귀의합니다.

총 론

(Saṃgahavāra)

Yaṃ loko pūjayate, salokapālo sadā namassati ca
tass'eta sāsanavaraṃ, vidūhi ñeyyaṃ naravarassa.

세간이 공양을 올리고 세간의 수호자가 언제나 공경하는 것, 그것은 최상의 사람이 [설하신] 최고의 가르침으로, 지혜로운 이들이라면 마땅히 안다.

Dvādasa padāni suttaṃ, taṃ sabbaṃ byañjanañ ca attho ca
taṃ viññeyyaṃ ubhayaṃ, ko attho byañjanaṃ katamaṃ?

경[1)]은 열두 가지 경우[2)]를 [지닌다.] 그 [열두 가지 경우는] 모두 언설과 의미에 해당한다.
어떤 것이 의미이고 어떤 것이 언설인가? 그 둘을 [구분하여] 알아야 한다.

---

1) 본서에서 '경'이란 세 가지 용례로 사용된다. 첫째는 붓다의 말씀을 통틀어 일컫는다. 둘째는 이 책 제3부 제4장의 첫번째 부분인 '경의 유형'에서 보듯 가르침의 '주제'와 같은 의미로 사용된다. 셋째는 이 책의 여러 예시문에서 나타나듯 개별 경이나 경의 일부분을 가리킨다. 여기에서 말하는 경이란 첫번째의 용례에 해당한다. 이것은 '언설을 보여주는 여섯 경우'를 통해 '전달(hāra)' 되고 '의미를 보여주는 여섯 경우'를 통해 '안내(netti)'된다. 또한 이것은 아홉 갈래의 붓다의 가르침(navaṅga-buddhasāsana, 九分教)으로 나타난다. Bhikkhu Ñāṇāmoli, The Guide (1977), xxxii와 3쪽 참조.

2) 열두 가지 경우란 세존께서 법의 소통을 위하여 사용한 것으로, 본서에 등장하는 '언설(byañjana)을 나타내는 여섯 경우(pada)'와 '의미(attha)를 나타내는 여섯 경우'를 가리킨다. 즉 음절, 용어, 문장, 어원분석, 상술, 서법, 이 여섯은 언설에 해당한다. 그리고 요약, 소개, 해명, 분석, 해석, 묘사, 이 여섯은 의미에 해당한다. 이 책 26쪽, 46쪽 참조.
여기에서 '경우'란 pada를 옮긴 것으로 일반적으로는 구문 혹은 용어로 번역된다. 이 문맥에서 pada는 어떤 구문이나 용어를 가리키는 것이 아니라 특정 상황을 지시하는 용도로 사용된 까닭에 본 번역서는 '경우'로 번역한다. 그러나 '열여덟 가지 뿌리가 되는 구문'에서처럼 특정 구문이나 용어를 가리킬 때에는 구문 혹은 용어로 번역한다.

Soḷasa hārā Nettī, pañca nayā sāsanassa pariyeṭṭhi aṭṭhārasa mūlapadā, Mahakaccānena niddiṭṭhā.

길잡이(netti)[3]로서의 열여섯 가지 전달,[4] 가르침의 탐구로서의 다섯 가지 방식,[5] 열여덟 가지 뿌리가 되는 구문[6]이 마하깟짜나 존자에 의해 설명되었다.

Hārā byañjanavicayo, suttassa nayā tayo ca suttattho ubhayaṃ pariggahītaṃ, vuccati suttaṃ yathāsuttaṃ.

전달(hāra)[7]은 경의 언설에 대한 분석에 관련되어 있다. 세가지 방식[8]은 경의 의미에 관련되어 있다.
이 둘 다가 두루 파악되었을 때 경은 경 그대로 설명된다.

Yā ceva desanā yañ ca desitaṃ ubhayam eva viññeyyaṃ tatrāyam ānupubbī, navavidhasuttantapariyeṭṭhī ti.

---

3) 여기에서 사용된 netti라는 용어는 이 책(Netti-Pakaraṇa)를 가리키는 것이 아니라 '길잡이'를 의미하는 일반명사로 사용되었다. 한편 본서의 마지막 문장(이 책 693쪽)에 나타나는 netti는 Netti-Pakaraṇa를 가리킨다.

4) 자세한 내용은 이 책의 제3부 제1장과 제2장 참조.

5) 자세한 내용은 이 책의 제3부 제3장 참조.

6) 자세한 내용은 이 책의 제3부 제4장 참조.

7) 전달(hāra)이란 세존께서 법을 전달하기 위해 사용한 언설 방법을 열여섯 가지로 분류한 것으로서 전체 경의 언설 구조를 이해하는 틀에 해당한다. 이 열여섯 가지 전달의 각각에 관해서는 이 책 제3부에서 설명하고 있다.

8) 본문에서 언급된 다섯 가지 방식 가운데 '방향별로 갈래지음(disālocana)'과 '갈고리(aṅkusa)'라는 두 방식은 앞서의 '전달'과 함께 '언설'에 관련되고 나머지 세 방식이 의미에 관련된다. 이 셋은 '기쁨으로부터의 전환(nandiyāvatta), 세 갈래 잎(tipukkhala), 사자의 놀이(sīhavikkīḷita)이다. 다섯 가지 방식에 대해서는 이 책의 '제3부 제3장 방식의 형성' 참조.

드러냄[의 언설과] 드러낸 [의미], 그 둘 다를 알아야 한다.
따라서 아홉 갈래 경[9]의 탐구를 위해 [앞으로] 그 순서로 [전개한다.]

9) 네띠빠까라나의 주석서(61쪽)에 따르면, 아홉 갈래 경이란 아홉 갈래의 붓다의 가르침(navaṅgabuddha-sāsana, 九分教)으로서 경(sutta, 經), 응송(geyya, 應頌), 수기(veyyākaraṇa, 授記), 게송(gāthā, 偈頌), 감흥어(udāna, 感興語), 이데목다가(itivuttaka, 伊帝目多伽), 본생담(jātaka, 本生譚), 미증유법(abbhutadhamma, 未曾有法), 교리문답(vedalla, 教理問答)을 가리킨다.
한편 본 번역에서 참고로 한 네띠빠까라나의 주석서는 미얀마 6차 결집본(앞으로는 CHS로 표기) CD 4.0판에 수록된 Nettippakaraṇa Aṭṭhakathā이며, 이 책에 표기된 주석서의 쪽 번호는 이 CD에 기록된 미얀마 인쇄본의 쪽 번호이다. 앞으로는 '주석서' 또는 'Netti-A'로 표기한다.

각 론

(Vibhāgavāra)

제1부

요약의 장*

Uddesavāra

* 제1부에서는 제3부에서 설명될 열여섯 가지 전달, 다섯 가지 방식, 열여섯 가지 뿌리가 되는 구문의 제목 및 핵심 용어가 열거된다.

1. Tattha katame soḷasa hārā?

Desanā, vicayo, yutti, padaṭṭhāno, lakkhaṇo, catubyūho, āvatto, vibhatti, parivattano, vevacano, paññatti, otaraṇo sodhano adhiṭṭhāno parikkhāro samāropano iti. [p.2]

1. 거기에서 열여섯 가지 전달은 무엇인가?

교설, 분석, 타당성, 근접요인, 특징, 네 가지 정리, 전환, 구분, 반전, 유의어, 묘사, 하강, 해결, 관점, 요건, 상승이다. [2쪽]

Tassānugīti:
Desanā vicayo yutti, padaṭṭhāno ca lakkhaṇo
catubyūho ca āvatto, vibhatti parivattano.
vevacano ca paññatti, otaraṇo ca sodhano
adhiṭṭhāno parikkhāro, samāropano soḷaso.
Ete soḷasa hārā, pakittitā atthato asaṃkiṇṇā
etesañ c'eva bhavati, vitthāratayā nayavibhattī ti.

그 [열여섯 가지 전달의] 요약은 [다음과 같다.]

교설, 분석, 타당성, 근접요인, 특징, 네 가지 정리, 전환, 구분, 반전, 유의어, 묘사, 하강, 해결, 관점, 요건, 상승이라는 열여섯 가지이다.

이 열여섯 가지 전달은 의미에 따라 설명되었고 뒤섞이지 않았다. 그리고 그것에 관한 방식의 구분도 상세하게 이루어졌다.

2. Tattha katame pañca nayā?

Nandiyāvatto, tipukkhalo, sīhavikkīḷito, disālocano, aṅkuso iti.

2. 거기에서 다섯 가지 방식은 무엇인가?

기쁨으로부터 전환, 세 갈래 잎, 사자의 놀이, 방향별로 갈래지음, 갈고리이다.[10)]

Tassānugīti :
Paṭhamo nandiyāvaṭṭo, dutiyo ca tipukkhalo
sīhavikkīḷito nāma, tatiyo nayalañjako.
Disālocanam āhaṃsu, catutthaṃ nayam uttamaṃ
pañcamo aṅkuso nāma, sabbe pañca nayā gatā ti.

그 [다섯 가지 방식의] 요약은 [다음과 같다.]

첫째는 기쁨으로부터 전환이다. 둘째는 세 갈래 잎이다. 셋째는 탁월한 방식으로서 사자의 놀이라고 부른다. 넷째는 최상의 방식으로서 방향별로 갈래지음이라고 한다. 다섯째는 갈고리라고 부른다.

[이렇게] 다섯 가지 방식 모두가 전개되었다.

3. Tattha katamāni aṭṭhārasa mūlapadāni?

Nava padāni kusalāni, nava padāni akusalāni.

10) 이 책 제3부 제3장의 3. 방식의 형성 참조.

3. 거기에서 열여덟 가지 뿌리가 되는 구문이란 무엇인가?

옳음을 나타내는 아홉 구문, 옳지 않음을 나타내는 아홉 구문이다.

a) Tattha katamāni nava padāni akusalāni?

Taṇhā, avijjā, lobho, doso, moho, subhasaññā, sukhasaññā, niccasaññā, attasaññā ti.

Imāni nava padāni akusalāni, yattha sabbo akusalapakkho saṅgahaṃ samosaraṇaṃ gacchati.

a) 그 중에서 옳지 않음을 나타내는 아홉 구문은 무엇인가?

갈애, 무명, 탐욕, 성냄, 어리석음, 아름다움의 지각, 즐거움의 지각, 항상함의 지각, 자아의 지각이다. 모든 옳지 않음의 측면을 한 데 모으면 옳지 않음[을 나타내는] 이 아홉 구문이 된다.[11)]

b) Tattha katamāni nava padāni kusalāni?

Samatho, vipassanā, alobho, adoso, amoho, asubhasaññā, dukkhasaññā, aniccasaññā, anattasaññā ti.

Imāni nava padāni kusalāni, yattha sabbo kusalapakkho saṅgahaṃ samosaraṇaṃ gacchati.

b) 그 중에서 옳음을 나타내는 아홉 구문은 무엇인가?

사마타, 위빠사나, 탐욕 없음, 성냄 없음, 어리석음 없음, 추함

11) 이 책 113-115쪽 참조.

의 지각, 괴로움의 지각, 무상의 지각, 무아의 지각이다.[12] 모든 옳음의 측면을 한 데 모으면 옳음[을 나타내는] 이 아홉 구문이 된다.

Tatr'idaṃ uddānaṃ :
Taṇhā ca avijjā pi ca lobho doso that' eva moho ca
caturo ca vipallāsā, kilesabhūmī nava padāni. [p.3]
Samatho ca vipassanā ca, kusalāni ca yāni tīṇi mūlāni
caturo satipaṭṭhānā, indriyabhūmī nava padāni.
Navahi ca padehi kusalā, navahi ca yujjanti akusalā pakkhā
ete kho mūlapadā, bhavanti aṭṭhārasa padānī ti.

이것은 요약 게송이다.

갈애와 무명, 탐욕과 성냄과 어리석음, 네 가지 거꾸로 봄은 오염의 경지를 [나타내는] 아홉 구문이다.[13] [3쪽]

사마타와 위빠사나, 세 가지 옳음의 뿌리, 네 가지 사띠의 확립은 기능의 경지를 [나타내는] 아홉 구문이다.

[후자의] 아홉 구문과 옳음의 [측면이 연결되고,] [전자의] 아홉 [구문과] 옳지 않음의 측면이 연결된다. 이것이 뿌리가 되는 구문으로서 열여덟 가지 구문이다.[14]

12) 이 책 116-118쪽 참조
13) 이 책 326쪽 참조.
14) 이 책 692쪽 참조.

제2부

설명의 장*

Niddesavāra

* 제2부에서는 열여섯 가지 전달, 다섯 가지 방식, 열여섯 가지 뿌리가 되는 구문의 주제를 보여주는 게송이나 간략한 요약이 열거되고, 제3부에서 이들에 대한 개별적 설명이 이루어진다.

Ⅰ. 전달의 요약

Tattha saṃkhepato Netti kittitā.

여기에서는 [경전이해의 길인] 네띠가 간략하게 설명된다.

(1)

Assādādīnavatā, nissaraṇam pi ca phalaṃ upāyo ca āṇattī ca Bhagavato, yogīnaṃ desanā hāro.

맛, 걱정거리, 떠남, 결실, 방편, 교훈은 세존께서 수행자들을 위해 하신 교설을 통한 전달이다.[1)]

(2)

Yaṃ pucchitañ ca vissajjitañ ca, suttassa yā ca anugīti suttassa yo pavicayo, hāro vicayo ti niddiṭṭho.

질문과 대답, 경의 요약, 경에 대한 검토를 분석을 통한 전달이라고 말한다.[2)]

(3)

Sabbesaṃ hārānaṃ, yā bhūmī yo ca gocaro tesaṃ yuttāyuttiparikkhā, hāro yuttī ti niddiṭṭho.

1) 이 책 31쪽 참조.
2) 이 책 51쪽 참조.

모든 전달에 관련하여 경지와 활동영역에 대한 타당성과 비타당성을 점검하는 것을 타당성을 통한 전달이라고 말한다.3)

(4)

Dhammaṃ deseti jino, tassa ca dhammassa yaṃ padaṭṭhānaṃiti yāva sabbadhammā, eso hāro padaṭṭhāno.

승리자께서는 어떤 법이라도 법과 법의 근접요인을 드러내신다. 이것이 근접요인을 통한 전달이다.4)

(5)

Vuttamhi ekadhamme, ye dhammā ekalakkhaṇā keci vuttā bhavanti sabbe, so hāro lakkhaṇo nāma.

한 법이 언급될 때 같은 특징을 지닌 법들은 무엇이든 모두 언급된다. 이것을 특징을 통한 전달이라고 부른다.5)

(6)

Neruttam adhippāyo, byañjanam atha desanā nidānañ ca pubbāparānusandhī, eso hāro catubyūho.

언설에 따라 어원, 말하는 취지, 교설의 근거, 앞뒤연결[을 살

3) 이 책 93쪽 참조.
4) 이 책 113쪽 참조.
5) 이 책 129쪽 참조.

펴보는 것,] 이것이 네 가지 정리를 통한 전달이다.[6)]

(7)

Ekamhi padaṭṭhāne, pariyesati sesakaṃ padaṭṭhānaṃ āvattati paṭipakkhe, āvatto nāma so hāro.

한 가지 근접요인이 있을 때 남은 근접요인을 찾는다. 그리고 반대되는 측면에 따라 전환한다. 이것을 전환을 통한 전달이라고 부른다.[7)]

(8)

Dhammañ ca padaṭṭhānaṃ, bhūmiñ ca vibhajjate ayaṃ hāro sādhāraṇe asādhāraṇe ca neyyo vibhattī ti.

근접요인이 되는 법과 경지를 구분할 때 공통인 것과 공통이 아닌 것을 이끌어낸다. 이것이 구분을 통한 전달이다.[8)]

(9)

Kusalākusale dhamme, niddiṭṭhe bhāvite pahīne ca parivattati paṭipakkhe, hāro parivattano nāma. [p.4]

옳은 법과 옳지 않은 법을 생겨나거나 없애야 하는 것으로 설

6) 이 책 141쪽 참조.
7) 이 책 169쪽 참조.
8) 이 책 195쪽 참조.

명할 때 [서로] 반대되는 측면에 따라 변화한다. 이것을 반전을 통한 전달이라고 부른다.9) [4쪽]

(10)

Vevacanāni bahūni tu, sutte vuttāni ekadhammassa
yo jānati suttavidū, vevacano nāma so hāro.

하나의 법에 대해 경에 언급된 많은 유의어를 아는 자가 경을 잘 아는 것이다. 이것이 유의어를 통한 전달이다.10)

(11)

Ekaṃ Bhagavā dhammaṃ, paṇṇattīhi vividhāhi deseti
so ākāro ñeyyo, paṇṇattī nāma hāro ti.

세존께서 하나의 법을 다양한 묘사로 드러내신다. 이러한 모습이 묘사를 통한 전달이라고 알아야 한다.11)

(12)

Yo ca paṭiccuppādo, indriyakhandhā ca dhātu āyatanā
etehi otarati yo, otaraṇo nāma so hāro.

연기(緣起), 기능(根), 다발(蘊), 계(界), 영역(處)에 따라 내려

9) 이 책 206쪽 참조.
10) 이 책 213쪽 참조.
11) 이 책 227쪽 참조.

가며 해석한다. 이것을 하강을 통한 전달이라고 부른다.[12)]

(13)

Vissajjitamhi pañhe, gāthāyaṃ pucchitāyam ārabbha suddhāsuddhaparikkhā, hāro so sodhano nāma.

게송에서 질문에 대답한 경우, 질문에 관련하여 해결된 점과 해결되지 않은 점을 점검한다. 이것을 해결을 통한 전달이라고 부른다.[13)]

(14)

Ekattatāya dhammā, ye pi ca vemattatāya niddiṭṭhā tena vikappayitabbā, eso hāro adhiṭṭhāno.

동일성[의 관점으로] 또는 다양성[의 관점으로] 법이 설명될 때 그 [동일성 또는 다양성의 관점에 따라] 정리해야 한다. 이것이 관점을 통한 전달이다.[14)]

(15)

Ye dhammā yaṃ dhammaṃ, janayanti ppaccayā paraṃ parato hetum avakaḍḍhayitvā, eso hāro parikkhāro.

12) 이 책 248쪽 참조.
13) 이 책 272쪽 참조.
14) 이 책 279쪽 참조.

서로 연결된 조건들 때문에 법은 법을 발생시킨다. [거기에서] 하나의 원인을 추출한다. 이것이 요건을 통한 전달이다.[15)]

(16)

Ye dhammā yaṃ-mūlā, ye c'ekatthā pakāsitā muninā
te samaropayitabbā, esa samāropano hāro.

[법의] 뿌리를 지닌 법들, 함께 서있다고 성인이 알려준 [법들], 그 [법들을] 올라가며 [살펴보아야 한다.] 이것이 상승을 통한 전달이다.[16)]

15) 이 책 300쪽 참조.
16) 이 책 309쪽 참조.

Ⅱ. 방식의 요약

(17)

Taṇhañ ca avijjaṃ pi ca, samathena vipassanāya yo neti saccehi yojayitvā, ayaṃ nayo nandiyāvatto.

갈애와 무명을 사마타와 위빠사나와 함께 [네 가지] 진리에 연결하여 이끌어내는 [방식], 이것이 기쁨으로부터 전환의 방식이다.[17)]

(18)

Yo akusale samūlehi, neti kusale ca kusalamūlehi
bhūtaṃ tathaṃ avitathaṃ, tipukkhalaṃ taṃ nayaṃ āhu.

[옳지 않은] 뿌리를 지닌 옳지 않음 또는 옳은 뿌리를 지닌 옳음을 생겨난 것, 그러한 것, 허위가 아닌 것으로 이끌어내는 것을 세 갈래 잎의 방식이라고 부른다.[18)]

(19)

Yo neti vipallāsehi, kilese indriyehi saddhamme
etaṃ nayaṃ nayavidū, sīhavikkīḷitaṃ āhu.

---

17) 이 책 412쪽 참조.
18) 이 책 469쪽 참조.

방식을 아는 이들은 거꾸로 봄을 통해 오염을, 기능을 통해 바른 법을 이끌어낸다. 그들은 이 방식을 사자의 놀이라고 말한다.[19)]

(20)

Veyyākaraṇesu hi ye, kusalākusalā tahiṃ tahiṃ vuttā manasā olokayate, taṃ khu disālocanaṃ āhu.

설명에서 옳음 또는 옳지 않음으로 경우에 따라 말해진 것을 정신(意)[20)]으로 살펴본다. 그것을 방향별로 갈래지음이라고 한다.[21)]

---

19) 이 책 467쪽 참조.

20) 마음(citta, 心), 정신(manas/mano, 意), 의식(viññāṇa, 識)은 모두 마음을 표현한 용어이다. 이 세 용어가 동의어인지 아니면 마음의 다른 상태를 표현하는 다른 용어인지에 대한 교리적 논의들이 있다. 경전에서 이들의 독특한 용례들을 살펴볼 수 있다. 예를 들어 해탈에서는 항상 '마음이 해탈한다(cittaṃ vimuccati).'라고 표현한다. '정신기울임(作意, manasikāra) 및 기능(根, indriya)'에 관련해서는 정신(mano)이라는 용어가 쓰인다. '식이 자리잡고 자람(patiṭṭhitaṃ tattha viññāṇaṃ virūḷhaṃ), 의식의 뿌리내림(viññāṇaṭṭhiti)'이라는 표현은 의식에 관련해서만 볼 수 있다. 이 책에서는 셋을 구별하여 마음(心), 정신(意), 의식(識)으로 번역하여 사용하되 전반부에는 괄호 안에 한자를 덧붙인다. 영어권에서는 이들을 구별하여 사용할 때 heart(心, 마음), mind(意, 정신), consciousness(識, 의식)로 쓰기도 한다.

한편 이 책 402쪽에 따르면, 이러한 구별은 관점에 따라 달라진다. 즉 동일성의 관점에서 보면 그 셋을 '마음'이라는 한 용어로 대표할 수 있다. 그러나 다양성의 관점에서 보면 각각이 지닌 특성에 따라 마음(心), 정신(意), 의식(識)으로 따로 구분해서 볼 수 있다.

21) 이 책 425쪽 참조.

(21)

Oloketvā disalocanena, ukkhipiya yaṃ samāneti sabbe kusalākusale, ayaṃ nayo aṅkuso nāma.

'방향별로 갈래지음'을 통해 검토한 뒤 분류하여 모든 것을 옳음 또는 옳지 않음으로 정리하는 것, 이것을 갈고리의 방식이라고 한다.[22]

(22)

Soḷasa hārā paṭhamaṃ, disalocanena disā viloketvā saṃkhipiya aṅkusena hi, nayehi tīhi niddise suttaṃ.

열여섯 가지 전달을 맨 처음으로 하고, 방향별로 갈래지음을 통해 방향을 검토한 뒤, 갈고리로 분류하여, 세 가지 방식[23]으로 경을 설명한다.[24]

22) 이 책 469쪽 참조.
23) 다섯 가지 방식 중 방향별로 갈래지음의 방식과 갈고리의 방식을 제외한 기쁨으로부터 전환의 방식, 세 갈래 잎의 방식, 사자의 놀이의 방식을 가리킨다.
24) 이 책 481쪽 참조.

Ⅲ. 언설과 의미의 열두 경우

(23)

Akkharaṃ padaṃ byañjanaṃ, nirutti that' eva niddeso ākārachaṭṭhavacanaṃ, ettāva byañjanaṃ sabbaṃ. [p.5]

음절, 용어, 문장, 어원분석, 상술(詳述) 그리고 여섯째인 서법(敍法)이라는 말까지 이 모든 것은 언설에 [속한다.][25] [5쪽]

(24)

Saṃkāsanā pakāsanā, vivaraṇā vibhajjanuttānīkammapaññatti etehi chahi padehi, attho kammañ ca niddiṭṭhaṃ.

요약, 소개, 해명, 분석, 해석, 묘사, 이 여섯 경우로 의미와 [의미의] 역할이 설명된다.[26]

(25)

Tīṇi ca nayā anūnā, atthassa ca cha ppadāni gaṇitāni navahi padehi Bhagavato, vacanass'attho samāyutto.

의미에 관련하여 세 가지 방식[27]과 여섯 가지 경우[28]를 빠짐

---

25) 이 책 161쪽 참조.
26) 이 책 47쪽 참조. 주석서(32쪽)에 따르면, 의미의 역할이란 네 부류의 사람들(이 책 461-463)을 이해시키는 역할이다.
27) 기쁨으로부터 전환, 세 갈래 잎, 사자의 놀이라는 세 가지 방식을 가리킨다.
28) 요약, 소개, 해명, 분석, 해석, 묘사라는 여섯 가지 경우를 가리킨다.

없이 헤아린다. 세존의 말씀의 의미는 [이] 아홉 가지 경우와 연결되기 때문이다.

(26)

Atthassa nava ppadāni, byañjanapariyeṭṭhiyā catubbīsaṃ ubhayaṃ saṃkhepayato, tettiṃsā ettikā Nettī ti.

의미에 관해서는 아홉 가지의 경우 그리고 언설의 탐구에 관해서는 스물 네 가지[의 경우,][29] 둘 다 합해서 서른 세 가지로 요약된다. [경전이해의 길인] 네띠는 이러한 것들을 [다룬다.]

Niddesavāro niṭṭhito.

설명의 장이 끝남

29) 전달의 열여섯 가지, 언설을 보여주는 여섯 가지, 방향별로 갈래지음의 방식, 갈고리의 방식을 모두 합하면 스물 네 가지가 된다.

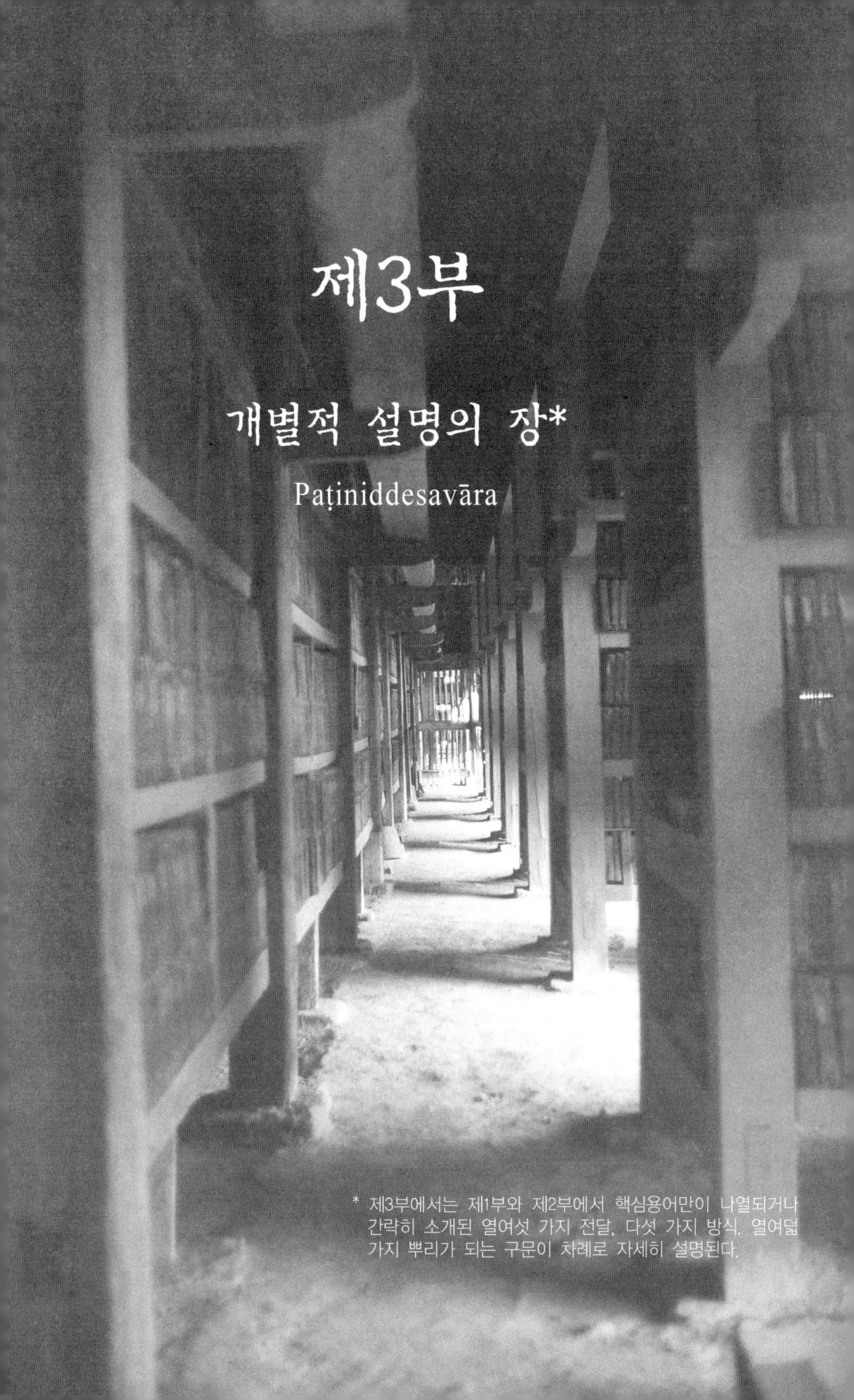

제3부

개별적 설명의 장*

Paṭiniddesavāra

* 제3부에서는 제1부와 제2부에서 핵심용어만이 나열되거나 간략히 소개된 열여섯 가지 전달, 다섯 가지 방식, 열여덟 가지 뿌리가 되는 구문이 차례로 자세히 설명된다.

01

전달의 분석
(Hāravibhaṅga)

1. 교설을 통한 전달(Desanā-hāra)

1) Tattha Katamo desanā-hāro?

Assādādīnavatā ti gāthā ayaṃ desanā-hāro.

1) [제1부에서 열거한 열여섯 가지 전달] 중에서 교설을 통한 전달이란 무엇인가?

[제2부에서 언급한] '맛(味), 걱정거리(患) …'[1]라는 게송이 교설을 통한 전달[에 해당한다.]

1) 이 책 17쪽에 나오는 이 게송의 전문은 다음과 같다. "맛, 걱정거리, 떠남, 결실, 방편, 교훈은 세존께서 수행자들을 위해 하신 교설을 통한 전달이다.(Assādādīnavatā nissaraṇaṃ pi ca phalaṃ upāyo ca āṇattī ca Bhagavato yogīnaṃ desanāhāro)"

2) Kiṃ desayati?

Assādaṃ, ādīnavaṃ, nissaraṇaṃ, phalaṃ, upāyaṃ, āṇattiṃ.

Dhammaṃ vo bhikkhave desissāmi ādikalyāṇaṃ, majjhekalyāṇaṃ pariyosānakalyāṇaṃ sātthaṃ sabyañjanaṃ, kevalaparipuṇṇaṃ parisuddhaṃ brahmacariyaṃ pakāsissāmī ti.

2) 무엇을 드러내시는가?

맛, 걱정거리, 떠남, 결실, 방편, 교훈을 [다음의 경구와 같이] 드러내신다.

> 비구들이여, 그대들에게 처음도 좋고 중간도 좋고 마지막도 좋은, 의미와 언설을 갖춘 법을 설하겠다. 온전하고 원만하며 청정한 고귀한 삶(梵行)을 보여주겠다.[2]

a) Tattha katamo assādo?

Kāmaṃ kāmayamānassa tassa ce taṃ samijjhati
addhā pītimano hoti laddhā macco yad icchatī ti

ayaṃ assādo.

a) 그 [여섯] 중에서 맛(味)[3]이란 무엇인가?

> 어떤 사람이 감각적 욕망을 간절히 원할 때

2) Majjhima Nikāya, 3권, 280쪽.

3) 주석서(20쪽, 42쪽)에 따르면, 맛(assāda, 味)이란 즐거움(sukha)과 유쾌함(somanassa)을 맛보는 것, 기쁨을 갖는 것(pītimanatā), 바람(adhippāya), 좋아하는 것(nikāma), 호감(manāpa), 탐냄(icchita), 내키는 대상(iṭṭhārammaṇa)을 뜻한다.

> 만약 그 욕망을 이룬다면 원하는 것을 얻었기 때문에 기뻐한다.[4]

이것이 [게송이 나타내는][5] 맛이다.

b) Tattha katamo ādīnavo? [p.6]

Tassa ce kāmayānassa chandajātassa jantuno
te kāmā parihāyanti sallaviddho va ruppatī ti

ayaṃ ādīnavo.

b) 그 [여섯] 중에서 걱정거리(患)[6]란 무엇인가? [6쪽]

> 감각적 욕망을 위해 의욕을 낸 중생은
> 그 감각적 욕망을 포기해야 할 때 화살에 맞은 사람처럼 괴로워한다.[7]

이것이 [게송이 나타내는] 걱정거리이다.

c) Tattha katamaṃ nissaraṇaṃ?

Yo kāme parivajjeti sappasseva padā siro
so'maṃ visattikaṃ loke sato samativattatī ti

idaṃ nissaraṇaṃ.

4) Sutta Nipāta, 게송 766.
5) 인용 게송은 '맛'이라는 용어를 바로 정의하는 것이 아닌, 어떤 상황에서 맛이라는 용어가 갖는 의미의 맥락을 설명한다. 이하 걱정거리, 떠남 등도 같다.
6) 주석서(20쪽, 42쪽)에 따르면, 걱정거리(ādīnava, 患)란 위험, 괴로움, 불쾌함, 불만, 정신적 괴로움, 육체적 괴로움, 근심, 결점 등 정신적·육체적 흐름의 부정적 측면을 가리키며, 지음(行, saṃkhāra)은 모두 걱정거리이다.
7) Sutta Nipāta, 게송 767.

c) 그 [여섯] 중에서 떠남(離)[8]이란 무엇인가?

> 두 발이 뱀의 머리를 피하듯, 감각적 욕망을 피하는 자는
> 사띠를 지니고서 세간에 대한 애착을 극복한다.[9]

이것이 [게송이 나타내는] 떠남이다.

aa) Tattha katamo assādo?

Khettaṃ vatthuṃ hiraññaṃ vā gavassaṃ dāsaporisaṃ
thiyo bandhū puthukāme yo naro anugijjhatī ti

ayaṃ assādo.

aa) 그 [여섯] 중에서 맛(味)이란 무엇인가?

> 사람이 밭, 토지, 금, 소, 말, 노예, 하인, 여자, 친척, 그 외 많은 감각적
> 욕망의 대상을 탐낸다.[10]

이것이 [게송이 나타내는] 맛이다.

bb) Tattha katamo ādīnavo?

Abalā naṃ baliyanti maddante naṃ parissayā
tato naṃ dukkham anveti nāvaṃ bhinnam ivodakan ti

8) 떠남(nissaraṇa, 離)은 해방, 여읨을 가리킨다. 주석서(20쪽)에 따르면, 이것은 거룩한 길(ariyamagga) 또는 열반이다.
9) Sutta Nipāta, 게송 768.
10) Sutta Nipāta, 게송 769.

ayaṃ ādīnavo.

bb) 그 [여섯] 중에서 걱정거리(患)란 무엇인가?

> 보잘 것 없는 것도 그를 힘들게 하고 위험한 것은 그를 압도한다. 따라서 괴로움(苦)이 그를 따른다. 부서진 배에 물[이 스며드는 것처럼.][11]

이것이 [게송이 나타내는] 걱정거리이다.

cc) Tattha katamaṃ nissaraṇaṃ?

Tasmā jantu sadā sato kāmāni parivajjaye
te pahāya tare oghaṃ nāvaṃ sitvā va pāragū ti

idaṃ nissaraṇaṃ.

cc) 그 [여섯] 중에서 떠남(離)이란 무엇인가?

> 그러므로 사람은 언제나 사띠를 지니고 감각적 욕망을 멀리해야 한다. 그 [감각적 욕망을] 없애고서 거센 물을 건너야 한다. 배[에 스며든] 물을 퍼내고서 저쪽 언덕에 도착한 사람들처럼.[12]

이것이 [게송이 나타내는] 떠남이다.

d) Tattha katamaṃ phalaṃ?

Dhammo have rakkhati dhammacāriṃ
chattaṃ mahantaṃ yatha vassakāle

---

11) Sutta Nipāta, 게송 770.
12) Sutta Nipāta, 게송 771.

esānisaṃso dhamme suciṇṇe
na duggatiṃ gacchati dhammacārī ti

idaṃ phalaṃ.

d) 그 [여섯] 중에서 결실(果)이란 무엇인가?

> 법은 법을 따르는 자를 보호한다.
> 마치 비가 올 때의 큰 우산과 같이.
> 법을 잘 실천할 때, 이것이 공덕이다.
> 법을 따르는 이는 나쁜 곳으로 가지 않는다.[13]

이것이 [게송이 나타내는] 결실이다.

e) Tattha katamo upāyo?

Sabbe saṃkhārā aniccā ti /pe/ dukkhā ti /pe/
sabbe dhammā anattā ti yadā paññāya passati
atha nibbindatī dukkhe esa maggo visuddhiyā ti

ayaṃ upāyo. [p.7]

e) 그 [여섯] 중에서 방편이란 무엇인가?

> '일체행은 무상(anicca, 無常)하다.'라고 …[중략]… '괴로움(dukkha, 苦)이다.'라고 …[중략]…
> '일체법은 자아가 아니다(anatta, 無我).'라고 반야(paññā)로써 볼 때, 그는 괴로움에 대해 싫어하여 떠나게 된다. 이것이 청정을 위한 길이다.[14]

13) Theragāthā, 게송 303.
14) Dhammapada, 게송 277-279.

이것이 [게송이 나타내는] 방편이다. [7쪽].

f) Tattha katamā āṇatti?

Cakkhumā visamānīva vijjamāne parakkame
paṇḍito jīvalokasmiṃ pāpāni parivajjaye ti

ayaṃ āṇatti.

f) 그 [여섯] 중에서 교훈이란 무엇인가?

> 눈 있는 사람이 살아가면서 위험한 길을 피하는 것처럼,
> 현명한 이는 생명과 세간에 대한 나쁜 짓을 피해야 한다.15)

이것이 [게송이 나타내는] 교훈이다.

Suññato lokaṃ avekkhassu
Mogharājā (ti āṇatti) sadā sato (ti upāyo)
attānudiṭṭhiṃ ūhacca
evaṃ maccutaro siyā (ti idaṃ phalaṃ)

> '모가라자여, 세간을 공(空)으로 보라.'(라는 것은 교훈에 해당한다.)
> '항상 사띠를 지닌 자'(라는 것은 방편에 해당한다.)
> '자아라는 견해를 버림으로써 죽음을 초월한 자가 된다.'(라는 것은 결실에 해당한다.)16)

15) Udāna, 51쪽.

16) Sutta Nipāta, 게송 1119. 모가라자는 어떻게 세간을 볼 때 죽음의 왕이 그를 볼 수 없는가를 세존께 여쭈었다. 이에 대해 세존은 "세간을 공(空)으로 보라. 모가라자여, 항상 사띠하는 자는 자아라는 견해를 버림으로써 죽음을 초월한 자가 된다.

Tattha Bhagavā ugghaṭitaññussa puggalassa nissaraṇaṃ desayati, vipañcitaññussa puggalassa ādīnavañ ca nissaraṇañ ca desayati, neyyassa puggalassa assādañ ca ādīnavañ ca nissaraṇañ ca desayati.

거기에서 세존께서는 '나타낸 것만으로도 아는 사람'에게는 '떠남'을 드러내신다. '설명으로 아는 사람'에게는 '걱정거리'와 '떠남'을 드러내신다. '안내를 받아야 할 사람'에게는 '맛'과 '걱정거리'와 '떠남'을 드러내신다.

Tattha catasso paṭipadā cattāro puggalā ca.
Taṇhācarito mando satindriyena dukkhāya paṭipadāya dandhābhinnññāya niyyāti satipaṭṭhānehi nissayehi.
Taṇhācarito udatto samādhindriyena dukkhāya paṭipadāya khippābhinnññāya niyyāti jhānehi nissayehi.

이와 관련하여 네 가지 방법과 네 부류의 사람이 있다.
'갈애에 따라 행동하면서 우둔한 자'는 사띠의 확립[17]에 의지

죽음의 왕은 그와 같이 세간을 보는 자를 볼 수 없다."고 답변하신다. 본문의 게송은 이러한 세존의 답변을 교훈, 방편, 결실로 분석하고 있다.

17) 사띠의 확립(satipaṭṭhāna, 念處)은 sati와 paṭṭhāna 혹은 upaṭṭhāna의 합성어이다. sati란 √smṛ에서 파생한 말로 '잊지 않다' 혹은 '기억하다'라는 일차적인 의미를 지닌다. 또한 이것은 주의집중 (intentness of mind) 혹은 주의깊음(mindfulness)의 의미로까지 확장되어 쓰이기도 한다(T. W. Rhys Davids, The Pali Text Society's Pali-English Dictionary, 1986, 672쪽). 전자의 기억이나 회상이 이미 경험하여 개념적으로 고정된 사실에 대한 마음작용이라면, 후자의 주의집중 혹은 주의깊음은 현재 진행되는 상태에 대한 그것을 나타낸다. sati는 念, 憶念, 守意, 意止 등으로 한역되었는데, 앞의 둘은 기억에 가깝고 뒤의 둘은 주의집중에 통해 있

하고 사띠의 기능에 의해, 더디게 얻는 뛰어난 앎[18]의 괴로운 방법[19]을 통해 벗어난다.

'갈애에 따라 행동하지만 현명한 자'는 선정에 의지하고 삼매의 기능에 의해, 빠르게 얻는 뛰어난 앎의 괴로운 방법을 통해 벗어난다.

Diṭṭhicarito mando viriyindriyena sukhāya paṭipadāya dandhā-

다. 이 용어와 관련하여 니까야에는 "비구여, 사띠란 [감각의 문을 지키는] 문지기에 비유된다(dovārikoti kho bhikkhu satiyā etaṃ adhivacanaṃ, Saṃyutta Nikāya, 4권, 194쪽; Aṅguttara Nikāya, 4권, 111쪽 등)."라는 경문이 등장한다. 또한 감각기능의 제어(indriyasaṃvara), 감각기능의 통제(indriyasaṃyutta), 감각기능의 문을 지킴(indriyesu guttadvāro) 등의 표현이 sati와 직·간접적인 관계 속에서 묘사된다. 한편 합성어를 이루는 두 번째 용어는 paṭṭhāna 혹은 upaṭṭhāna로 분석된다. paṭṭhāna에서 pa란 다시 '앞으로'의 의미이고 ṭhāna는 장소나 지점을 나타낸다. 따라서 paṭṭhāna는 '앞으로 나가는 곳'이 된다. 이 경우의 satipaṭṭhāna를 번역하자면 '사띠를 시작하는 곳'이 된다. 이러한 분석은 사념처의 세부 항목에 속하는 몸·느낌·마음·법이 사띠의 시작점이 된다는 것을 의미한다. 그러나 satipaṭṭhāna는 sati와 upaṭṭhāna의 합성어로 분석되는 경우가 더 많다. upaṭṭhāna는 '가까이 세우다' 혹은 '분명히 하다'라는 뜻을 지니므로, 이 경우는 '사띠의 확립'으로 번역할 수 있다. 이와 같이 satipaṭṭhāna에는 두 가지 의미가 중첩되어 있으며, 전자가 수행의 대상을 지시한다면 후자는 수행의 과정을 가리킨다고 할 수 있다.

18) 뛰어난 앎(證智, abhiññā)이란 일반적으로 선정의 실천을 통해 얻어진 신통의 지혜를 가리킨다. 예컨대 전생에 대해 기억하는 지혜(宿命智, pubbenivāsānussatiñāṇa), 천안의 지혜(天眼智, dibbacakkhuñāṇa), 번뇌의 그침에 대한 지혜(漏盡智, āsavakkhayañāṇa) 등이 그것이다. 이들 모두는 6가지 뛰어난 앎(六神通, chaḷabhiññā)에 포함되어 함께 언급되곤 한다(Vinaya, 2권, 161쪽). 그러나 마지막의 번뇌의 그침에 대한 지혜(漏盡智)를 제외한 나머지는 궁극적 깨달음과 직접적인 관련은 없는 것으로 분류된다. 특히 반야에 의한 해탈(慧解脫, paññāvimutti)만을 성취한 아라한의 경우는 이 나머지 신통의 능력들을 지니지 않는 것으로 언급된다(Saṃyutta Nikāya, 2권, 121-124쪽).

19) '갈애에 따라 행동하는 자'는 감각적 욕망들을 포기할 수 없어 욕망을 버릴 때 괴롭게 떠난다. 반면에 '견해에 따라 행동하는 자'는 처음부터 감각적 욕망들에 개의치 않으므로, 그것을 떠날 때 빠르게 떠난다. 이 책 423쪽 참조.

bhiññāya niyyāti sammappadhānehi nissayehi.

Diṭṭhicarito udattto paññindriyena sukhāya paṭipadāya khippābhiññāya niyyāti saccehi nissayehi.

'견해[20]에 따라 행동하면서 우둔한 자'는 바른 정근에 의지하고 노력의 기능에 의해, 더디게 얻는 뛰어난 앎의 즐거운 방법을 통해 벗어난다.

'견해에 따라 행동하지만 현명한 자'는 진리에 의지하고 반야의 기능에 의해, 빠르게 얻는 뛰어난 앎의 즐거운 방법을 통해 벗어난다.

Ubho taṇhācaritā samathapubbaṅgamāya vipassanāya niyyanti rāgavirāgāya cetovimuttiyā. Ubho diṭṭhicaritā vipassanāpubbaṅgamena samathena niyyanti avijjāvirāgāya paññāvimuttiyā.

갈애에 따라 행동하는 두 부류의 사람은 사마타가 선도하는 위빠사나를 통해 벗어난다. 즉 탐냄에 대한 탐냄을 여의는 '마음

20) 견해(diṭṭhi, 見)는 바른 견해와 그릇된 견해의 두 가지로 나누어진다. 바른 견해(sammā diṭṭhi, 正見)를 시작으로 팔정도가, 그릇된 견해(micchā diṭṭhi, 邪見)를 시작으로 팔사도가 진행된다. Saṃyutta Nikāya(2권, 42-43쪽)에 따르면, 12연기 중 지음(行)에서 노사(老死)까지의 11지분에 대해 잘 알고, 그들의 일어남, 소멸, 소멸로 가는 길을 잘 아는 이를 '견해를 갖춘 이(diṭṭhisampanna), 봄을 갖춘 이(dassanasampanna), '배울 것이 남아있는 이'의 앎을 지닌 이(sekhena ñāṇena samannāgata), 법의 흐름에 든 이(dhammasotaṃ samāpanna), 불사의 문을 두드리며 서있는(amatadvāraṃ āhacca tiṭṭhati) 이'라고 일컫는다. 반면에 현재의 몸에 대한 견해(sakkāya diṭṭhi)란 집착된 다섯 다발(五取蘊)에 관련하여 자아를 보는 견해로서, 이것은 아래쪽에 관련된 다섯 결박(五下分結)에 속한다. 이 견해를 극복하지 못한 자는 흐름에 든 이가 될 수 없다.

의 해탈(cetovimutti, 心解脫)'로써 [벗어난다.] 견해에 따라 행동하는 두 부류의 사람은 위빠사나가 선도하는 사마타[21]를 통해 벗어난다. 즉 무명에 대한 탐냄을 여의는 '반야에 의한 해탈(paññāvimutti, 慧解脫)'로써 [벗어난다.][22]

Tattha ye samathapubbaṅgamāhi paṭipadāhi niyyanti, te nandiyāvattena nayena hātabbā, ye vipassanāpubbaṅgamāhi paṭipadāhi niyyanti, te sīhavikkīḷtena nayena hātabbā. [p.8]

여기에서 사마타가 선도하는 방법으로 벗어나는 사람들은 '기쁨으로부터 전환'[23]의 방식에 의해 나아간다. 위빠사나가 선도하는 방법으로 벗어나는 사람들은 '사자의 놀이'의 방식에 의해 [나아간다.][24] [8쪽]

3) Svāyaṃ hāro kattha sambhavati?

21) 주석서(51쪽)에 따르면, 사마타가 선도하는 위빠사나(samathapubbaṅgama vipassanā)와 위빠사나가 선도하는 사마타(vipassanāpubbaṅgama samatha)에서 '선도(pubbaṅgama)'란 시간적 선후가 아닌 수행의 관계에서 주된 위치를 뜻한다.

22) 아난 존자가 세존께 '왜 어떤 사람은 마음의 해탈(cetovimutti, 心解脫)을 하고 어떤 사람은 반야에 의한 해탈(paññāvimutti, 慧解脫)을 합니까?'를 여쭈었을 때 세존께서는 '기능의 다양성 때문(indriya vematthatā)'이라고 대답하셨다(Majjhima Nikāya, 1권, 437쪽). 마음의 해탈은 사마타를 통한 탐냄에 대한 탐냄의 여읨(rāgavirāga)으로써 성취되며, 반야에 의한 해탈은 위빠사나를 통한 무명에 대한 탐냄의 여읨(avijjāvirāga)으로써 성취된다(Aṅguttara Nikāya 1권, 61쪽).

23) 이 책 412쪽 참조.

24) 이 책 467쪽 참조.

3) 이러한 전달은 언제 나타나는가?

Yassa Satthā vā dhammaṃ desayati aññataro vā garuṭṭhāniyo sabrahmacārī, so taṃ dhammaṃ sutvā saddhaṃ paṭilabhati.

스승 혹은 스승의 자리를 대신할 만한 어떤 고귀한 생활을 하는 이가 법을 드러낼 때 그는 그 법을 듣고서 믿음을 갖는다.

Tattha yā vīmaṃsā ussāhanā tulanā upaparikkhā, ayaṃ sutamayi paññā. Tathā sutena nissayena yā vīmaṃsā tulanā upapaikkhā manasānupekkhanā, ayaṃ cintāmayi paññā.

그 [법에 관한] 고찰, 관심, 비교, 점검, 그것은 '들은 것으로 이루어진 반야(sutamayipaññā, 聞所成慧)'이다. 그렇게 들은 것을 바탕으로 한 고찰, 비교, 점검, 정신(意)에 의한 성찰, 그것은 '사유로 이루어진 반야(cintāmayipaññā, 思所成慧)'이다.

Imāhi dvīhi paññāhi manasikārasampayuttassa yaṃ ñāṇaṃ uppajjati dassanabhūmiyaṃ vā bhāvanābhūmiyaṃ vā, ayaṃ bhāvanāmayi paññā,

그 두 가지 반야와 정신기울임[25]을 결합한 이에게 봄의 경

25) 정신기울임(manasikāra, 作意)이란 manas(정신)의 처격에 √kṛ(하다)에서 파생한 명사를 첨가한 것이다. 니까야에는 "비구가 악의에 정신을 기울이면(manasikaroto) 악의 속에서 정신이 개발되지 못하고 정화되지 못하고 확립되지 못하고 해탈하지 못한다. 그러나 그가 악의 없음에 정신을 기울이면 악의 없음 속에서 정신이 개발되고 정화되고 확립되고 해탈한다.(bhikkhuno byāpādaṃ manasikaroto

지[26]에서 혹은 닦음의 경지[27]에서 앎이 생겨난다. 그것은 '닦음으로 이루어진 반야(bhāvanāmayipaññā, 修所成慧)'이다.

parato ghosā sutamayi paññā, paccattasamuṭṭhitā yonisomanasikārā cintāmayi paññā, yaṃ patrato ca ghosena paccattasamuṭṭhitena ca yonisomanasikārena ñāṇaṃ uppajjati, ayaṃ bhāvanāmayi paññā.

다른 이의 말로부터 '들은 것으로 이루어진 반야'가 있다. 각자에게 일어난 합당한 정신기울임으로부터 '사유로 이루어진 반야'가 있다. 다른 이의 말과 각자에게 일어난 합당한 정신기울임에 의해 앎이 생겨나는 것, 이것은 '닦음으로 이루어진 반야'이다.

byāpāde cittaṃ na pakkhandati, nappasīdati na santiṭṭhati na vimuccati. abyāpādaṃ kho panassa manasikāroto abyāpāde cittaṃ pakkhandati pasīdati santiṭṭhati vimuccati. Dīgha Nikāya, 3권, 278쪽)"라는 구절이 있다. 또한 "존자시여, 세존께서는 합당한 정신기울임(yoniso manasikārā)으로써 다른 사람들에 대해 '이 사람이 만약 가르친 그대로 실천한다면 세 가지 결박을 소멸시켜 흐름에 든 이(入流)가 될 것이다…'라고 아십니다(ānāti bhante Bhagavā paraṃ puggalaṃ paccattaṃ yoniso manasikārā, ayaṃ puggalo yathānusiṭṭhaṃ tathā paṭipajjamāno, tiṇṇaṃ saññojanānaṃ parikkhayā sotāpanto bhavissati.… Dīgha Nikāya, 3권, 107-108쪽, 112쪽, 227쪽 등)"는 등의 언급이 등장한다. 따라서 이 용어는 어떠한 사실이나 사물을 '정신에 두는 것' 혹은 거기에 '정신을 기울이는 것' 등으로 규정할 수 있다. 한편 '정신기울임'은 생각(vitakka)이라는 용어와 긴밀한 관련을 맺는다(Nārada Thera Vājirārāma, A Manual of Abhidhamma, Abhidhammattha-Saṅgaha, Yangon: Ministery of Religious Affairs, 1996, 87-88쪽 참조). 즉 이것은 특정한 대상을 향해 정신을 향하는 것을 가리키며, 생각이란 그렇게 해서 선택된 대상을 구체적으로 떠올리는 것으로 묘사할 수 있다.

26) 봄의 경지(dassanabhumiya)는 흐름에 듦의 길(sotāpattimagga, 預流向)을 가리킨다. Netti-A, 54쪽.

27) 닦음의 경지(bhāvanābhūmiya)는 흐름에 듦의 결실(sotāpattiphala, 預流果)부터 아라한이라는 결실(arahattaphala, 阿羅漢果)까지를 가리킨다. Netti-A, 54쪽.

Yassa imā dve paññā atthi, sutamayi cintāmayi ca, ayaṃ ugghaṭitaññu. Yassa sutamayi paññā atthi cintāmayi n'atthi, ayaṃ vipañcitaññū. Yassa n'eva sutamayi paññā atthi na cintāmayi, ayaṃ neyyo.

이 두 가지 반야, 즉 '들은 것으로 이루어진 반야'와 '사유로 이루어진 반야'를 지닌 사람은 '나타낸 것만으로도 아는 사람'이다. '들은 것으로 이루어진 반야'를 지녔지만 '사유로 이루어진 반야'가 없는 사람은 '설명으로 아는 사람'이다. '들은 것으로 이루어진 반야'도 없고 '사유로 이루어진 반야도 없는 사람'은 '안내를 받아야 할 사람'이다.

4) Sāyaṃ dhammadesanā kiṃ desayati?

Cattāri saccāni: dukkhaṃ, samudayaṃ, nirodhaṃ, maggaṃ. Ādīnavo phalañ ca dukkhaṃ, assādo samudayo, nissaraṇaṃ nirodho, upāyo āṇatti ca maggo.

Imāni cattāri saccāni.

4) 이러한 법의 드러냄은 무엇을 보여주는가?

괴로움(苦), 일어남(集), 소멸(滅), 길(道)이라는 네 가지 진리(四諦)이다. 걱정거리와 결실은 괴로움(苦)이다.[28] 맛은 일어남

28) 주석서(56쪽)에 따르면, 결실은 맛의 결실과 떠남의 결실이라는 두 결실이 있다. 이 중 맛의 결실만 괴로움에 해당하고, 떠남의 결실은 '흐름에 든 이(入流), 한 번 돌아오는 이(一來), 돌아오지 않는 이(不來), 아라한이라는 네 결실'로서 괴로움에

(集)이다. 떠남은 소멸(滅)이다. 방편과 교훈은 길(道)이다. 이것은 네 가지 진리이다.

Idaṃ dhammacakkaṃ, yathāha Bhagavā:

Idaṃ dukkhan ti me bhikkhave Bārāṇasiyaṃ Isipatane Migadāye anuttaraṃ dhammacakkaṃ pavattitaṃ appativattiyaṃ samaṇena vā brāhmaṇena vā devena vā Mārena vā Brahmunā vā kenaci vā lokasmiṃ.

Sabbaṃ dhammacakkaṃ.

Tattha aparimāṇā padā, aparimāṇā akkharā, aparimāṇā byañjanā, aparimāṇā ākārā neruttā niddesā. Etass'eva atthassa saṃkāsanā pakāsanā vivaraṇā vibhajanā uttānikammaṃ paññatti iti p' idaṃ dukkhaṃ ariyasaccaṃ.

이 [네 가지 진리는] 법의 수레바퀴이다.

세존께서 이렇게 말씀하셨다.

> 비구들이여, 바라나시의 이시빠따나에 있는 사슴동산에서 '이것은 괴로움(苦)이다.'라는 위 없는 법의 수레바퀴가 나에 의해 굴려졌다.[29] 이것은 사문이나 바라문이나 천신이나 마라나 브라흐마나 세상의 그 누구에 의해서도 되돌려지지 않는다.

해당하지 않는다.

29) 이 경문은 Dhammacakkapavattana Sutta(Saṃyutta Nikāya, 5권, 420쪽, 한역 아함의 초전법륜경에 해당)의 일부이다.

나머지 [세 가지 진리도] 모두 법의 수레바퀴이다.

거기에는 무수한 용어, 무수한 음절, 무수한 문장, 무수한 서법(敍法), 어원, 상술(詳述)이 있고, 그것의 의미에 대한 요약, 소개, 해명, 분석, 해석, 묘사가 있다. 이것은 고성제(苦聖諦)이다.

Ayaṃ dukkhasamudayo ti me bhikkhave Bārāṇasiyaṃ Isipatane Migadāye anuttaraṃ dhammacakkaṃ pavattitaṃ [p.9] */ pe / Ayaṃ dukkhanirodho ti me bhikkhave / pe / Ayaṃ dukkhanirodhagāminī paṭipadā ti me bhikkhave Bārāṇasiyaṃ Isipatane Migadāye anuttaraṃ dhammacakkaṃ pavattitaṃ appativattiyaṃ samaṇena vā brāhmaṇena vā devena vā Mārena vā Brahmunā vā kenaci vā lokasmiṃ.*

Tattha aparimāṇā padā, aparimāṇā akkharā, aparimāṇā byañjanā, aparimāṇā ākārā neruttā niddesā. Etass'eva atthassa saṃkāsanā pakāsanā vivaraṇā vibhajanā uttānikammaṃ paññatti iti p'idaṃ dukkhanirodhagāminī paṭipadā ariyasaccaṃ.

> 비구들이여, 바라나시의 이시빠따나에 있는 사슴동산에서 '이것은 괴로움의 일어남 (苦集)이다.'라는 위 없는 법의 수레바퀴가 나에 의해 굴려졌다. [9쪽] …[중략]… 비구들이여, 바라나시의 이시빠따나에 있는 사슴동산에서 '이것은 괴로움의 소멸(苦滅)이다.'라는 위 없는 법의 수레바퀴가 나에 의해 굴려졌다.…[중략]… 비구들이여, 바라나시의 이시빠따나에 있는 사슴동산에서 '이것은 괴로움의 소멸로 가는 방법(苦滅道)이다.' 라는 위 없는 법의 수레바퀴가 나에 의해 굴려졌다. 이것은 사문이나 바라문이나 천신이나 마라나 브라흐마나 세상의 그 누구에 의해서도 되돌려지지 않는다.

거기에는 무수한 용어, 무수한 음절, 무수한 문장, 무수한 서법, 어원, 상술이 있고, 그것의 의미에 대한 요약, 소개, 해명, 분석, 해석, 묘사가 있다. 이것은 고멸도성제(苦滅道聖諦)이다.

Tattha Bhagavā akkharehi saṃkāseti, padehi pakāseti, byañjanehi vivarati, ākārehi vibhajati, niruttīhi vuttānikaroti, niddesehi paññāpeti. Tattha Bhagavā akkharehi ca padehi ca ugghaṭeti, byañjanehi ca ākārehi ca vipñcayati, niruttīhi ca niddesehi ca vitthāreti.

그 중에서 세존께서는 음절로 요약하시고 용어로 소개하신다. 문장으로 해명하시고 서법으로 분석하신다. 어원분석으로 해석하시고 상술로 묘사하신다. 거기에서 세존께서는 음절과 용어로 나타내시고, 문장과 서법으로 설명하시며, 어원분석과 상술로 상세히 하신다.[30)]

Tattha ugghaṭanā ādi, vipañcanā majjhe, vitthāraṇā pariyosānaṃ.

거기에서 나타냄은 처음이고, 설명은 중간이고, 상세함은 마지막이다.

30) '나타내시고(ugghaṭeti)'는 나타낸 것만으로도 아는 사람(ugghaṭitaññupuggala), '설명하시며(vipñcayati)'는 설명으로 아는 사람(vipañcitaññupuggala), '상세히 하신다(vitthāreti)'는 안내를 받아야 할 사람(neyyapuggala)과 서로 연결되어 있는 것으로 파악된다.

So'yaṃ dhammavinayo ugghaṭiyanto ugghaṭitaññupuggalaṃ vineti, tena naṃ āhu: ādikalyāṇo ti, vipañciyanto vipañcitaññupuggalaṃ vineti, tena naṃ āhu: majjhe kalyāṇo ti, vitthāriyanto neyyapuggalaṃ vineti, tena naṃ āhu: pariyosānakalyāṇo ti.

이 나타난 법과 율은 '나타난 것만으로도 아는 사람'을 가르친다. 그러므로 그것을 일컬어 '처음이 좋다.'라고 한다. 이 설명된 법과 율은 '설명으로 아는 사람'을 가르친다. 그러므로 그것을 일컬어 '중간이 좋다.'라고 한다. 이 상세한 법과 율은 '안내를 받아야 할 사람'을 가르친다. 그러므로 그것을 일컬어 '마지막이 좋다.'라고 한다.

Tattha cha ppadāni attho: saṃkāsanā, pakāsanā, vivaraṇā, vibhajanā, uttānikammaṃ, paññatti. Imāni cha ppadāni attho. Cha ppadāni byañjanaṃ: akkharaṃ, padaṃ, byañjanaṃ, ākāro, nirutti, niddeso. Imāni cha ppadāni byañjanaṃ.

그 중에서 여섯 경우는 의미[를 보여준다.] 즉 요약, 소개, 해명, 분석, 해석, 묘사, 이 여섯 경우는 [네 가지 진리의] 의미[를 보여준다.] [다른] 여섯 경우는 언설[을 보여준다.] 즉 음절, 용어, 문장, 서법, 어원분석, 상술, 이 여섯 경우는 언설[을 보여준다.]

Tenāha Bhagavā:

Dhammaṃ vo bhikkhave desissāmi ādiklyāṇaṃ majjhekalyāṇaṃ pariyosānakalyāṇaṃ sātthaṃ sabyañjanaṃ kevalaṃ paripuṇṇaṃ parisuddhan ti. [p.10]

따라서 세존께서 말씀하셨다.

> 비구들이여, 그대들에게 처음도 좋고 중간도 좋고 마지막도 좋은, 의미와 언설을 갖춘, 온전하고 원만하며 청정한 법을 설하겠다. [10쪽]

Kevalan ti lokuttaraṃ na missaṃ lokiyehi dhammehi. Paripuṇṇan ti paripūraṃ anūnaṃ anatirekaṃ. Parisuddhan ti nimmalaṃ sabbamalāpagataṃ pariyodātaṃ upaṭṭhitaṃ sabbavisesānaṃ.

온전함이란 세간을 넘어선 것이며 세간에 속한 법과 섞이지 않은 것이다. 원만함이란 모자라지도 않고 넘치지도 않는 충만이다. 청정이란 티 없음, 모든 때가 없어짐, 깨끗함, 모든 탁월함의 확립이다.

Idaṃ vuccati Tathāgatapadaṃ iti pi, Tathāgatanisevitaṃ iti pi, Tathāgatārañjitaṃ iti pi. Ato c'etaṃ brahmacariyaṃ paññāyati. Tenāha Bhagavā: *Kevalaṃ paripuṇṇaṃ prisuddhaṃ brahmacariyaṃ pakāsissāmī ti.*

이것은 여래의 족적, 여래에 의해 실천된 것, 여래에 의해 물든 것이라고 일컬어진다. 그러한 이유로 그것은 고귀한 삶(梵行)이라고 알려진다. 그래서 세존께서 말씀하셨다. "온전하고 원만하며 청정한 고귀한 삶을 보여주겠다."

5) Kesaṃ ayaṃ dhammadesanā? Yogīnaṃ.

Tenāha āyasmā Mahākaccāno:

Assādādinavatā nissaraṇaṃ pi ca phalaṃ upāyo ca āṇattī ca Bhagavato yogīnaṃ desanā hāro ti.

5) 이것은 누구를 위한 법의 드러냄인가? 수행자를 위함이다.

그래서 마하깟짜나 존자는 말씀하셨다.

"맛, 걱정거리, 떠남, 결실, 방편, 교훈은 세존께서 수행자들을 위해 하신 교설을 통한 전달이다."

Niyutto desanā-hāro.

교설을 통한 전달이 끝남.

2. 분석을 통한 전달(Vicaya-hāra)

1) Tattha katamo vicayo-hāro?

Yaṃ pucchitañ ca vissajjitañ cā ti gāthā ayaṃ vicayo-hāro.

1) [제1부에서 열거한 열여섯 가지 전달] 중에서 분석을 통한 전달이란 무엇인가?

[제2부에서 언급한] '질문과 대답, …'[31]이라는 게송이 분석을 통한 전달[에 해당한다.]

2) Kiṃ vicinati?

Padaṃ vicinati, pañhaṃ vicinati, vissajjanaṃ vicinati, pubbāparaṃ vicinati, assādaṃ vicinati, ādīnavaṃ vicinati, nissaraṇaṃ vicinati, phalaṃ vicinati, upāyaṃ vicinati, āṇattiṃ vicinati, anugītiṃ vicinati, sabbe nava suttante vicinati.

2) 무엇을 분석하는가?

문장을 분석한다. 질문을 분석한다. 대답을 분석한다. 앞뒤[연결관계를] 분석한다. 맛을 분석한다. 걱정거리를 분석한다. 떠남을 분석한다. 결실을 분석한다. 방편을 분석한다. 교훈을 분석한

31) 이 책 17쪽에 나오는 이 게송의 전문은 다음과 같다. "질문과 대답, 경의 요약, 경에 대한 검토를 분석을 통한 전달이라고 말한다(Yaṃ pucchitañ ca vissajjitañ ca suttassa yā ca anugīti suttassa yo pavicayo hāro vicayo ti niddiṭṭho)."

다. 요약을 분석한다. '아홉 갈래 경 모두'[32]를 분석한다.

3) Yathā kiṃ bhave?

Yathā āyasmā Ajito Pārāyane Bhagavantaṃ pañhaṃ pucchati:

3) 어떤 식으로 분석하는가?

[숫따니빠따의] 빠라야나경에서 아지따 존자가 세존께 질문한 경우[를 분석하듯이 한다.]

Ken'assu nivuto loko (icc āyasmā Ajito)
ken'assu na ppakāsati
kissābhilepanaṃ brūsi
kiṃ su tassa mahabbhayan ti?

> (아지따 존자가 여쭈었다.)
> 무엇으로 세간은 덮여 있습니까?
> 무엇 때문에 보이지 않습니까?
> 무엇이 그것의 허물입니까?[33] 말씀해주소서.
> 무엇이 그것의 큰 두려움 입니까?[34]

Imāni cattāri padāni pucchitāni.

So eko pañho. Kasmā? Ekavatthupariggahā. [p.11]

32) 아홉 갈래 경에 대한 설명은 이 책 5쪽 참조.
33) 주석서(61쪽)는 '무엇이 그것의 허물입니까?'에 해당하는 원문 kissābhilepanaṃ를 kiṃ assa abhilepanaṃ로 풀이한다. 본 번역은 주석서의 이 풀이를 따랐다.
34) Sutta Nipāta, 게송 1032.

Evaṃ hi āha: ken'assu nivuto loko ti? Lokādhiṭṭhānaṃ pucchati. Ken'assu na ppakāsatī ti? Lokassa appakāsanaṃ pucchati. Kissābhilepanaṃ brūsī ti? Lokassa abhilepanaṃ pucchati. Kim su tassa mahabbhayan ti? Tass'eva lokassa mahābhayaṃ pucchati.

이 네 문장의 질문은 하나의 질문이다. 왜 그런가? 한 가지 주제만 가지고 있기 때문이다. [11쪽]

이와 같은 [의미로] 그는 말했다. '무엇으로 세간은 덮여 있습니까?'라는 것은 세간의 기반에 대해 묻는 것이다. '무엇 때문에 보이지 않습니까?'라는 것은 세간의 보이지 않음에 대해 묻는 것이다. '무엇이 그것의 허물입니까? 말씀해주소서.'라는 것은 세간의 허물에 대해 묻는 것이다. '무엇이 그것의 큰 두려움입니까?'라는 것은 바로 이 세간의 큰 두려움에 대해 묻는 것이다.

Loko tividho: kilesaloko, bhavaloko, indriyaloko.
Tattha vissajjanā:

Avijjāya nivuto loko (Ajitā ti Bhagavā)
vivicchā pamādā na ppakāsati
jappābhilepanaṃ brūmi
dukkham assa mahabbhayan ti

Imāni cattāri padāni imehi catūhi padehi vissajjitāni, paṭhamaṃ paṭhamena, dutiyaṃ dutiyena, tatiyaṃ tatyena, catutthaṃ catutthena.

세간은 세 종류다. 즉 오염의 세간, 존재의 세간, 기능의 세간이다.[35)]

그것에 대한 대답이 있다.

> ("아지따여!" 세존께서 말씀하셨다.)
> 세간은 무명으로 덮여 있다.
> 이것저것 원함(의심)[36)]과 게으름 때문에 보이지 않는다.
> 열망이 허물이다. 나는 말하니,
> 괴로움(苦)이 그것의 큰 두려움이다.

[질문되었던] 네 구문은 이 네 구문에 의해 대답되었다. 첫 번째 [질문 구문은] 첫 번째 [대답 구문으로,] 두 번째 [질문 구문은] 두 번째 [대답 구문으로,] 세 번째 [질문 구문은] 세 번째 [대답 구문으로,] 네 번째 [질문 구문은] 네 번째 [대답 구문으로 대답되었다.]

a) Ken'assu nivuto loko ti pañhe Avijjāya nivuto loko ti vissajjanā.

Nīvaraṇehi nivuto loko, avijjā-nīvaraṇā hi sabbe sattā, yathāha

35) 주석서(62쪽)에 따르면, 세 가지 세간(loka)이란 감각적 욕망의 활동범위에 있는 중생(kāmāvacarasatta)의 오염의 세간(kilesaloka), 물질현상의 활동범위에 있는 중생(rūpāvacarasatta)의 존재의 세간(bhavaloka), 물질현상을 지니지 않은 활동범위에 있는 중생(arūpāvacarasatta)의 기능의 세간(indriyaloka)이다.

36) 이리저리 원함(vivicchā)을 vi+vi+icchā로 분석하면 '이번에는 이것을 원하고 다음에는 저것을 원하는'의 뜻이 된다. 한편 이후 본문에 나타나는 '이것 저것 원함은 곧 의심이라고 부른다.'에서 보듯 vicikiccā(疑, 의심)의 동의어로 보면 의심을 뜻한다.

Bhagavā:

> *Sabbasattānaṃ bhikkhave sabbapāṇānaṃ sabbabhūtānaṃ pariyāyato ekam eva nīvaraṇaṃ vadāmi, yad idaṃ avijjā, avijjānīvaraṇā hi sabbe sattā. Sabbaso ca bhikkhave avijjāya nirodhā cāgā paṭinissaggā n'atthi sattānaṃ nīvaraṇan ti vadāmī ti. Tena ca paṭhamassa padassa vissajjanā yuttā.*

a) '무엇으로 세간은 덮여 있습니까?'라는 질문에 대해 '세간은 무명으로 덮여 있다.'가 대답이다.

세간은 덮개로 덮여 있다. 모든 중생은 무명(無明)으로 덮여 있기 때문이다.

세존께서 이렇게 말씀하셨다.

> 비구들이여, 나는 방편[37]으로, 모든 중생의, 모든 숨쉬는 것의, 모든 존재의 단 하나의 덮개에 대해서 말한다. 즉 그것은 무명이다. 모든 중생은 무명으로 덮여있기 때문이다. 그러므로 비구들이여, 무명이 모두 소멸되고, 포기되고, 버려짐으로써 중생에게 '덮개가 없다.'라고 말한다.

따라서 첫 번째 [질문] 구문에 대한 대답은 타당하다.

b) Ken'assu na ppakāsatī ti pañhe Vivicchā pamādā na ppakāsatī ti vissajjanā.

Yo puggalo nīvaraṇehi nivuto so vivicchati, vivicchā nāma

37) 주석서(63쪽)에 따르면, '방편으로(pariyāyato)'란 '한 가지 원인으로(ekakāraṇato)'의 의미이며 그 한 가지는 의심이다. 덮개는 보통 다섯 가지(五蓋 또는 五障)이지만, 여기에서는 의심이라는 한 가지에 초점을 맞추기 때문이다.

vuccati vicikicchā, so vicikicchanto nābhisaddahati, anabhisaddahanto viriyaṃ nārabhati akusalānaṃ dhammānaṃ pahānāya kusalānaṃ dhammānaṃ sacchikiriyāya, so idha pamādaṃ anuyutto viharati, pamatto sukhe dhamme na uppādiyati, tassa te anuppādiyamānā na ppakāsanti, yathāha Bhagavā:

Dūre santo pakāsanti Himavanto va pabbato
asant'ettha na dissanti rattikhittā yathā sarā
te guṇehi pakāsanti kittiyā ca yasena cā ti. [p.12]

Tena ca dutiyassa padassa vissajjanā yuttā.

b) '무엇 때문에 보이지 않습니까?'라는 질문에 대해 '이것저것 원함(의심)과 게으름 때문에 보이지 않는다.'가 대답이다.

덮개로 덮여있는 사람은 이것저것 원한다. 이것저것 원함은 곧 의심이라고 부른다. 의심할 때 그는 확실히 믿지 못한다. 확실히 믿지 못할 때 옳지 않은 법(不善法)을 없애고 옳은 법(善法)을 실현하기 위한 노력을 시작하지 않는다. 그리고 거기에서 게으름에 빠져 지낸다. 게으른 그는 즐거운 법(樂法)을 생기게 하지 못한다. 그 [법이] 생겨나지 않을 때, 그 법은 그에게 보이지 않는다.

세존께서 이렇게 말씀하셨다.

> 진실한 자는 히말라야 산처럼 멀리서도 보인다.
> 진실하지 않은 자는 밤에 쏜 화살처럼 바로 여기에서도 보이지 않는다.
> 그[진실한 자는] 덕(德)이나 칭찬이나 명성을 통하여 보인다.38) [12쪽]

따라서 두 번째 [질문] 구문에 대한 대답은 타당하다.

c) Kassābhilepanaṃ brūsī ti pañhe Jappābhilepanaṃ brūmī ti vissajjanā. Jappā

nāma vuccati taṇhā, sā kathaṃ abhilimpati, yathāha Bhagavā:

Ratto atthaṃ na jānāti ratto dhammaṃ na passati
andhatamaṃ tadā hoti yaṃ rāgo sahate naran ti

Sāyaṃ taṇhā āsattibahulassa puggalassa evaṃ abhijappā ti karitvā tattha loko abhilitto nāma bhavati.

Tena ca tatiyassa padassa vissajjanā yuttā.

c) '무엇이 허물입니까? 말씀해주소서.'라는 질문에 대해 '열망이 허물이다. 나는 말하니'가 대답이다.

열망은 곧 갈애라고 일컫는다. 어떻게 갈애가 더럽히는가? 세존께서 이렇게 말씀하셨다.

> 탐착하는 이는 뜻을 알지 못한다. 탐착하는 이는 법을 보지 못한다.
> 그때 탐냄이 사람을 압도하여 어둠이 있다.[39]

이 갈애는 매달림이다. 많은 사람들이 그와 같은 열망을 행하기 때문에 거기에서 세간은 더럽혀진다.

38) Dhammapada, 게송 304.
39) Aṅguttara Nikāya, 4권, 96쪽.

따라서 세 번째 [질문] 구문에 대한 대답은 타당하다.

d) Kiṃ su tassa mahabbhayan ti pañhe Dukkhaṃ assa mahabbhayan ti vissajjanā

Duvidhaṃ dukkhaṃ: kāyikañ ca cetasikañ ca. Yaṃ kāyikaṃ idaṃ dukkhaṃ yaṃ cetasikaṃ idaṃ domanassaṃ. Sabbe sattā hi dukkhassa ubbijjanti. N'atthi bhayaṃdukkhena samasamaṃ, kuto vā pana uttaritaraṃ? Tisso dukkhatā: dukkhadukkhatā, vipariṇāmadukkhatā, saṃkhāradukkhatā.

d) '무엇이 그의 큰 두려움입니까?'라는 질문에 대해 '괴로움(苦)이 그의 큰 두려움이다.'가 대답이다.

괴로움(苦)은 두 가지이다. 즉 몸(身)에 속하는 것과 마음(心)에 속하는 것이다. 몸에 속하는 것은 '괴로움'이고 마음에 속하는 것은 '불쾌함'이다. 모든 중생은 괴로움에 대해 당황한다. 두려운 것으로서 괴로움 만한 것은 없다. 더한 것이 어떻게 있겠는가? 괴로운 상태는 세 가지이다. 즉 괴로움으로 인한 괴로움(苦苦), 변화로 인한 괴로움(壞苦), 지음(行)으로 인한 괴로움(行苦)이다.

Tattha loko odhiso kadāci karahaci dukkhadukkhatāya muccati. Tathā vipariṇāmadukkhatāya. Taṃ kissa hetu? Honti loke appābādhā pi dīghāyukā pi. Saṃkhāradukkhatāya pana loko anupādisesāya nibbānadhātuyā muccati. Tasmā saṃkhāradukkhatā dukkhaṃ lokassā ti katvā dukkhaṃ assa mahabbhayan ti. Tena ca catutthassa padassa vissajjanā yuttā.

세간은 어떤 때 어떤 곳에서는 부분적으로 그 [세 가지] 중에서 괴로움으로 인한 괴로움으로부터 자유롭다. 마찬가지로 변화로 인한 괴로움으로부터도 [자유롭다.] 그것은 왜 그런가? 세간에는 병이 없거나 오래 사는 중생도 있기 때문이다. 세간은 생명의 연료가 남아 있지 않은 열반계(無餘涅槃界)에 의해서만 지음으로 인한 괴로움으로부터 자유로워진다. 그러므로 지음으로 인한 괴로움이 세간의 괴로움이며 세간의 큰 두려움은 괴로움이다.

따라서 네 번째 [질문] 구문에 대한 대답도 타당하다.

Tenāha Bhagavā: Avijjāya nivuto loko ti.

그래서 세존께서 [위의 게송을] 말씀하셨다. "세간은 무명으로 덮여있다.…"

Savanti sabbadhī sotā (icc āyasmā Ajito)
sotānaṃ kiṃ nivāraṇaṃ
sotānaṃ saṃvaraṃ brūhi
kena sotā pithiyyare?

> (아지따 존자가 여쭈었다.)
> 흐름은[40] 어느 곳이든 흐릅니까?

40) 흐름(sota)이라는 용어는 거룩한 이들 중 '흐름에 듦의 길에 있는 이(sotāpattimagga)'와 '흐름에 듦의 결실을 이룬 이(sotāpattiphala)', 또는 흐름에 든 이

> 무엇이 흐름에 대한 제어입니까?
> 흐름에 대한 방어를 말씀해 주십시오.
> 무엇으로 흐름을 막습니까?[41]

Imāni cattāri padāni pucchitāni. Te dve pañhā. Kasmā? Imehi bahvādhivacanena pucchitā. [p.13]

Evaṃ samāpannassa lokassa evaṃ saṃkiliṭṭhassa kiṃ lokassa vodānaṃ vuṭṭhānam iti? Evaṃ hi āha: savanti sabbadhī sotā ti.

[위 게송에서] 네 구문이 질문되었다. 그것은 두 질문이다. 왜 그런가? 다양한 표현[42]이지만 [두 가지를] 물었기 때문이다. [13쪽]

이와 같이 세간이 성취되고 이와 같이 오염되었는데, 무엇이 세간의 정화(淨化)이며 세간으로부터 나옴이겠는가?

그는 이렇게 말했다. "흐름은 어느 곳이든 흐릅니까?"

Asamāhitassa savanti abhijjhā byāpādapamādabahulassa. Tattha yā abhijjhā ayaṃ lobho akusalamūlaṃ, yo byāpādo ayaṃ doso akusalamūlaṃ, yo pamādo ayaṃ moho akusalamūlaṃ.

삼매에 들지 못하고 악의(惡意)가 많고 게으름이 심한 자에게 욕심이 흐른다. 여기에서 욕심이란 옳지 않음의 뿌리인 탐욕이

(Sotāpanna)' 등을 표현하기 위해 사용되곤 한다. 그러나 여기에서는 여섯 감각대상에 대한 번뇌의 흐름을 나타내는 부정적 표현으로 사용되었다.

41) Sutta Nipāta, 게송 1034.

42) 주석서(65쪽)에 따르면, 파생된 많은 말(adhikicca pavattavacana)을 가리킨다.

다. 악의란 옳지 않음의 뿌리인 성냄(瞋)이다. 게으름이란 옳지 않음의 뿌리인 어리석음(癡)이다.[43]

Tass' evaṃ asamāhitassa chasu āyatanesu taṇhā savanti: rūpataṇhā, saddataṇhā, gandhataṇhā, rasataṇhā, phoṭṭhabbataṇhā, dhammataṇhā,

이렇게 삼매에 들지 못하는 그의 여섯 영역(處)에[44] 갈애가 흐른다. 즉 물질현상[45]에 대한 갈애, 소리에 대한 갈애, 냄새에 대한 갈애, 맛에 대한 갈애, 감촉에 대한 갈애, 법에 대한 갈애이다.

yathāha Bhagavā:

Savatī ti kho bhikkhave chann' etaṃ ajjhattikānaṃ āyatanānaṃ adhivacanaṃ.
Cakkhu savati manāpikesu rūpesu, amanāpikesu paṭihaññati. Sotaṃ /pe/ ghānaṃ··· jivhā··· kāyo··· mano savati manāpikesu dhammesu, amanāpikesu paṭihaññatī ti.

세존께서 이렇게 말씀하셨다.

43) Sammādiṭṭhi Sutta(正見經)는 탐욕(lobha)·성냄(dosa)·어리석음(moha)을 옳지 않음의 뿌리(akusalamūla)로, 욕심(abhijjhā)·악의(byāpāda)·그릇된 견해(micchādiṭṭhi)를 옳지 않음(akusala)으로 규정하고 있다. Majjhima Nikāya, 1권, 46쪽.
44) 여섯 영역(chasu āyatanesu)이란 '눈(眼)-물질현상(色), 귀(耳)-소리(聲), 코(鼻)-냄새(響), 혀(舌)-맛(味), 몸(身)-감촉(觸), 정신(意)-법(法)'을 가리킨다.
45) 눈(眼)의 고유영역(visaya, 對境)으로서 물질현상(rūpa)은 물질 자체라기보다 눈에 보이는 대상을 가리킨다.

> 비구들이여, '흐른다'는 것은 안에 속하는 여섯 영역(六內入處)에 대한 표현이다. 눈은 마음에 드는 물질현상에 대해서는 흘러들고 마음에 들지 않는 물질현상에 대해서는 거부한다. 귀는 …[중략]… 코는 …[중략]… 혀는 …[중략]… 몸은 …[중략]… 정신(意)은 마음에 드는 법에 대해서는 흘러들고 마음에 들지 않는 법에 대해서는 거부한다.

Iti sabbā ca savati sabbathā ca savati.

Tenāha: Savanti sabbadhī sotā ti.

이렇게 온갖 것으로부터 흐르고 온갖 방식으로 흐른다. 그래서 그는 말했다. "흐름은 어느 곳이든 흐릅니까?"

Sotānaṃ kiṃ nivāraṇan ti pariyuṭṭhānavighātaṃ pucchati. Idaṃ vodānaṃ.

Sotānaṃ saṃvarrṃ brūhi kena sotā pithiyyare ti. anusayasamugghātaṃ pucchati. Idaṃ vuṭṭhānaṃ.

'무엇이 흐름에 대한 제어입니까?'란 사로잡힘(纏縛)으로부터 벗어남을 묻는 것이다. 그것은 '정화'이다. '흐름에 대한 방어를 말씀해 주십시오. 무엇으로 흐름을 막습니까?'란 잠재성향의 제거를 묻는 것이다. 그것은 '[세간으로부터] 나옴'이다.

Tattha vissajjanā:

Yāni sotāni lokasmiṃ (Ajitā ti Bhagavā)
sati teasaṃ nivāraṇaṃ
sotānaṃ saṃvaraṃ brūmi

paññāy' ete pithiyyare ti

여기 대답이 있다.

> ("아지따여!" 세존께서 말씀하셨다.)
> 세간에서의 흐름들,
> 사띠가 그것을 제어한다.
> 흐름에 대한 방어를 나는 말하니,
> 반야로써 그것을 막는다.[46]

Kāyagatāya satiyā bhāvitāya bahulīkatāya cakkhu nāviñchati manāpikesu rūpesu, amanāpikesu na paṭihaññati ··· sotaṃ /pe/ ghānaṃ ··· jivhā ··· kāyo ··· mano ··· nāviñchati manāpikesu dhammesu, amanāpikesu na paṭihaññati.

몸에 대한 사띠(kāyagata sati, 身至念)를 닦고 많이 행할 때, 눈은 마음에 드는 물질현상에 다가가지 않고, 마음에 들지 않는 물질현상을 거부하지 않는다. 귀는 …[중략]… 코는 …[중략]… 혀는 …[중략]… 몸은 …[중략]… 정신(意)은 마음에 드는 법에 다가가지 않고, 마음에 들지 않는 법을 거부하지 않는다.

Kena kāraṇena? Saṃvutanivāritattā indriyānaṃ. [p.14] Kena te saṃvutanivāritā? Sati-ārakkhena. Tenāha Bhagvā: Sati teasṃ nivāraṇan ti.

46) Sutta Nipāta 게송 1035.

왜 그런가? 감각기능을 지키고 제어하기 때문이다. [14쪽] 무엇으로 그것을 지키고 제어하는가? 사띠의 보호로써 [지키고 제어한다.]

따라서 세존께서 말씀하셨다. "사띠가 그것을 제어한다."

Paññāya anusayā pahiyyanti, anusayesu pahīnesu pariyuṭṭhānā pahiyyanti. Kissa anusayassa pahīnattā? Taṃ yathā khandhavantassa rukkhassa anavasesamūluddharaṇe kate pupphaphalapavāḷaṅkurassantati samucchinnā bhavati, evaṃ anusayesu pahīnesu pariyṭṭhānasantati samucchinnā bhavati pidahitā paṭicchannā. Kena? Paññāya.

Tenāha Bhagavā: Paññāy' ete pithiyyare ti.

반야에 의해 잠재성향이 제거된다. 잠재성향이 제거될 때 사로잡힘도 제거된다. 잠재성향의 제거란 무엇인가? 나무둥치의 뿌리를 남김없이 뽑아낼 때 꽃, 열매, 어린 가지, 싹의 이어짐(相續)이 끊어지는 것처럼, 그와 같이 잠재성향이 제거될 때 사로잡힘의 이어짐도 끊어지고 막히고 덮인다. 무엇으로 [그렇게 되는가?] 반야에 의해서 [제거된다.]

따라서 세존께서 말씀하셨다. "반야로써 그것을 막는다."

Paññā c'eva satī ca (icc āyasmā Ajito)
nāmarūpañ ca mārisa etaṃ me puṭṭho pabrūhi
katth' etaṃ uparujjhatī ti?

Yaṃ etaṃ pañhaṃ apucchi
Ajita taṃ vadāmi te
yattha nāmañ ca rūpañ ca
asesaṃ uparujjhti viññaṇassa nirodhena
etth' etaṃ uparujjhatī ti

> (아지따 존자가 여쭈었다.)
> 반야와 사띠, 그리고
> 정신·물질현상, 스승이시여, 이것이 저의 질문입니다. 말씀해주소서.
> 그것은 언제 그칩니까?47)
>
> 그대가 물은 질문,
> 아지따여, 그것에 대해 나는 말하니
> 의식이 소멸함으로써 정신현상과 물질현상이 남김 없이 그칠 때
> 그 때 그것이 그친다.48)

Ayaṃ pañho anusandhiṃ pucchati. Anusandhiṃ pucchanto kiṃ pucchati?

Anupādisesaṃ nibbānadhātuṃ. Tīṇi ca saccāni saṃkhatāni nirodhadhammāni: dukkhaṃ, samudayo, maggo. Nirodho asaṃkhato.

이 질문은 '연결'에 대해 묻고 있다. 연결을 묻는다는 것은 무엇을 묻는 것인가? 생명의 연료가 남아 있지 않은 열반계(無餘涅槃界)에 대해 묻는 것이다. 괴로움, [괴로움의] 일어남, 길이라는

47) Sutta Nipāta 게송 1036.
48) Sutta Nipāta 게송 1037.

세 가지 진리는 지어진 것(有爲)이며 '소멸(滅)하는 법'이다. 소멸은 지어지지 않은 것(無爲)이다.

Tattha samudayo dvīsu bhūmīsu pahiyyati: dassanabhūmiyā ca bhāvanābhūmiyā ca.

Dassanena tīṇi saṃyojanāni pahiyyanti: sakkāyadiṭṭhi, vicikicchā, sīlabbataparāmāso. Bhāvanāya satta saṃyojanāni pahiyyanti: kāmacchando, byāpādo, rūparāgo, arūparāgo, māno, uddhaccaṃ, avijjā ca niravasesā.

이 중에서 [괴로움의] 일어남(集)은 두 경지에서 제거된다. 즉 봄의 경지[49]와 닦음의 경지[50]에서 [제거된다.] 봄에 의해 세 가지 결박이 제거된다. 즉 현재의 몸에 대한 견해(有身見),[51] 의심, 규범과 금기에 대한 취착(戒禁取)[52]이다. 닦음에 의해 일곱 가지 결박이 제거된다. 즉 감각적 욕망에 대한 의욕,[53] 악의, 물질현

49) 주석서(54쪽)에 따르면, 흐름에 듦의 길(sotāpattimagga, 預流向)의 경지이다.

50) 주석서(54쪽)에 따르면, 흐름에 듦의 결실(sotāpattiphala, 預流果)부터 아라한이라는 결실(arahattaphala, 阿羅漢果)까지의 일곱 경지이다.

51) 현재의 몸(sakkāya, 有身)이란 집착된 다섯 다발(五取蘊)이다. 현재의 몸에 대한 견해(sakkāyadiṭṭhi, 有身見)란 집착된 다섯 다발에 관련하여 그것을 자아라고, 자아가 그것을 가지고 있다고, 그것이 자아에 있다고, 자아가 거기에 있다고 간주하는 것이다. Majjhima Nikāya, 1권, Cūlavedalla Sutta, 229쪽.

52) 의심(vicikicchā), 규범과 금기에 대한 취착(戒禁取, sīlabbataparāmāsa), 현재의 몸에 대한 견해(sakkāya-diṭṭhi)라는 이 세 결박을 제거하면 흐름에 든 이(sotāpanna, 入流)가 된다.

53) 의욕(chanda, 欲)은 수행의 측면에서 긍정적 기능과 부정적 기능, 둘 다를 갖고 있다. 즉 서른 일곱 가지 깨달음을 구성하는 법(助道法)의 하나인 네 가지 바른 정근(四正勤)의 첫 단계가 '옳은 법을 생기도록 하고 옳지 않은 법을 끊으며 생겨

상에 대한 탐냄, 물질현상을 지니지 않은 것에 대한 탐냄, 자만, 들뜸[이 제거되고] 무명이 남김 없이 [제거된다.]

Te-dhātuke imāni dasa saṃyojanāni : pañc'orambhāgiyāni, pañc'uddhambhāgiyāni. [p.15]

삼계에는 열 가지 결박이 있다. 즉 아래쪽에 관련된 다섯과 위쪽에 관련된 다섯54)이다. [15쪽]

Tattha tīṇi saṃyojanāni – sakkāyadiṭṭhi, vicikicchā, sīlabbataparāmāso – anaññātaññassāmītindriyaṃ adhiṭṭhāya nirujjhanti, satta saṃyojanāni – kāmacchando, byāpādo, rūparāgo, arūparāgo, māno, uddhaccaṃ, avijjā ca niravasesā – aññindriyaṃ adhiṭṭhāyā nirujjhanti.

그 [열 가지 결박] 중에서 세 가지 결박, 즉 현재의 몸에 대한 견해, 의심, 규범과 금기에 대한 취착은 완전한 앎을 이루고자 하는 기능(未智當智根)55)을 확립함으로써 소멸한다. 그리고 완전한

난 선법은 완성하겠다.'라는 의욕(chanda)을 내는 것이다. 반면에 감각적 욕망에 대한 의욕(kāmacchanda)은 본문에서 보듯 결박의 하나이다. 또한 경전의 정의에 의하면, 집착된 다섯 다발(五取蘊)에 대한 의욕(chanda)과 탐냄(rāga)이 곧 집착이다(Majjhima Nikāya, 1권, 300쪽).

54) 아래쪽에 관련된 다섯 결박(pañca orambhāgiya Saṃyojana, 五下分結)은 본문에서 언급된 열 가지 중 현재의 몸에 대한 견해, 의심, 규범과 금기에 대한 취착, 감각적 욕망에 대한 의욕, 악의이다. 위쪽에 관련된 다섯 결박(pañca uddhambhāgiya Saṃyojana, 五上分結)은 물질현상에 대한 탐냄, 물질현상을 지니지 않은 것에 대한 탐냄, 자만, 들뜸과 후회, 무명이다.

55) 완전한 앎을 이루고자 하는 기능(anaññātaññassāmītindriya, 未智當智根)의 문자

앎에 이르는 기능(已智根)을 확립함으로써 일곱 가지 결박, 즉 감각적 욕망에 대한 의욕, 악의, 물질현상에 대한 탐냄, 물질현상을 지니지 않은 것에 대한 탐냄, 자만, 들뜸, 무명이 남김 없이 소멸한다.

Yaṃ pana evaṃ jānāti: khīṇā me jātī ti idaṃ khayeñāṇaṃ, nāparaṃ itthattāyā ti pajānāti idaṃ anuppāde-ñāṇaṃ. Imāni dve ñāṇāni aññātāvindriyaṃ.

'나의 태어남은 다했다.'라고 아는 것은 그침에 대한 앎(盡智)이다. '더 이상 이런 상태는 없다.'라고 아는 것은 생겨남이 없음에 대한 앎(無生智)이다. 이 두 앎이 완전한 앎을 갖춘 기능(具智根)이다.[56)]

Tattha yañ ca anaññātaññassāmītindriyaṃ yañ ca aññindriyaṃ, imāni aggaphalaṃ arahattaṃ pāpuṇantassa nirujjhanti.

그 [기능] 중에서 완전한 앎을 이루고자 하는 기능(未智當智根)과 완전한 앎에 이르는 기능(已智根)은 최상의 결실인 아라한의 상태를 성취하였을 때 소멸한다.

적 의미는 '모르는 것을 마침내 나는 알 것이다.'라고 하는 기능이다. 이 기능을 확립하게 되면 열 가지 결박 중 세 가지가 소멸되므로 '흐름에 든 이(入流)'가 된다.

56) 완전한 앎을 갖춘 기능(aññātāvindriya, 具智根)은 아라한이라는 결실(阿羅漢果)에서의 기능이다.

Tattha yañ ca khaye-ñāṇaṃ yañ ca anuppāde-ñāṇan, imāni dve ñāṇāni ekā paññā. Api ca ārammaṇasaṃketena dve nāmāni labhanti: khīṇā me jātī ti pajānantassa khayeñāṇan ti nāmaṃ labhati, nāparaṃ itthattāyā ti pajānantassa anuppāde-ñāṇan ti nāmaṃ labhati. Sā pajānanaṭṭhena paññā. Yathādiṭṭhaṃ apilāpanaṭṭhena sati.

여기에서 그침에 대한 앎과 생겨남이 없음에 대한 앎, 이 두 가지 앎은 같은 반야이지만 [앎의] 대상과 일치시킬 때 두 가지 이름을 가진다. 즉 '나의 태어남은 다했다.'라고 알 때는 '그침에 대한 앎'이라는 이름을 가진다. '더 이상 이런 상태는 없다.'라고 알 때는 '생겨남이 없음에 대한 앎'이라는 이름을 가진다. 그들은 분명한 앎이라는 의미에서 반야[라는 이름을 가진다.] 보여진 그대로 [머물며] 떠다니지 않는다는 의미에서 사띠[라는 이름을 가진다.]

Tattha ye pañcupādānakkhandhā, idaṃ nāmarūpaṃ.

Tattha ye phassapañcamakā dhammā, idaṃ nāmaṃ, yāni pañcindriyāni rūpāni, idaṃ rūpaṃ, tadubhayaṃ nāmarūpaṃ viññāṇasampayuttaṃ.

그 [아지따 존자의 질문에서] 정신·물질현상[57]은 집착된 다섯

57) 정신·물질현상(nāmarūpa)에 대해 경전은, 정신현상(名)은 느낌(受), 지각(想), 의도(思), 접촉(觸), 정신기울임(作意)으로, 물질현상(色)은 땅(地), 물(水), 불(火), 바

다발(五取蘊)을 가리킨다. 여기에서 '접촉(觸)이 다섯 번째인 법들'[58]은 정신현상(名)에 해당하고, 물질현상으로서의 다섯 감각기능[59]은 물질현상(色)에 해당한다. 이 정신현상과 물질현상 둘 다는 의식(識)과 서로 연결되어 있다.

Tassa nirodhaṃ Bhagavantaṃ pucchanto āyasmā Ajito Pārāyane evaṃ āha:

Paññā c'eva satī ca nāmarūpañ ca mā risa
etaṃ me puṭṭho pabrūhi katth' etaṃ uparujjhatī ti

그것의 소멸을 세존께 여쭈면서, 아지따 존자는 파라야나 경에서 이와 같이 말했다.

> 반야와 사띠 그리고 정신·물질현상, 스승이시여,
> 이것이 저의 질문입니다. 말씀해주소서. 그것은 언제 그칩니까?

Tattha sati ca paññā ca cattāri indriyāni, sati dve indriyāni:

람(風)의 네 가지 큰 요소(四大)와 네 가지 큰 요소로 이루어진 물질현상(四大所造色)으로 정의한다. Saṃyutta Nikāya, 1권, 3쪽 참조.

58) 접촉이 다섯 번째인 법들(phassapañcamakā dhammā)에 대한 설명은 이 책 297쪽의 정신·물질현상에 대한 해석에서 찾을 수 있다. 거기에서는 정신현상이 느낌(受), 지각(想), 의도(思), 마음(心), 접촉(觸), 정신기울임(作意)이라고 규정된다. 이 때 접촉이 다섯 번째에 위치하고 있다. 따라서 여기의 '접촉이 다섯 번째인 법들'이란 정신현상에 속하는 이 여섯 가지 법들을 가리킨다. 한편 니까야의 정의에 따르면 정신현상에는 위의 각주에서 보듯 마음(心)이 속하지 않으므로, 이 경우 접촉은 네 번째 법이 된다.

59) 물질현상으로서의 다섯 감각기능(pañcindriyāni rūpāni)이란 눈, 코, 귀, 혀, 몸, 정신이라는 여섯 감각기능(六根) 중 다섯인 눈, 코, 귀, 혀, 몸을 가리킨다.

satindriyañ ca samādhindriyañ ca, paññā dve indriyāni: paññindriyañ ca viriyindriyañ ca. Yā imesu catūsu indriyesu saddahanā okappanā, idaṃ saddhindriyaṃ.

이 [질문에서] 사띠와 반야는 네 가지 기능을 가리킨다. [그 중에서] 사띠는 두 가지 기능을 가리킨다. 즉 사띠의 기능과 삼매의 기능이다. 반야는 두 가지 기능을 가리킨다. 즉 반야의 기능과 노력의 기능이다. 이 네 가지 기능에 관련된 믿음과 신뢰, 그것이 믿음의 기능이다.

Tattha yā saddhādhipateyyā cittekaggatā, ayaṃ chandasamādhi. Samāhite citte kilesānaṃ vikkhambanatāya paṭisaṃkhānabalena vā bhāvanābalena vā, idaṃ pahānaṃ. [p.16] Tattha ye assāsapassāsā - vitakkavicārā - saññāvedayitā - sarasaṃkappā, ime saṃkhārā.

그 중에서 믿음이 탁월하여 마음(心)이 한 곳으로 집중된 상태가 의욕에 의한 삼매(**chandasamādhi**, 欲三昧)이다. 마음이 삼매에 들어, 성찰의 힘 또는 닦음의 힘으로 오염이 중지된 상태가 되었을 때 그것이 정근[60]이다. [16쪽] 거기에서 들숨과 날숨, 생

60) 정근(padhāna)에 대한 PTS 본의 표기는 제거(pahāna)이지만 번역은 주석서(70쪽)의 표기인 padhāna(정근)을 따랐다. 이에 대해 Ñāṇamoli스님도 그의 번역(The Guide)에서 주석서의 표기인 padhāna를 따르는 것이 적절하다고 본다. 이어지는 문장에서 chandasamādhi-padhāna-saṃkhāra-samannāgata라는 복합어가 반복되어 나오며, 이 표현과 긴밀한 관계에 있다고 판단되기 때문이다. 그러나 이 부분의 교리적 근거가 되는 Saṃyutta Nikāya, 5권, 272쪽을 보면 이 표기(pahāna) 또한 근거를 지니고 있음을 알 수 있다. 이 경에 다음과 같은 내용이 나오기 때문이다. 바라문 운나바는 아난다 존자에게 '의욕(chanda, 欲)을 없애는(pahāna) 방법'을 질

각과 숙고, 지각(想)과 느낌, 기억과 의향, 이것이 지음(行)이다.

Iti purimako ca chandasamādhi kilesavikkhambhanatāya ca pahānaṃ ime ca saṃkhārā, tadubhayaṃ chandasamādhipadhānasaṃkhārasamannāgataṃ iddhipādaṃ bhāveti vivekanissitaṃ virāganissitaṃ nirodhanissitaṃ vosaggapariṇāmim.

이와 같이 의욕에 의한 삼매를 처음으로 하여, 오염이 중지된 상태에서의 정근과 이러한 지음(行)이 있다. 그는 '의욕에 의한 삼매'와 '정근(精勤)과 지음'을 갖춘 두 가지 신통의 기반[61]을 닦는다. [이 신통의 기반은] 떠남에 의지하고 탐냄의 여읨에 의지하고 소멸에 의지하고 포기로 이끈다.

Tattha yā viriyādhipateyyā cittekaggatā, ayaṃ viriyasamādhi /pe/

거기에서 노력이 탁월하여 마음이 한 곳으로 집중된 상태가 노력에 의한 삼매(viriyāsamādhi, 精進三昧)이다. …[중략]…

문하였다. 이에 대한 아난다 존자의 대답이 네 가지 신통의 기반(cattāro iddhipādā, 四神足)이며, 이러한 신통의 기반을 닦는 것은 의욕을 제거하기 위함이다. 따라서 PTS본의 pahāna는 padhāna의 잘못된 표기가 아니라 '의욕의 제거(pahāna)'로도 볼 수 있다. 이 경우 제거(pahāna)라는 용어는, 이어지는 문장의 복합어 chandasamādhi-padhāna-saṃkhāra-samannāgata와는 별개가 된다.

61) 신통의 기반(iddhipāda, 神足)은 신통의 조목, 신통의 기초로도 번역된다. 본문에는 네 가지 신통의 기반(cattāro iddhipādā, 四神足)이 차례대로 열거되고 있다.

Tattha yā cittādhipateyyā cittekaggatā, ayaṃ cittasamādhi /pe/

거기에서 마음이 탁월하여 마음이 한 곳으로 집중된 상태가 마음에 의한 삼매(cittasamādhi, 心三昧)이다. …[중략]…

Tattha yā vīmaṃsādhipateyyā cittekaggatā, ayaṃ vīmaṃsāsamādhi. Samāhite cite kilesānaṃ vikkhambanatāya paṭisaṃkhānabalena vā bhāvanābalena vā, idaṃ pahānaṃ.

Tattha ye assāsapassāsā-vitakkavicārā-saññāvedayitā-sarasaṃkappā, ime saṃkhārā. Iti purimako ca vīmaṃsāsamādhi kilesavikkhambhanatāya ca pahānaṃ ime ca saṃkhārā, tadubhayaṃ vīmaṃsāsamādhipadhānasaṃkhārasamannāgataṃ iddhipādaṃ bhāveti vivekanissitaṃ virāganissitaṃ nirodhanissitaṃ vosaggapariṇāmiṃ.

거기에서 고찰이 탁월하여 마음이 한 곳으로 집중된 상태가 고찰에 의한 삼매(vīmaṃsāsamādhi, 考察三昧)이다. 마음이 삼매에 들어, 성찰의 힘 또는 닦음의 힘으로 오염이 중지된 상태가 되었을 때 그것이 정근이다. 거기에서 들숨과 날숨, 생각과 숙고, 지각과 느낌, 기억과 의향, 이것이 지음이다.

이와 같이 고찰에 의한 삼매를 처음으로 하여, 오염이 중지된 상태에서의 정근과 이러한 지음(行)이 있다. 그는 '고찰에 의한 삼매'와 '정근과 지음을 갖춘' 두 가지 신통의 기반을 닦는다. [이 신통의 기반은] '떠남에 의지하고 탐냄의 여읨에 의지하고 소멸에 의지하고 포기로 이끈다.

Sabbo samādhi ñāṇamūlako nāṇapubbaṅgamo ñāṇānuparivatti.

모든 삼매는 앎(ñāṇa)을 뿌리로 하고, 앎이 선도하며, 앎을 따라 진행된다.

Yathā pure tathā pacchā yathā pacchā tathā pure
yathā divā tathā ratti yathā ratti tathā divā

앞과 같이 그렇게 뒤를, 뒤와 같이 그렇게 앞을.62)
낮과 같이 그렇게 밤을, 밤과 같이 그렇게 낮을.63)

Iti vivaṭena cetasā apariyonaddhena sappabhāsaṃ cittaṃ bhāveti.

그렇게 '열려있고 걸림이 없는' 마음으로 빛나는 마음을 닦는다.64)

Pañcindriyāni kusalāni cittasahabhūni citte uppajjamāne uppajjanti, citte nirujjhamāne nirujjhanti. Nāmarūpañ ca viññāṇahetukaṃ viññāṇapaccayanibbattaṃ Tassa maggena hetu upacchinno viññāṇaṃ anāhāraṃ anabhinaniditaṃ apaṭṭhitaṃ appaṭisandhikaṃ,

62) 앞뒤의 지각이 잘 확립되고 정신기울임이 잘 되었으며 반야로써 잘 통찰된 상태로 지내는 것을 뜻한다. Saṃyutta Nikāya 5권, 278쪽.
63) 낮에 신통의 기반을 닦던 방법처럼 밤에도 똑같이 닦는 것이다. Saṃyutta Nikāya 5권, 278쪽.
64) 빛의 지각이 잘 확립되고 낮의 지각이 잘 확립된 상태이다. Saṃyutta Nikāya 5권, 278쪽.

taṃ nirujjhati. Nāmarūpaṃ api ahetukaṃ appaccayaṃ punabbhavaṃ na nibbattayati. [p.17]

마음(心)과 함께 하는 옳은 다섯 기능은 마음이 일어날 때 일어나고, 마음이 소멸할 때 그들도 소멸한다. 그리고 의식(識)을 원인으로 하는 정신·물질현상은 의식을 조건으로 발생한다. 길(magga, 道)에 의해 그것의 원인이 잘리면, 의식은 자양분이 없고 기뻐함이 없고 자리잡음이 없고 연결고리가 없어서 소멸한다. 정신·물질현상도 원인이 없어지고 조건이 없어지므로 다음 존재를 발생시키지 못한다. [17쪽]

Evaṃ viññāṇassa nirodhā paññā ca sati ca nāmarūpañ ca nirujjhati.

Tenāha Bhagavā

Yaṃ etaṃ pañhaṃ apucchi
Ajita taṃ vadāmi te:
yattha nāmañ ca rūpañ ca asesaṃ uparujjhati
viññāṇassa nirodhena etth'etaṃ uparujjhatī ti

이와 같이 의식이 소멸함으로써 반야와 사띠와 정신·물질현상이 소멸한다.

따라서 세존께서 말씀하셨다.

> 그대가 물은 그 질문
> 아지따여, 그것에 대해 나는 말하니

> 의식이 소멸함으로써 정신현상과 물질현상이 남김 없이 그칠 때
> 그 때 그것이 그친다.

Ye ca saṃkhātadhammāse (icc āyasmā Ajito)
ye ca sekhā puthū idha
teasṃ me nipako iriyaṃ
puṭṭho pabrūhi mārisā ti

> (아지따 존자가 여쭈었다.)
> 법을 간파한 자들,
> 그리고 여기 배울 것이 남은 여러 부류들,
> 현명한 이는 그들의 행동에 대해 저에게
> 말씀해주십시오. 스승이시여.[65]

Imāni tīṇi padāni pucchitāi.

Te tayo pañhā. Kissa? Sekhāsekhavipassanāpubbaṅgamapahānayogena.

이러한 세 구문이 질문되었다.

그것은 세 가지 질문이다. 어떻게 그런가? 배울 것이 남은 이(sekha, 有學, 學人), 배울 것이 없는 이(asekha, 無學),[66] 위빠사나가 선도하는 제거의 수행(vipassanāpubbaṅgamapahānayoga)이

65) Sutta Nipāta, 게송 1038; Saṃyutta Nikāya, 2권, 47쪽.
66) 배울 것이 남은 이와 배울 것이 없는 이(sekhāsekha, 學人과 無學) 중 배울 것이 남은 이(sekha, 學人, 有學)는 흐름에 듦의 길에 있는 이(sotāpattimagga)부터 아라한의 길에 있는 이(arahattamagga)까지 일곱 부류의 거룩한 이를 일컫는다. 배울 것이 없는 이(asekha, 無學)는 아라한이라는 결실을 이룬 이를 일컫는다.

라는 [세 가지 질문이] 되기 때문이다.

Evaṃ hi āha: ye ca saṃkhātadhammāse ti? Arahattaṃ pucchati. Ye ca sekhā puthū idhā ti? Sekhaṃ pucchati. Tesaṃ me nipako iriyaṃ puṭṭho pabrūhi mārisā ti? Vipassanāpubbaṇgamaṃ pahānaṃ pucchati.

그는 이와 같은 [의미로] 말했다. '법을 간파한 자들'이란 아라한에 대해 묻는 것이다. '그리고 여기 배울 것이 남은 여러 부류들'이란 배울 것이 남은 이에 대해 묻는 것이다. '현명한 이는 그들의 행동에 대해 저에게 말씀해주십시오. 스승이시여.'란 위빠사나가 선도하는 제거에 대해 묻는 것이다.

Tattha vissajjanā:

Kāmesu nābhigijjheyya (Ajitā ti Bhagavā)
manasānāvilo siyā
kusalo sabbadhammānaṃ
sato bhikkhu paribbaje ti

여기 대답이 있다.

> ("아지따여!" 세존께서 말씀하셨다.)
> 감각적 욕망을 갈망하지 말아야 한다.
> 정신(意)의 혼란이 없는 자가 되어야 한다.
> 일체법에 대해 능숙하고 사띠를 지닌 비구는 속세를 떠난다.[67]

67) Sutta Nipāta, 게송 1039.

Bhagavato sabbaṃ kāyakammaṃ ñāṇapubbaṅgamaṃ ñāṇānuparivatti, sabbaṃ vacīkammaṃ ñāṇapubbaṅgamaṃ ñāṇānuparivatti, sabbaṃ manokammaṃ ñāṇapubbaṅgaṃ ñāṇānuparivatti. Atīte aṃse appaṭihataṃ ñāṇadassanaṃ, anāgate aṃse appaṭihataṃ ñāṇadassanaṃ, paccuppanne aṃse appaṭihataṃ ñāṇadassanaṃ.

몸으로 하는 세존의 모든 행위(kāyakamma, 身業)는 앎이 선도하며 앎을 따라 진행되고, 언어로 하는 모든 행위(vacīkamma, 口業)도 앎이 선도하고 앎을 따라 진행되며, 정신(意)으로 하는 모든 행위(manokamma, 意業)도 앎이 선도하며 앎을 따라 진행된다. 과거에 대해서 막힘 없는 앎과 봄(ñāṇadassana, 智見)이 있고, 미래에 대해서도 막힘 없는 앎과 봄이 있으며, 현재에 대해서도 막힘 없는 앎과 봄이 있다.

Ko ca ñāṇadassanassa paṭighāto? [p.18]
Yaṃ anicce dukkhe anattaniye ca aññāṇaṃ adassanaṃ, ayaṃ ñāṇadassanassa paṭighāto. Yathā idha puriso tārakarūpāni passeyya no ca gaṇanasaṅketena jāneyya, ayaṃ ñāṇadassanassa paṭighāto. Bhagavato pana appaṭihataṃ ñāṇadassanaṃ, anāvaraṇañāṇadassanā hi buddhā bhagavanto.

무엇이 앎과 봄을 막는가? [18쪽]
무상·괴로움·무아에 대해 앎이 없고 봄이 없는 것, 이것이 앎과 봄을 막는다. 여기 어떤 사람이 별빛을 볼 수 있다 하더라도 별의 수를 셀 수는 없듯이, 그것이 앎과 봄을 막는다. 그러나 세존께는 막힘 없는 앎과 봄이 있다. 붓다들, 세존들은 장애가 없는 앎과 봄을 가졌기 때문이다.

Tattha sekhena dvīsu dhammesu cittaṃ rakkhitabbaṃ: gedhā ca rajaniyesu dhammesu dosā ca pariyuṭṭhāniyesu.

그 중에서 배울 것이 남은 이는 두 가지 법에 대해 마음(心)을 지켜야 한다. 즉 매혹 당할 만한 법에 대한 갈망과 사로잡힐 만한 법에 대한 성냄이다.

Tatttha yā icchā mucchā patthanā pihāyanā kīḷanā, taṃ Bhagavā vārento evaṃ āha: kāmesu nābhigijjheyyā ti. Manasānāvilo siyā ti pariyuṭṭhānavighātaṃ āha.

여기에서 세존께서는 욕구, 홀림, 바람, 부러워함, 유희를 말리시면서 [위의 경구에서] 이렇게 말씀하셨다. "감각적 욕망을 갈망하지 말아야 한다." [그리고] "정신(意)의 혼란이 없는 자가 되어야 한다."고 하시면서 사로잡히지 말 것을 말씀하셨다.

Tathā hi sekho abhigijjhanto asamuppannañ ca kilesaṃ uppādeti uppannañ ca kilesaṃ phātikāroti. Yo pana anāvilasaṃkappo anabhigijjhanto vāyamati, so anuppannānaṃ pāpakānaṃ akusalānaṃ dhammānaṃ anuppādāya chandaṃ janeti vāyamati viriyaṃ ārabhati cittaṃ paggaṇhāti padahati, so uppannānaṃ pāpakānaṃ akusalānaṃ dhammānaṃ pahānāya chandaṃ janeti vāyamati viriyaṃ ārabhati cittaṃ paggaṇhāti padahati, so anuppannānaṃ kusalānaṃ dhammānaṃ uppādāya chandaṃ janeti vāyamati viriyaṃ ārabhati cittaṃ paggaṇhāti padahati, so uppannānaṃ kusalānaṃ dhammānaṃ ṭhitiyā asammosāya bhiyyobhāvāya vepullāya bhāvanāya pāripūriyā chandaṃ janeti vāyamati viriyaṃ ārabhati cittaṃ paggaṇhāti padahati.

즉 '배울 것이 남은 이'가 갈망하면 그는 아직 생기지 않은 오염을 생겨나게 하고, 생겨난 오염을 증가하게 한다. '혼란되지 않은 의향(saṃkappa)을 갖고, 갈망하지 않으면서, 정진하는 이'가 있다. 그는 아직 생기지 않은 나쁘고 옳지 않은 법이 생기지 않도록 하기 위해 의욕을 일으키고, 정진하고, 노력을 시작하고, 마음을 다잡고, 정근한다. 그는 이미 생겨난 나쁘고 옳지 않은 법을 없애기 위하여 의욕을 일으키고, 정진하고, 노력을 시작하고, 마음을 다잡고, 정근한다. 그는 아직 생기지 않은 옳은 법이 생기도록 하기 위해 의욕을 일으키고, 정진하고, 노력을 시작하고, 마음을 다잡고, 정근한다. 그는 이미 생겨난 옳은 법을 유지하도록, 혼동하지 않도록, 늘어나도록, 풍부해지도록, 닦기 위해, 완성하기 위해 의욕을 일으키고, 정진하고, 노력을 시작하고, 마음을 다잡고, 정근한다.

a) Katame anuppannā pāpakā akusalā dhammā?

Kāmavitakko, byāpādavitakko, vihiṃsāvitakko.

Ime anuppannā pāpakā akusalā dhammā.

a) 무엇이 아직 생기지 않은 나쁘고 옳지 않은 법인가?

감각적 욕망의 생각(kāmavitakka), 악의의 생각(byāpādavitakka), 해침의 생각(vihiṃsā-vitakka), 이것은 아직 생기지 않은 나쁘고 옳지 않은 법이다.

b) Katame uppannā pāpakā akusalā dhammā?

Anusayā akusalamūlāni.

Ime uppannā pāpakā akusalā dhamma.

b) 무엇이 이미 생겨난 나쁘고 옳지 않은 법인가?

잠재성향, 옳지 않음의 뿌리들, 이것은 이미 생겨난 나쁘고 옳지 않은 법이다.

c) Katame anuppannā kusalā dhammā?

Yāni sotāpannassa indriyāni.

Ime anuppannā kusalā dhammā. [p.19]

c) 무엇이 아직 생기지 않은 옳은 법인가?

흐름에 든 이의 [다섯] 기능(五根), 이것은 아직 생기지 않은

옳은 법이다. [19쪽]

d) Katame uppannā kusalā dhammā?

Yāni aṭṭhamakassa indriyāni.
Ime uppannā kusalā dhammā.

d) 무엇이 이미 생겨난 옳은 법인가?

여덟 번째 이(預流向)의 [다섯] 기능(五根),[68] 이것은 이미 생겨난 옳은 법이다.

Yena kāmavitakkaṃ vāreti, idaṃ satindriya., yena byāpādavitakkaṃ vāreti, idaṃ samādhindriyaṃ, yena vihiṃsāvitakkaṃ vāreti, idaṃ viriyindriyaṃ, yena uppannuppanne pāpke akusale dhamme pajahati vinodeti byantikaroti anabhāvaṃ gameti nādhivāseti, idaṃ paññindriyaṃ. Yā imesu catūsu indriyesu saddhanā okappanā, idaṃ saddhindriyaṃ.

감각적 욕망의 생각을 막는 것은 사띠의 기능이다. 악의의 생각을 막는 것은 삼매의 기능이다. 해침의 생각을 막는 것은 노력의 기능이다. 생겨난 모든 하나하나의 나쁘고 옳지 않은 법을 없애고, 쫓아내고, 끝내버리고, 존재하지 않게 만들고, 참지 않게

68) 여덟 번째 이의 기능(aṭṭhamakassa indriyāni)은 흐름에 듦의 길에 있는 이의 다섯 기능이다. 여덟이란 흐름에 듦의 길에 있는 이부터 아라한이라는 결실을 이룬 이까지 여덟 거룩한 이를 말하고, 이 중에서 여덟 번째는 흐름에 듦의 길에 있는 이(預流向)를 가리킨다.

만드는 것은 반야의 기능이다.[69] 이 네 가지 기능에 관련된 믿음과 신뢰가 믿음의 기능이다.[70]

a) Tattha saddhindriyaṃ kattha daṭṭhabbaṃ?

Catūsu sotāpattiyaïgesu.

a) 그 중에서 믿음의 기능은 어디에서 볼 수 있는가?

흐름에 드는 네 가지 요소에서[71] [볼 수 있다.]

b) Viriyindriyaṃ kattha daṭṭhabbaṃ?

Catūsu sammappadhānesu.

b) 노력의 기능은 어디에서 볼 수 있는가?

네 가지 바른 정근(四正勤)에서 [볼 수 있다.]

c) Satindriyaṃ kattha daṭṭhabbaṃ?

Catūsu satipaṭṭhānesu.

69) 이와 비슷한 경문을 Majjhima Nikāya 1권, 모든 번뇌의 경(Sabbāsava Sutta), 11쪽에서 볼 수 있다. 이 경에서 세존께서는 어떤 방법에 의해 어떤 종류의 번뇌(āsava, 流漏)가 그치는가를 설하신다. 그 중에서 쫓아버림(vinodana)에 의해 그치는 번뇌들이 이 문장에서 나오는 감각적 욕망의 생각, 악의의 생각, 해침의 생각인 세 가지다.

70) 이 책 71쪽 참조.

71) 네 가지 요소란 '붓다에 대한 믿음, 법에 대한 믿음, 상가에 대한 믿음, 지혜로운 이가 칭찬하는 계를 갖춤'이다.(이 책 501-502쪽 참조) 또는 훌륭한 사람과의 사귐(sappurisasaṁseva), 바른 법을 들음(saddhammasavana), 합당한 정신기울임(yonisomanasikāra), 법을 따르는 법의 실천(dhammānudhamma paṭipatti)으로 보기도 한다. Saṃyutta Nikāya 5권 347쪽.

c) 사띠의 기능은 어디에서 볼 수 있는가?

사념처(四念處)에서 [볼 수 있다.]

d) Samādhindriyaṃ kattha daṭṭhabbaṃ?

Catūsu jhānesu.

d) 삼매의 기능은 어디에서 볼 수 있는가?

네 가지 선정(四禪)에서 [볼 수 있다.]

e) Paññindriyaṃ kattha daṭṭhabbaṃ?

Catūsu ariyasaccesu.

e) 반야의 기능은 어디에서 볼 수 있는가?

사성제(四聖諦)에서 [볼 수 있다.]

Evaṃ sekho sabbehi kusalehi dhammehi appamatto vutto Bhagavatā anāvilatāya manasā.

이와 같이 모든 옳은 법으로써 부지런한 '배울 것이 남은 이'는 세존으로부터 '혼란되지 않은 상태의 정신(意)으로 있는 자'라고 일컬어진다.

Tenāha Bhagavā: Manasānāvilo siyā ti.

따라서 세존께서 [위의 게송에서] 말씀하셨다. “정신(意)의 혼란이 없는 자가 되어야 한다.”

Kusalo sabbadhammānan ti.

Loko nāma tividho: kilesaloko, bhavaloko, indriyaloko. Tattha kilesalokena bhavloko samudāgacchati. So indriyāni nibbatteti. Indriyesu bhāviyamānesu neyyassa pariññā bhavati. Sā duvidhena upaparikkhitabbā dassanapariññāya ca bhāvanāpariññaya ca.

‘일체법에 대해 능숙한 이’라는 [표현이 위의 게송에] 있다.

세간은 세 종류다. 즉 오염의 세간, 존재의 세간, 기능의 세간이다.[72] 그 중에서 오염의 세간을 통해 존재의 세간이 일어난다. 그것은 기능을 발생시킨다. 기능에 대한 닦음이 있을 때 알아야 할 것[73]에 대한 두루한 앎(pariññā, 遍智)이 있게 된다. 그 [두루한 앎은] 두 가지에 의해 점검되어야 한다. 즉 봄에 의한 두루한 앎과 닦음에 의한 두루한 앎에 의해 [점검되어야 한다.]

Yadā hi sekho ñeyyaṃ parijānāti, tadā nibbidāsahagatehi saññāmanasikārehi ñeyyaṃ pariññātaṃ bhavati. Tassa dve dhammā kosallaṃ gacchanti: dassanakosallañ ca bhāvanākosallañ ca.

‘배울 것이 남은 이’가 알아야 할 것을 두루 알 때, ‘싫어하여

72) 이 책 54쪽 참조.

73) PTS 본은 ñeyya(알아야 할 것)를 neyya(인도되어야 할 것)로 표기하고 있다. 본 번역은 주석서의 표기인 ñeyya를 따랐다.

떠남'을 수반하는 지각과 정신기울임 때문에 알아야 할 것에 대한 두루한 앎의 상태가 있다. 그의 두 법은 능숙해져 간다. 즉 봄이 능숙해져 가고 닦음이 능숙해져 간다.

Taṃ ñāṇāṃ pañcavidhena veditabbaṃ : abhiññā, pariññā, pahānaṃ, bhāvanā, sacchikiriyā. [p.20]

이 앎은 다섯 가지로 이해되어야 한다. 즉 뛰어난 앎, 두루한 앎, 없앰, 닦음, 실현이다. [20쪽]

a) Tattha katamā abhiññā?

Yaṃ dhammānaṃ salakkhaṇe-ñāṇaṃ dhammapaṭisambhidā atthapaṭisambhidā ca, ayaṃ abhiññā.

a) 그 중에서 뛰어난 앎이란 무엇인가?

법이 지닌 특징에 관한 앎, 법에 대한 분석적 이해, 의미에 관한 분석적 이해, 이것이 뛰어난 앎이다.

b) Tattha katamā pariññā?

Evaṃ abhijānitvā yā parijānanā : idaṃ kusalaṃ idaṃ akusalaṃ idaṃ sāvajjaṃ idaṃ anavajjaṃ idaṃ kaṇhaṃ idaṃ sukkaṃ idaṃ sevitabbaṃ idaṃ na sevitabbaṃ, ime dhammā evaṃ gahitā idaṃ phalaṃ nibbattayanti, teasṃ evaṃ gahitānaṃ ayaṃ attho ti, ayaṃ pariññā.

Evaṃ parijānitvā tayo dhammā avasiṭṭhā bhavanti: pahātabbā bhāvetabbā sacchikātabbā ca.

b) 그 중에서 두루한 앎이란 무엇인가?

이와 같이 뛰어나게 알고 난 후 '이것은 옳음(善)이다, 이것은 옳지 않음(不善)이다, 이것은 허물을 지녔다, 이것은 허물 없다, 이것은 어두움이다, 이것은 밝음이다, 이것은 실천해야 한다, 이것은 하지 말아야 한다, 이와 같이 지닌 이 법들은[74] 이러한 결과[75]를 발생시킨다, 그 [법들을] 이와 같이 지닐 때 이러한 이익이 있다.'라고 두루 아는 것, 이것이 두루한 앎이다.[76]

이렇게 두루 알고 난 후 세 법이 남는다. 즉 없애야 할 법, 닦아야 할 법, 실현해야 할 법이다.

c) Tattha katame dhammā pahātabbā?

Ye akusalā.

c) 그 중에서 없애야 하는 법은 무엇인가?

옳지 않은 [법이다.]

---

74) 주석서(257쪽)에 따르면, 수지(受持)하거나 생겨난 옳은 법과 옳지 않은 법을 가리킨다.

75) 주석서(257쪽)에 따르면, 내키는 과보(iṭṭhavipāka)와 내키지 않는 과보(aniṭṭhavipāka)를 뜻한다.

76) 이 책 636쪽 참조.

d) Tattha katame dhammā bhāvetabbā?

Ye kusalā.

d) 그 중에서 닦아야 하는 법은 무엇인가?

옳은 [법이다.]

e) Tattha katame dhammā sacchikātabbā?

Yaṃ asaṃkhataṃ.

e) 그 중에서 실현해야 하는 법은 무엇인가?

지어지지 않은(無爲) [법이다.]

Yo evaṃ jānāti, ayaṃ vuccati atthakusalo dhammakusalo kalyāṇatākusalo phalatākusalo āyakusalo apāyakusalo upāyakusalo mahatā kosallena samannāgato ti, Tenāha Bhagavā: Kusalo sabbadhammānan ti.

이와 같이 아는 이는 '의미에 능숙한 이, 법에 능숙한 이, 훌륭함에 능숙한 이, 결실에 능숙한 이, 이익에 능숙한 이, 손실에 능숙한 이, 방편에 능숙한 이, 큰 능숙함을 지닌 이'라고 일컬어진다. 따라서 세존께서 [위 게송에서] 말씀하셨다. "일체법에 능숙한 자."

Sato bhikkhu paribbaje ti.

Tena diṭṭhadhammasukhavihāratthaṃ abhikkante paṭikkante ālokite vilokite sammiñjite pasārite saṃghāṭipattacīvaradhāraṇe asite pīte khāyite sāyite uccārapassāvakamme gate ṭhite nissine sutte jāgarite bhāsite tuṇhībhāve satena sampajānena vihātabbaṃ.

'사띠를 지닌 비구는 속세를 떠난다.'[라는 표현이 위의 게송에 있다.]

현재의 법(見法)에서 즐거이 머물기 위해서는 나아갈 때, 물러날 때, 앞을 볼 때, 뒤를 볼 때, 구부릴 때, 펼 때, 가사나 발우를 지닐 때, 먹을 때, 마실 때, 씹을 때, 삼킬 때, 대소변을 볼 때, 갈 때, 서 있을 때, 앉을 때, 잘 때, 깰 때, 말할 때, 침묵할 때, 그와 같이 사띠와 알아차림으로 머물러야 한다.

Imā dve cariyā anuññātā Bhagavatā: ekā visuddhānaṃ, ekā visujjhantānaṃ. Ke visuddhā? Arahanto. Ke visujjhantā? Sekhā.

이 두 행동은 세존께서 인정하신 것이다. 즉 하나는 청정한 이[의 행동이고] 하나는 청정해 지고 있는 이[의 행동이다.] 누가 [이미] 청정한가? 아라한이다. 누가 청정해지고 있는가? '배울 것이 남은 이'이다.

Katakiccāni hi arahato indriyāni. Yaṃ bojjhaṃ taṃ catubbidhaṃ : dukkhassa pariññābhisamayena, samudayassa pahānābhisamayena, maggassa bhāvanābhisamayena, nirodhassa sacchikiriyābhisamayena. Idaṃ catubbidhaṃ bojjhaṃ.

해야 할 일을 이미 다한 것은 아라한의 [다섯] 기능(五根)이다. 깨달음, 그것은 네 가지다. 즉 괴로움(苦)에 대한 두루한 앎의 증득, 일어남(集)의 없앰의 증득, 길(道)에 대한 닦음의 증득, 소멸(滅)에 대한 실현의 증득, 이 네 가지는 깨달음이다.

Yo evaṃ jānāti, ayaṃ [p.21] vuccati sato abhikkamati sato paṭikkamati khayā rāgassa khayā dosassa khayā mohassa. Tenāha Bhagavā: Sato bhikkhu paribbaje ti.

이렇게 아는 이는 [21쪽] '탐냄의 그침을 위해, 성냄의 그침을 위해, 어리석음의 그침을 위해 사띠를 지닌 자로서 나아가고 사띠를 지닌 자로서 물러난다.'고 일컬어진다.

따라서 세존께서 [위의 게송에서] 말씀하셨다. "사띠를 지닌 비구는 속세를 떠난다."

Tenāha:

Kāmesu nābhigijjheyya (Ajitā ti Bhagavā)
manasānāvilo siyā
kusalo sabbadhammānaṃ
sato bhikkhu paribbaje ti

그러므로 [세존께서] 말씀하셨다.

("아지따여!" 세존께서 말씀하셨다.)

감각적 욕망을 갈망하지 말아야 한다
정신(意)의 혼란이 없는 자가 되어야 한다.
일체법에 대해 능숙하고 사띠를 지닌 비구는 속세를 떠난다.

Evaṃ pucchitabbaṃ, evaṃ vissajjitabbaṃ.

Suttassa ca anugīti atthato ca byañjanato ca samānayitabbā. Atthāpagataṃ hi byañjanaṃ samphappalāpaṃ bhavati. Dunnikkhittassa padabyañjanassa attho pi dunnayo bhavati. Tasmā atthabyañjanupetaṃ saṃgāhitabbaṃ suttañ ca pavicinitabbaṃ

이렇게 질문해야 하고, 이렇게 대답해야 한다.

경의 요약은 의미와 언설에 따라 잘 이루어져야 한다. 의미와 동떨어진 언설은 쓸모 없다. 용어와 문장이 잘못 정리되면 의미도 잘못된다. 따라서 의미와 언설은 일치하도록 파악되어야 하고 경은 검토되어야 한다.

Kiṃ idaṃ suttaṃ?

Āhaccavacanaṃ anusandhivacanaṃ nītatthaṃ neyyatthaṃ saṃkilesabhāgiyaṃ vāsanābhāgiyaṃ, nibbedhabhagiyaṃ asekhabhāgiyaṃ

경이란 무엇인가?

근본적인 말씀, 연결하는 말씀,[77] 분명한 의미를 지닌 [말씀,]

77) 주석서(79쪽)에 따르면, 제자에 의해 말해진 것이지만 붓다의 말씀을 연결하면서 진행되기 때문에 연결하는 말씀이라 일컫는다. 예를 들어 "이와 같이 나는 들었다

함축된 의미를 지닌 [말씀,] 오염에 관련된 [말씀,] 훈습에 관련된 [말씀,] 통찰에 관련된 [말씀,] 배울 것이 없는 이와 관련된 [말씀이다.][78]

Kuhiṃ imassa suttassa sabbāni saccāni passitabbāni? Adi-majja-pariyosāne ti. Evaṃ suttaṃ pavicetabbaṃ.

이러한 경의 어디에서 모든 진리를 볼 수 있는가? 처음과 중간과 마지막에서 [볼 수 있다.] 이와 같이 경은 고찰되어야 한다.

Tenāha āyasmā Mahākaccāno:
Yaṃ pucchitañ ca vissajjitañ ca suttassa yā ca anugītī ti.

그래서 마하깟짜나 존자는 말씀하셨다.
"질문과 대답, 경의 요약, [경에 대한 고찰을 분석을 통한 전달이라고 말한다.]"

Niyutto vicayo-hāro.
분석을 통한 전달이 끝남.

(evaṃ me sutaṃ)."와 같은 것이다.
78) 이 책 484쪽 참조.

3. 타당성을 통한 전달(Yutti-hāra)

1) Tattha katamo yutti-hāro?

Sabbesaṃ hārānan ti ayaṃ yutti-hāro.

1) [제1부에서 열거한 열여섯 가지 전달] 중에서 타당성을 통한 전달이란 무엇인가?

[제2부에서 언급한] '모든 전달의…' 라는 [게송,][79] 이것이 타당성을 통한 전달[에 해당한다.]

2) Kiṃ yojayati?

Cattāro mahāpadesā: buddhāpadeso, saṃghāpadeso, sambahulattherāpadeso, ekattherāpadeso.

Ime cattāro mahāpadesā.

2) [타당성을 통한 전달은] 무엇과 연결하는가?

네 가지 위대한 가르침[과 연결한다.] 즉 붓다의 가르침, 상가의 가르침, 여러 장로의 가르침, 한 장로의 가르침이다.

---

79) 이 책 18쪽에 나오는 이 게송의 전문은 다음과 같다. "모든 전달에 관련하여 경지와 활동영역에 대한 타당성과 비타당성을 점검하는 것을 타당성을 통한 전달이라고 말한다.(Sabbesaṃ hārānaṃ yā bhūmī yo ca gocaro teasṃ yuttāyutti-parikkhā hāro yuttī ti niddiṭṭho)"

3) Tāni padabyañjanāni sutte otārayitabbāni, vinaye sandassayitabbāni, dhammatāyaṃ upanikkhipitabbāni. [p.22]

3) [연결하는] 그 용어와 문장은 경에 포함되어야 한다. 율에 적용되어야 한다. 법성에 어긋나지 않아야 한다. [22쪽]

a) Katamasmiṃ sutte otārayitabbāni?

Catūsu ariyasaccesu.

a) [그 용어와 문장은] 어떤 경 안에 포함되어야 하는가?

사성제[에 관련된 경] 안[에 포함되어야 한다.]

b) Katamasmiṃ vinaye sandassayitabbāni?

Rāgavinaye dosavinaye mohavinaye.

b) [그 용어와 문장은] 어떤 율에 적용되어야 하는가?

탐냄[에 관련된] 율에, 성냄[에 관련된] 율에, 어리석음[에 관련된] 율에 [적용되어야 한다.]

c) Katamiyaṃ dhammatāyaṃ upanikkhipitabbāni?

Paṭiccasamuppāde.

c) 어떤 법성에 어긋나지 않아야 하는가?

연기[에 관련된 법성에 어긋나지 않아야 한다.]

Yadi catūsu ariyasaccesu avatarati kilesavinaye sandissati dhammatañ ca na vilometi, evaṃ āsave na janeti. Catūhi mahāpadesehi yaṃ yaṃ yujjati yena yena yujjati yathā yathā yujjati, taṃtaṃ gahetabbaṃ.

[그 용어와 문장이] 사성제[에 관련된 경] 안에 포함되고, 오염에 관련된 율에 적용되고, 법성에 어긋나지 않는다면 그것은 번뇌를 만들지 않을 것이다. 네 가지 위대한 가르침에 비추어 타당한 것은 그 타당한 이유에 의해 타당한 방식대로 각각 받아들여져야 한다.

4) Pañhaṃ pucchitena kati padāni pañhe ti?

Padaso pariyogāhitabbaṃ vicetabbaṃ. Yadi sabbāni padāni ekaṃ atthaṃ abhivadanti, eko pañho. Atha cattāri padāni ekaṃ atthaṃ abhivadanti, eko pañho. Atha tīṇi padāni ekaṃ atthaṃ abhivadanti, eko pañho. Atha dve padāni ekaṃ atthaṃ abhivadanti, eko pañho. Atha ekaṃ padaṃ ekaṃ atthaṃ abhivadati, eko pañho. Taṃ upaparikkhamānena aññātabbaṃ.

4) 질문이 있을 때 그 질문에 몇 개의 용어가 있는가?

용어를 두루 파악하고 분석해야 한다. 만약 모든 용어가 하나의 의미를 설명한다면 그것은 하나의 질문이다. 또는 네 개의 용어가 하나의 의미를 설명한다면 그것은 하나의 질문이다. 또는 세 개의 용어가 하나의 의미를 설명한다면 그것은 하나의 질문이다. 또는 두 개의 용어가 하나의 의미를 설명한다면 그것은 하나의 질문이다. 또는 한 개의 용어가 하나의 의미를 설명한다면 그것은 하나의 질문이다. 점검을 통해 그것을 완전히 알아야 한다.

5) Kiṃ ime dhammā nānatthā nānābyañjanā udāhu imesaṃ dhammānaṃ eko attho byañjanaṃ eva nānan ti?

Yathā kiṃ bhave? Yathā sā devatā Bhagavantaṃ pañhaṃ pucchati:

5) 이 법들은 다양한 의미와 다수의 문장을 지니고 있는가? 아니면 이 법들은 의미는 하나인데 문장이 여러 개일 뿐인가[를 점검하여 알아야 한다.]

어떤 식으로 하는가? 한 천신이 세존께 질문을 여쭌 [아래의] 예에서 하듯이 [점검한다.]

Ken'assu'bbhāhato loko ken'assu parivārito
kena sallena otiṇṇo kissa dhūpāyito sadā ti?

> 무엇 때문에 세간은 괴롭습니까?
> 무엇으로 [세간은] 둘러싸여 있습니까?
> 무슨 화살로 [세간이] 다칩니까?
> 무엇으로 [세간은] 항상 타오릅니까?[80)]

Imāni cattāri padāni pucchitāni. Te tayo pañhā. Kathaṃ ñāyati? Bhagavā hi devatāya vissajjeti:

이렇게 네 용어가 질문되었다. 그것은 세가지 질문이다. 어떻게 아는가? 세존께서 [다음과 같이] 천신에게 대답하셨기 때문이다.

Maccunābbhāhato
loko jarāya parivārito
taṇhāsallena otiṇṇo
icchādhūpāyito sadā ti.

> 죽음 때문에 세간은 괴롭다.
> 노쇠로 세간은 둘러싸여 있다.
> [세간은] 갈애라는 화살로 다치고
> 항상 욕구로 타오른다.[81]

Tattha jarā ca maraṇañ ca, imāni dve saṃkhatassa saṃkhatalakkhṇāni. Jarāyaṃ ṭhitassa aññathattaṃ maraṇaṃ vayo.

이 [게송에서] 노쇠와 죽음, 이 두 가지는 지어진 것(有爲)이 지닌, 지어진 것(有爲)의 특성이다. 늙은이가 맞이하게 되는 다른 상태란 죽음, 즉 사라지는 것이다.

80) Saṃyutta Nikāya, 1권, 40쪽.
81) Saṃyutta Nikāya, 1권, 40쪽.

Tattha jarāya ca maraṇassa ca atthato nānattaṃ. Kena kāraṇena? [p.23]

[그러나] 노쇠와 죽음은 의미가 서로 다르다. 왜 그런가? [23쪽]

Gabbhagatā pi hi miyyanti na ca te jiṇṇā bhavanti. Atthi ca devānaṃ maraṇaṃ na ca teasṃ sarīrāni jīranti. Sakkate ca jarāya paṭikkamaṃ kātuṃ, na pana sakkate maraṇassa paṭikkamaṃ katum aññatr'eva iddhimantānaṃ iddhivisayā.

태아가 죽으면 그에게 노쇠란 없다. 천신도 죽지만 그들의 몸은 늙지 않는다. [천신은] 노쇠를 물리칠 수 있지만 죽음을 물리칠 수는 없다. 신통력을 지닌 자의 신통의 고유영역에 속하는 경우만 물리칠 수 있다.

Yaṃ panāha: taṇhāsallena otiṇṇo ti, dissanti vītarāgā jīrantā pi miyyantā pi. Yadi ca yathā jarāmaraṇaṃ evaṃ taṇhā pi siyā, evaṃ sante sabbe yobbanaṭṭhā pi vigatataṇhā siyuṃ, yathā ca taṇhā dukkhassa samudayo, evaṃ jarāmaraṇaṃ pi siyā dukkhassa samudayo na ca siyā taṇhā dukkhassa samudayo, na hi jarāmaraṇaṃ dukkhassa samudayo, taṇhā dukkhassa samudayo, yathā ca taṇhā maggavajjhā, evaṃ jarāmaraṇaṃ pi siyā maggavajjhaṃ.

'[세간은] 갈애라는 화살로 다친다.'라는 [대답에] 대해 [다음과 같은] 질문이 [있을 수 있다.] 탐냄을 끊은 [아라한도] 늙거나 죽는 것을 볼 수 [있지 않느냐고.] 만약 노쇠와 죽음이 갈애 때문에 있다고 한다면, 그렇다면 모든 젊은이들은 갈애를 끊은 상태라고 해야 할 것이다. 또한 갈애가 괴로움의 일어남이라면 노쇠와 죽음도 괴로움의 일어남일 것이고, 갈애가 괴로움의 일어남이 아니라면 노쇠와 죽음도 괴로움의 일어남이 아닐 것이다. [그러나] 갈애는 괴로움의 일어남이지만 [노쇠와 죽음은 괴로움의 일어남이 아니다.] 그리고 갈애가 길(道)에 의해 없어질 수 있다면 노쇠와 죽음 역시 길(道)에 의해 없어질 수 있어야 한다.[82)]

Imāya yuttiyā aññamaññehi kāraṇehi gavesitabbaṃ.

Yadi ca sandissati yutti, samārūḷhaṃ atthato ca aññattaṃ, byañjanato pi gavesitabbaṃ. Sallo ti vā dhūpāyan ti vā imesaṃ dhammānaṃ atthato ekattaṃ. Na hi yujjati icchāya ca taṇhāya ca atthato aññattaṃ. Taṇhāya adhippāye aparipūramāne navasu āghātavatthūsu kodho ca upanāho ca uppajjati.

이러한 타당성에 비추어 다른 방법으로도 살펴보아야 한다. 즉 [앞서 제기한 질문이] 타당해 보이고 의미상으로 차이가 있을 때는 언설의 차이도 살펴보아야 하는 것이다.

[게송에서] '화살'이라는 또는 '타오름'이라는 이 법들은 의미로 보아 같은 것이다. 욕구와 갈애가 의미상 서로 다르다고 하는

82) 이 전체 문장은 '탐냄을 끊어도 노쇠와 죽음이 있으므로 갈애와 노쇠와 죽음은 서로 관계없는 별개의 것이 아닌가?'라는 반론을 부연하여 나열한 것이다.

것은 [네 가지 위대한 가르침에 비추어볼 때] 타당하지 않다. 갈애로 인한 바람이 충족되지 않을 때 아홉 가지 원한의 근거(嫌恨事)83)에서 분노와 미워함이 생긴다.

Imāya yuttiyā jarāya ca maraṇassa ca taṇhāya ca atthato aññattaṃ.

Yaṃ pa'idaṃ Bhagavatā dvīhi nāmehi abhilapitaṃ icchā ti pi taṇhā ti pi, idaṃ Bhagavatā bāhirānaṃ vatthūnaṃ ārammaṇavasena dvīhi nāmehi abhilapitaṃ icchā ti pi taṇhā ti pi. Sabbā hi taṇhā ajjhosānalakkhaṇena ekalakkhaṇā. Yathā sabbo aggi uṇhattalakkhaṇena ekalakkhaṇo, api ca upādānavasena aññamaññāni nāmāni labhati: kaṭṭhaggī ti pi tiṇaggī ti pi sakalikaggī ti pi gomayaggī ti pi thusaggī ti pi saṃkāraggī ti pi, sabbo hi aggi uṇhattalakkhaṇo'va, evaṃ sabbā taṇhā ajjhosānalakkhaṇena ekalakkhaṇā. [p.24] Api tu ārammaṇa-upādānavasena aññamaññehi nāmehi abhilapitā: icchā iti pi taṇhā iti pi sallo iti pi dhūpāyanā iti pi saritā iti pi visattikā iti pi sineho iti pi kilamatho iti pi latā iti pi maññanā iti pi bandho iti pi āsā iti pi pipāsā iti pi

83) Dīgha Nikāya, 3권, Saṅgīti Sutta(207-271쪽)에는 아홉 가지 원한의 근거(嫌恨事)에 대해 다음과 같이 설명하고 있다. 첫째, 나에게 손해를 주었다. 둘째, 나에게 손해를 준다. 셋째, 나에게 손해를 줄 것이다. 넷째, 내가 좋아하고 마음에 드는 자에게 손해를 주었다. 다섯째, 내가 좋아하고 마음에 드는 자에게 손해를 준다. 여섯째, 내가 좋아하고 마음에 드는 자에게 손해를 줄 것이다. 일곱째, 내가 싫어하는 자에게 이익을 주었다. 여덟째, 내가 싫어하는 자에게 이익을 준다. 아홉째, 내가 싫어하는 자에게 이익을 줄 것이다. 한편 Dasuttara Sutta(Dīgha Nikāya, 3권, 272-293쪽)에서는 이들을 퇴보로 가는 아홉 가지 법으로 설한다.

abhinandanā iti pi.

Sabbā hi taṇhā ajjhosānalakkhaṇena ekalakkhanā yathā ca vevacane vuttā.

그러나 [위에서 제기한 질문의] 논리에 따르면 노쇠와 죽음과 갈애는 의미상으로 다르다. 세존께서 욕구와 갈애라는 두 이름으로 표현하신 이것은, 밖에 속하는 것에 근거를 둔 대상에 따라[84] 욕구와 갈애라는 두 이름으로 세존에 의해 표현되었다. 그러나 모든 갈애는 '매달림'이라는 특성을 하나의 특징으로 한다. [24쪽] 모든 불은 뜨거움을 같은 특성으로 하면서도 재료에 따라 각각 장작불, 건초불, 나뭇가지불, 쇠똥불, 짚불, 쓰레기불이라는 다른 이름을 갖는다. 하지만 모든 불은 뜨거움을 특징으로 한다. 그러하듯이 모든 갈애도 매달림을 같은 특성으로 하지만 대상의 재료에 따라 욕구, 갈애, 화살, 타오름, 기억, 꽉잡음, 좋아함, 괴롭힘, 넝쿨, 사량, 속박, 요구, 목마름, 기쁨이라는 각각 다른 이름으로 표현된다.

'[제3장 10의] 유의어를 통한 전달'에서 설명하는 것처럼, 모든 갈애는 매달림을 특성으로 하기 때문에 동일한 특징을 지닌 것이다.

Āsā pihā ca abhinandanā ca
anekadhātūsu sarā patiṭṭhitā

84) 밖에 속하는 것에 근거를 둔 대상(bāhiravatthu ārammmaṇa)이란 눈·귀·코·혀·몸·정신의 대상이 되는 물질현상·소리·냄새·맛·감촉·법을 가리킨다.

aññāṇamūlappabhavā pajappitā
sabbā mayā byantikatā samūlakā ti.

> 요구와 갈망 그리고 기쁨,
> 다수의 계(界)에 확립된 기억들,
> 앎의 없음을 뿌리로 하여 생겨난 열망들,
> 나는 이 모든 것을 뿌리 째 끝내버렸다.[85)]

Taṇhāy'etaṃ vevacanaṃ, yathāha Bhagavā:

Rupe Tissa avigatarāgassa avigatacchandassa avigatapemassa avigatapipāsassa avigatapariḷāhassa …

Evaṃ vedanāya … saññāya… saṃkhāresu… viññāṇe avigatarāgassa avigatachandassa avigatapemassa avigatapipāsassa avigatapariḷāhassa sabbaṃ suttaṃ vitthāretabbaṃ.

Taṇhāy'etaṃ vevacanaṃ.

이것은 갈애의 유의어이다. 세존께서 이렇게 말씀하셨다.

> 팃사여! 물질현상(色)에 대해 탐냄을 없애지 못한, 의욕을 없애지 못한, 의지를 없애지 못한, 애정을 없애지 못한, 열뇌를 없애지 못한 …[86)]

"느낌(受)에 대해… 지각(想)에 대해… 지음(行)에 대해… 의식(識)에 대해 탐냄을 없애지 못한, 의욕을 없애지 못한, 의지를 없애지 못한, 애정을 없애지 못한, 열뇌를 없애지 못한…"이라는

85) Saṃyutta Nikāya, 1권, 181쪽의 게송과 유사하다.
86) Saṃyutta Nikāya, 3권, 107쪽.

나머지 경문도 그와 같이 상세히 나열되어야 한다.

그것은 갈애의 유의어[이기 때문이다.]

Evaṃ yujjati: sabbo dukkhupacāro kāmataṇhāsaṃkhāramūlako, na pana yujjati: sabbo nibbidūpacāro kāmataṇhāparikkhāramūlako.

'괴로움을 일으키는 모든 것은 감각적 욕망에 대한 갈애의 지음(行)에 뿌리를 둔다.'라고 하는 것은 타당하다. 그러나 '싫어하여 떠남[87]을 일으키는 모든 것은 감각적 욕망에 대한 갈애라는 요건을 뿌리로 한다.'라고 하는 것은 타당하지 않다.

Imāya yuttiyā aññamaññehi kāraṇehi gavesitabbaṃ.

이러한 타당성에 비추어 다른 방법으로도 살펴보아야 한다.

Yathā Bhagavā rāgacaritassa pugggalassa asubhaṃ desayati, dosacaritassa Bhagavā puggalassa mettaṃ desayati, mohacaritassa Bhagavā puggalassa paṭiccasamuppādaṃ desayati.

Yadi hi Bhagavā rāgacaritassa puggalassa mettaṃ cetovimuttiṃ deseyya sukhaṃ vā paṭipadaṃ dandhābhiññaṃ sukhaṃ vā paṭi-

87) 싫어하여 떠남((nibbidā)은 두 종류가 있다. 하나는 일반적인 것으로 같은 것을 반복하였을 때 생기는 싫어하여 떠남이다. 다른 하나는 대상을 있는 그대로 봄으로써 생기는 것으로 '앎에 의한 싫어하여 떠남(ñāṇanibbida)'이며 이는 열반으로 이끄는 과정이다. Netti-A, 86쪽.

padaṃ khippābhiññaṃ vipassanāpubbaṅgamaṃ vā pahānaṃ deseyya, na yujjati desanā.

세존께서는 탐냄에 따라 행동하는 자에게 추함(不淨)을 드러내시고, 성냄에 따라 행동하는 자에게 자애를 드러내시고, 어리석음에 따라 행동하는 자에게 연기를 드러내시는 방식으로 하신다. 그런데 만약 [누군가가] 세존께서 탐냄에 따라 행동하는 자에게 자애의 마음의 해탈(慈心解脫)을 드러내신다고 하거나, 더디게 얻는 뛰어난 앎의 즐거운 방법이나 빠르게 얻는 뛰어난 앎의 즐거운 방법 또는 위빠사나가 선도하는 제거를 드러내신다고 한다면, 그러한 드러냄은 타당하지 않다.

Evaṃ yaṃ kiñci rāgassa anulomappahānaṃ dosassa aunulomappahānaṃ mohassa [p.25] anulomappahānaṃ, sabban taṃ vicayena hārena vicinitvā yutti-hārena yojetabbaṃ, yāvatikā ñāṇassa bhūmi.

이와 같이 탐냄을 차례로 없애는 무엇이든, 성냄을 차례로 없애는 무엇이든, 어리석음을 [25쪽] 차례로 없애는 무엇이든, 앎이 미치는데 까지 그 모든 것을 [제1장 2의] '분석을 통한 전달'로 고찰한 후 '타당성을 통한 전달'에 적용해 보아야 한다.

Mettāvihārissa sato byāpādo cittaṃ pariyādāya ṭhassatī ti na yujjati desanā, byāpādo pahānaṃ abbhatthaṃ gacchatī ti yujjati desanā.

어떤 이가 자애(mettā, 慈)로 머무는 동안 '악의가 그의 마음을 압도하고 있을 것이다.'라는 드러냄은 타당하지 않다. '악의는 없어지고 사라진다.'라는 드러냄이 타당하다.

Karuṇāvihārissa sato vihesā cittaṃ pariyādāya ṭhassatī ti na yujjati desanā, vihesā pahānaṃ abbhatthaṃ gacchatī ti yujjati desanā.

어떤 이가 연민(karuṇā, 悲)으로 머무는 동안 '해침이 그의 마음을 압도하고 있을 것이다.'라는 드러냄은 타당하지 않다. '해침은 없어지고 사라진다.'라는 드러냄이 타당하다.

Muditāvihārissa sato arati cittaṃ pariyādāya ṭhassatī ti na yujjati desanā, arati pahānaṃ abbhatthaṃ gacchatī ti yujjati desanā.

어떤 이가 '함께 기뻐함(muditā, 喜)'으로 머무는 동안 '미움이 그의 마음을 압도하고 있을 것이다.'라는 드러냄은 타당하지 않다. '미움은 없어지고 사라진다.'라는 드러냄이 타당하다.

Upekkhāvihārissa sato rāgo cittaṃ pariyādāya ṭhassatī ti na yujjati desanā, rāgo pahānaṃ abbhattaṃ gacchatī ti yujjati desanā.

어떤 이가 평정(upekkhā, 捨)으로 머무는 동안 '탐냄이 그의 마음을 압도하고 있을 것이다.'라는 드러냄은 타당하지 않다. '탐냄은 없어지고 사라진다.'라는 드러냄이 타당하다.

Animittavihārissa sato nimittānusāri, tena ten'eva viññāṇaṃ pavattatī ti na yujjati desanā, nimittaṃ pahānaṃ abbhatthaṃ gacchatī ti yujjati desanā.

어떤 이가 이미지를 지니지 않고(animitta, 無相) 머무는 동안 '갖가지 이미지 때문에 의식이 그 이미지를 따라 진행된다.'라는 드러냄은 타당하지 않다. '이미지는 없어지고 사라진다.'라는 드러냄이 타당하다.

Asmī ti vigataṃ, ayaṃ aham asmī ti na samanupassāmi, atha ca pana me kismiñci katasmin ti vicikicchā kataṃkathā sallaṃ cittaṃ pariyādāya ṭhassatī ti na yujjati desanā, vicikicchā kathaṃkathā sallaṃ pahānaṃ abbhatthaṃ gacchatī ti yujjati desanā.

어떤 이가 '내가 있다.'라는 것이 없어지고 '이것은 나다.'라고 여기지 않는다. 그때에도 여전히 '자신에 대해 어디에 그리고 어떻게[88]라며 의심하고 의아해하는 화살이 마음을 압도하고 있을 것이다.'라는 드러냄은 타당하지 않다. '의심과 의혹의 화살은 없어지고 사라진다.'라는 드러냄이 타당하다.

Yathā vā pana paṭhamaṃ jhānaṃ samāpannassa sato kāmarāgabyāpādā visesāya saṃvattantī ti na yujjati desanā, hānāya

88) 어떻게(katasmin)를 싱할러 본은 kathasmin으로 표기하고 있다. 본 번역은 스무 가지 유신견을 근거로 싱할러 본의 기록을 따랐다. 스무 가지 유신견에 대해서는 Majjhima Nikāya, 1권, 299쪽, 참조.

saṃvattantī ti yujjati desanā, avitakkasahagatā vā saññāmanasikārā hānāya saṃvattantī ti na yujjati desanā, visesāya saṃvattantī ti yujjjati desanā.

마찬가지로 어떤 이가 첫 번째 선정에 들었을 때, '감각적 욕망에 대한 탐냄과 악의가 강해짐으로 진행된다.'라는 드러냄은 타당하지 않다. '그것들은 없어짐으로 진행된다.'라는 드러냄이 타당하다. 또는 '생각 없음(無尋)을 수반하는 지각(想)과 정신기울임(作意)이 없어짐으로 진행된다.'라는 드러냄은 타당하지 않다. '그것들은 강해짐으로 진행된다.'라는 드러냄이 타당하다.

Dutiyaṃ jhānaṃ samāpannassa sato vitakkavicārasahagatā saññāmanasikārā visesāya saṃvattantī ti na yujjati desanā, hānāya saṃvattantī ti yujjati desanā, upekkhāsukhasahagatā vā saññāmanasikārā hānāya saṃvattantī ti na yujjati desanā, visesāya saṃvattantī ti yujjati desanā. [p.26]

어떤 이가 두 번째 선정에 들었을 때, '생각(尋)과 숙고(伺)를 수반하는 지각과 정신기울임이 강해짐으로 진행된다.'라는 드러냄은 타당하지 않다. '그것들은 없어짐으로 진행된다.'라는 드러냄이 타당하다. 또는 '평정과 즐거움을 수반하는 지각과 정신기울임이 없어짐으로 진행된다.'라는 드러냄은 타당하지 않다. '그것들은 강해짐으로 진행된다.'라는 드러냄이 타당하다. [26쪽]

Tatiyaṃ jhānaṃ samāpannassa sato pītisukhasahagatā saññāmanasikārā visesāya saṃvattantī ti na yujjati desanā, hānāya saṃvattantī ti yujjati desanā, upekkhāsatipārisuddhisahagatā vā saññāmanasikārā hānāya saṃvattantī ti na yujjati desanā, visesāya saṃvattantī ti yujjati desanā.

어떤 이가 세 번째 선정에 들었을 때, '희열과 즐거움을 수반하는 지각과 정신기울임이 강해짐으로 진행된다.'라는 드러냄은 타당하지 않다. '그것들은 없어짐으로 진행된다.'라는 드러냄이 타당하다. 또는 '평정과 사띠와 청정을 수반하는 지각과 정신기울임이 없어짐으로 진행된다.'라는 드러냄은 타당하지 않다. '그것들은 강해짐으로 진행된다.'라는 드러냄이 타당하다.

Catutthaṃ jhānaṃ samāpannassa sato upekkhāsahagatā saññāmanasikārā visesāya saṃvattantī ti na yujjati desanā, hānāya saṃvattantī ti yujjati desanā, ākāsānañcāyatanasahagatā vā saññāmanasikārā hānāya saṃvattantī ti na yujjati desanā, visesāya saṃvattntī ti yujjati desanā.

어떤 이가 네 번째 선정에 들었을 때, '평정을 수반하는 지각과 정신기울임이 강해짐으로 진행된다.'라는 드러냄은 타당하지 않다. '그것들은 없어짐으로 진행된다.'라는 드러냄이 타당하다. 또는 '공간의 한계가 없는 영역(空無邊處)을 수반하는 지각과 정신기울임이 없어짐으로 진행된다.'라는 드러냄은 타당하지 않다.

'그것들은 강해짐으로 진행된다.'라는 드러냄이 타당하다.

Ākāsānañcāyatanaṃ samāpannassa sato rūpasahagatā saññāmanasikārā visesāya saṃvattantī ti na yujjati desanā, hānāya saṃvattantī ti yujjati desanā, viññāṇañcāyatanasahagatā vā saññāmanasikārā hānāya saṃvattantī ti na yujjati desanā, visesāya saṃvattantī ti yujjati desanā.

어떤 이가 공간의 한계가 없는 영역(空無邊處)을 성취하였을 때, '물질현상을 수반하는 지각과 정신기울임이 강해짐으로 진행된다.'라는 드러냄은 타당하지 않다. '그것들은 없어짐으로 진행된다.'라는 드러냄이 타당하다. 또는 '의식의 한계가 없는 영역(識無邊處)을 수반하는 지각과 정신기울임이 없어짐으로 진행된다.'라는 드러냄은 타당하지 않다. '그것들은 강해짐으로 진행된다.'라는 드러냄이 타당하다.

Viññāṇañcāyatanaṃ samāpannassa sato ākāsanañcāyatanasahagatā saññāmanāsikārā visesāya saṃvattantī ti na yujjati desanā, hānāya saṃvattantī ti yujjati desanā, ākiñcaññāyatanasahagatā vā saññāmanasikārā hānāya saṃvattantī ti na yujjati desanā, visesāya saṃvattantī ti yujjati desanā.

어떤 이가 의식의 한계가 없는 영역(識無邊處)을 성취하였을 때, '공간의 한계가 없는 영역(空無邊處)을 수반하는 지각과 정신기울임이 강해짐으로 진행된다.'라는 드러냄은 타당하지 않다. '그것들은 없어짐으로 진행된다.'라는 드러냄이 타당하다. 또는 '아무 것도 없는 영역(無所有處)을 수반하는 지각과 정신기울임이 없어짐으로 진행된다.'라는 드러냄은 타당하지 않다. '그것들은 강해짐으로 진행된다.'라는 드러냄이 타당하다.

Ākiñcaññāyatanaṃ samāpannassa sato viññāṇañcāyatanasahagatā saññāmanasikārā visesāya saṃvattantī ti na yujjati desanā, hānāya saṃvattantī ti yujjati desanā, nevasaññānāsaññāyatanasahagatā vā saññāmanasikārā hānāya saṃvattantī ti na yujjati desanā, visesāya saṃvattantī ti yujjati desanā.

어떤 이가 아무 것도 없는 영역(無所有處)를 성취하였을 때, '의식의 한계가 없는 영역(識無邊處)을 수반하는 지각과 정신기울임이 강해짐으로 진행된다.'라는 드러냄은 타당하지 않다. '그것들은 없어짐으로 진행된다.'라는 드러냄이 타당하다. 또는 '지각이 없는 것도 없지 않는 것도 아닌 영역(非想非非想處)을 수반하는 지각과 정신기울임이 없어짐으로 진행된다.'라는 드러냄은 타당하지 않다. '그것들은 강해짐으로 진행된다.'라는 드러냄이 타당하다.

Nevasaññānāsaññāyatanaṃ samāpannassa sato saññūpacārā visesāya saṃvattantī ti na yujjati desanā, hānāya saṃvattantī ti yujjati desanā, saññāvedayitanirodhasahagatā vā saññāmanasikārā hānāya saṃvattantī ti na yujjati desanā, visesāya saṃvattantī ti yujjati desanā.

어떤 이가 지각이 없는 것도 없지 않는 것도 아닌 영역(非想非非想處)을 성취하였을 때, '지각을 일으키는 것들이 강해짐으로 진행된다.'라는 드러냄은 타당하지 않다. '그것들은 없어짐으로 진행된다.'라는 드러냄이 타당하다. 또는 '지각과 느낌의 소멸(想受滅)을 수반하는 지각과 정신기울임이 없어짐으로 진행된다.'라는 드러냄은 타당하지 않다. '그것들은 강해짐으로 진행된다.'라는 드러냄이 타당하다.

Kallatāparicitaṃ cittaṃ na ca abhinīhāraṃ khamatī ti na yujjati desanā, kallatāparicitaṃ cittaṃ atha ca abhinīhāraṃ khamatī ti yujjati desanā.

'건전하게 길들여진 마음은 열망을 참지 않는다.'라는 드러냄은 타당하지 않다. '건전하게 길들여진 마음은 열망을 참는다.'라는 드러냄이 타당하다.

Evaṃ sabbe nava suttantā yathādhammaṃ yathāvinayaṃ [p.27] yathā Satthu sāsanaṃ sabbato vicayena hārena vicinitvā yuttihārena yojetabbā.

아홉 갈래 경 모두는 이와 같이 법대로, 율대로, [27쪽] 스승의 가르침대로 전부 '분석을 통한 전달'로 고찰한 후 '타당성을 통한 전달'에 적용해야 한다.

Tenāha āyasmā Mahākaccāno:
Sabbesaṃ hārānaṃ yā bhūmī yo ca gocaro teasn ti.

그래서 마하깟짜나 존자는 말씀하셨다.
"모든 전달에 관련하여 경지와 활동영역에 대한 [타당성과 비타당성을 점검하는 것을 타당성을 통한 전달이라고 말한다.]"

Niyutto yutti-hāro.
타당성을 통한 전달이 끝남.

4. 근접요인을 통한 전달(Padaṭṭhāna-hāra)

1) Tattha katamo padaṭṭhāno-hāro?

Dhāmmaṃ deseti jino ti ayaṃ padaṭṭhāno-hāro.

1) [제1부에서 열거한 열여섯 가지 전달] 중에서 근접요인을 통한 전달이란 무엇인가?

[제2부에서 언급한] '승리자께서 법을 드러내신다…'라는 [게송,][89] 이것이 근접요인을 통한 전달[에 해당한다.]

2) Kiṃ desayati?

2) 무엇을 드러내는가?

Sabbadhammayāthāva asampaṭivedhalakkhaṇā avijjā.

무명은 일체 법을 '제대로 꿰뚫지 못함'을 특징으로 한다.

Tassā vipallāsā padaṭṭhānaṃ

그 [무명의] 근접요인은 '거꾸로 봄(顚倒)'이다.

Ajjhosānalakkhaṇā taṇhā.

89) 이 책 18쪽에 나오는 이 게송의 전문은 다음과 같다. "승리자께서는 어떤 법이라도 법과 법의 근접요인을 드러내신다. 이것이 근접요인을 통한 전달이다. (Dhammaṃ deseti jino tassa ca dhammassa yaṃ padaṭṭhānaṃ iti yāva sabbadhammā eso hāro padaṭṭhāno)" 여기에서 승리자는 붓다를 가리킨다.

갈애는 매달림을 특징으로 한다.

Tassā piyarūpaṃ sātarūpaṃ padaṭṭhānaṃ.

그 [갈애의] 근접요인은 사랑스러운 물질현상, 즉 즐겁게 해주는 물질현상이다.

Patthanalakkhaṇo lobho.

탐욕은 원(願)함을 특징으로 한다.

Tassa adinnādānaṃ padaṭṭhanaṃ.

그 [탐욕의] 근접요인은 '주지 않는 것을 갖는 것'이다.

Vaṇṇasaṇṭhānabyañjanagahaṇalakkhaṇā subhasaññā.

아름다움의 지각(淨想)은 색깔, 모양, 속성을 포착하는 특징을 갖고 있다.

Tassā indriyāsaṃvaro padaṭṭhānaṃ.

그 [아름다움의 지각의] 근접요인은 감각기능을 제어하지 않는 것이다.

Sāsavaphassa-upagamanalakkhaṇā sukhasaññā.

즐거움의 지각(樂想)은 번뇌를 지닌 접촉(有漏觸)에 다가가는 특징을 갖고 있다.

Tassā assādo padaṭṭhānaṃ.

그 [즐거움의 지각의] 근접요인은 맛이다.

Saṃkhatalakkhaṇānaṃ dhammānaṃ asamanupassanalakkhaṇā niccasaññā.

항상함의 지각(常想)은 지어진 것(有爲)의 특성을 지닌 법을 간주하지 않는 특징을 갖고 있다.

Tassā viññāṇaṃ padaṭṭhānaṃ.

그 [항상함의 지각의] 근접요인은 의식(識)이다.

Aniccasaññā-dukkhasaññā-asamanupassanalakkhaṇā attasaññā

자아의 지각(我想)은 무상의 지각과 괴로움의 지각을 간주하지 않는 특징을 갖고 있다.

Tassā nāmakāyo padaṭṭhānaṃ.

그 [자아의 지각의] 근접요인은 정신현상의 더미(名身)이다.

Sabbadhammasampaṭivedhalakkhaṇā vijjā

밝은 앎(明)은 일체법을 '제대로 꿰뚫음'을 특징으로 한다.

Tassā sabbaṃ neyyaṃ padaṭṭhānaṃ.

그 [밝은 앎의] 근접요인은 알아야 하는[90] 일체이다.

90) 주석서(91쪽)에 따르면, PTS 본의 neyyaṃ을 ñeyyaṃ으로 표기하고 있다. 본 번역은 주석서의 표기를 따랐다.

Cittavikkhepapaṭisaṃharaṇalakkhaṇo samatho

사마타는 마음의 번잡스러움을 없앰을 특징으로 한다.

Tassa asubhā padaṭṭhānaṃ.

그 [사마타의] 근접요인은 추함(不淨)이다.

Icchāvacarapaṭisaṃharaṇalakkhaṇo alobho.

탐욕 없음은 욕구의 활동범위의 제거를 특징으로 한다.

Tassa adinnādānā veramaṇī padaṭṭhānaṃ.

그 [탐욕 없음의] 근접요인은 주지 않는 것은 갖지 않는 것이다.

Abyāpajjhalakkhaṇo adoso.

성냄 없음은 악의를 갖지 않음을 특징으로 한다.

Tassa pāṇātipātā veramaṇī padaṭṭhānaṃ.

그 [성냄 없음의] 근접요인은 살생하지 않는 것이다.

Vatthu-avippaṭipādanalakkhaṇo amoho.

어리석지 않음은 대상에 대한 잘못된 접근을 하지 않음[91]을 특징으로 한다.

91) 주석서(91쪽)에 따르면, 고유영역의 속성을 꿰뚫음(visayasabhāvapaṭivedho)이다.

Tassa sammāpaṭipatti padaṭṭhānaṃ.

그 [어리석지 않음의] 근접요인은 바른 실천이다.

Vinīlakavipubbakagahaṇalakkhaṇā asubhasaññā.

추함의 지각(不淨想)은 [시체의] 푸른 멍과 부패를 파악하는 특징을 갖고 있다.

Tassā nibbidā padaṭṭhānaṃ.

그 [추함의 지각의] 근접요인은 싫어하여 떠남이다.

Sāsavaphassaparijānanalakkhaṇā dukkhasaññā.

괴로움의 지각(苦想)은 번뇌를 지닌 접촉을 두루 아는 특징을 갖고 있다.

Tassā vedanā padaṭṭhānaṃ.

그 [괴로움의 지각의] 근접요인은 느낌(受)이다.

Saṃkhatalakkhaṇānaṃ dhammānaṃ samanupassanalakkhaṇā aniccasaññā. [p.28]

무상의 지각(無常想)은 지어진 것의 특성을 지닌 법을 간주하는 특징을 갖고 있다. [28쪽]

Tassā uppādavayā padaṭṭhānaṃ.

그 [무상의 지각의] 근접요인은 생겨남과 없어짐이다.

Sabbadhammānaṃ abhinivesalakkhaṇā anattasaññā.

무아의 지각(無我想)은 모든 법들을 수렴하는[92] 특징을 갖고 있다.

Tassā dhammasaññā padaṭṭhānaṃ.

그 [무아의 지각의] 근접요인은 법의 지각(法想)이다.

Pañca kāmaguṇā kāmarāgassa padaṭṭhānaṃ.

다섯 종류의 감각적 욕망은 감각적 욕망에 대한 탐냄의 근접요인이다.

92) 여기에서 '수렴하는'으로 번역한 abhinivesa는 '들어가다'의 의미를 가진 어근 √vis에서 파생되었으며, 고집, 집착, 경향, 영향 등으로 번역된다. 경전에서 이 용어가 법에 연관되어 사용된 경우는 주로 고집이나 들어감의 의미로 사용되고 있다. 다음과 같은 용례가 있다. "모든 법은 고집할 만 하지 않다(sabbe dhammā nālaṃ abhinivesāyāti)." Majjhima Nikāya, 1권, 251쪽; Aṅguttara Nikāya, 4권 88쪽; "접근하여 집착하고, 마음으로 결정하고, 고집하여 잠재되는 것에 다가가지 않고 붙잡지 않고 '나의 자아이다.'라고 결정하지 않는다. '괴로움이 일어나면 일어난다고, 괴로움이 소멸하면 소멸한다.'라고 의아해하지 않고 의심하지 않는다. 여기에서 다른 것에 의존하지 않는 그의 앎이 생겨난다(tañca upāyupādānaṃ cetaso adhiṭṭhānaṃ abhinivesānusayaṃ na upeti, na upādiyati, nādhiṭṭhāti 'attā me'ti. Dukkhameva uppajjamānaṃ uppajjati, dukkhaṃ nirujjhamānaṃ nirujjhatī'ti na kaṅkhati. Na vicikicchati. Aparappaccayā ñāṇamevassa ettha hoti)." Saṃyutta Nikāya, 2권, 17쪽; "물질현상 등이 있을 때 물질현상 등을 집착하고 물질현상 등을 고집함으로써 결박, 고집, 속박이 일어난다(Rūpe sati rūpaṃ upādāya rūpaṃ abhinivissa uppajjanti saññojanābhinivesavinibandhā)." Saṃyutta Nikāya, 3권, 187쪽. 본 용어가 싱할러 본에는 '고집'의 부정어인 anabhinivesalakkhaṇā로 표기되어 있다. 이 경우 '무아의 지각은 모든 법을 고집하지 않는 특징을 갖고 있다.'라는 뜻이 되므로 abhinivesa를 '고집'으로 번역할 수 있다. 그러나 본 PTS 본처럼 부정어 na가 없는 경우, '고집'으로 번역하면 '무아의 지각은 모든 법을 고집하는 특징을 갖고 있다.'라는 뜻이 되어 맥락에 맞지 않는다. 따라서 여기에서는 어근의 뜻인 '들어감'을 살려 '수렴'으로 번역하였다.

Pañcindriyāni rūpīni rūparāgassa padaṭṭhānaṃ.

물질현상을 지닌 다섯 기능(五根)은 물질현상에 대한 탐냄(色貪)의 근접요인이다.

Chaḷāyatanaṃ bhavarāgassa padaṭṭhānaṃ.

여섯 영역(六入)은 존재(有)에 대한 탐냄의 근접요인이다.

Nibbattibhavānupassitā pañcannaṃ upādānakkhandhānaṃ padaṭṭhānaṃ.

발생한 존재에 대한 '따라가며 봄(隨觀)'은 집착된 다섯 다발(五取蘊)의 근접요인이다.

Pubbenivāsānussati ñāṇadassanassa padaṭṭhānaṃ.

전생에 대한 기억은 앎과 봄의 근접요인이다.

Okappanalakkhaṇā saddhā adhimuttipaccupaṭṭhānā ca anāvilalakkhaṇo pasādo sampasīdanapaccupaṭṭhāno ca.

믿음은 신뢰를 특징으로 하고 결심으로 나타난다. 신심(信樂)은 혼란 없음을 특징으로 하고 안정으로 나타난다.

Abhipatthiyanalakkhaṇā saddhā. Tassā aveccapasādo padaṭṭhānaṃ

믿음은 확신을 특징으로 한다. 그 [믿음의] 근접요인은 완전한 신심이다.

Anāvilalakkhaṇo pasādo. Tassa saddhā padaṭṭhānaṃ.

신심은 혼란 없음을 특징으로 한다. 그 [신심의] 근접요인은 믿음이다.

Ārambhalakkhaṇaṃ viriyaṃ. Tassa sammappadhānaṃ padaṭṭhānaṃ.

노력은 시작함을 특징으로 한다. 그 [노력의] 근접요인은 바른 정근이다.

Apilāpanalakkhaṇā sati. Tassā satipaṭṭhānaṃ padaṭṭhānaṃ.

사띠는 떠다니지 않음을 특징으로 한다. 그 [사띠의] 근접요인은 사띠의 확립이다.

Ekaggalakkhaṇo samādhi. Tassa jhānāni padaṭṭhānaṃ.

삼매는 하나로 감을 특징으로 한다. 그 [삼매의] 근접요인은 선정이다.

Pajānanalakkhaṇā paññā. Tassā saccāni padaṭṭhānaṃ.

반야는 알아차림을 특징으로 한다. 그 [반야의] 근접요인은 [네 가지 거룩한] 진리이다.

Aparo nayo:

[근접요인에 대한] 또 다른 방식이 있다.

Assādamanasikāralakkhaṇo ayonisomanasikāro. Tassa avijjā padaṭṭhānaṃ.

합당하지 않은 정신기울임은 '맛(味)'에 대한 정신기울임을 특징으로 한다. 그 [합당하지 않은 정신기울임의] 근접요인은 무명이다.

Saccasammohanalakkhaṇā avijjā. Taṃ saṃkhārānaṃ padaṭṭhānaṃ.

무명은 진리에 대한 미혹을 특징으로 한다. 그 [무명은] 지음(行)의 근접요인이다.

Punabhavavirohanalakkhaṇā saṃkhārā. Taṃ viññāṇassa padaṭṭhānaṃ.

지음은 다음 존재의 키움을 특징으로 한다. 그 [지음은] 의식의 근접요인이다.

Opapaccayikanibbattilakkhaṇaṃ viññāṇaṃ. Taṃ nāmarūpassa padaṭṭhānaṃ.

의식은 홀연한 발생으로 생겨남을 특징으로 한다. 그 [의식은] 정신·물질현상의 근접요인이다.

Nāmakāyarūpakāyasaṃghātalakkhaṇaṃ nāmarūpaṃ. Taṃ chaḷāyatanassa padaṭṭhānaṃ.

정신·물질현상은 정신현상의 더미(名身)와 물질현상의 더미(色身)의 조합을 특징으로 한다. 그 [정신·물질현상은] 여섯 영역의 근접요인이다.

Indriyavavatthānalakkhaṇaṃ chaḷāyatanaṃ. Taṃ phassassa padaṭṭhānaṃ.

여섯 영역은 감각기능의 자리잡음을 특징으로 한다. 그 [여섯 영역은] 접촉(觸)의 근접요인이다.

Cakkhurūpaviññāṇasannipātalakkhaṇo phasso. Taṃ vedanāya padaṭṭhānaṃ.

접촉은 눈과 물질현상과 의식의 만남을 특징으로 한다. 그 [접촉은] 느낌(受)의 근접요인이다.

Iṭṭhāniṭṭhānubhavanalakkhaṇā vedanā. Taṃ taṇhāya padaṭṭhānaṃ.

느낌은 내킴이나 내키지 않음을 경험함을 특징으로 한다. 그 [느낌은] 갈애의 근접요인이다.

Ajjhosānalakkhaṇā taṇhā. Taṃ upādānassa padaṭṭhānaṃ.

갈애는 매달림을 특징으로 한다. 그 [갈애는] 집착(取)의 근접요인이다.

Opapaccayikaṃ upādānaṃ. Taṃ bhavassa padaṭṭhānaṃ.

집착은 홀연히 발생하는 것이다. 그 [집착은] 존재(有)의 근접 요인이다.

Nāmakāyarūpakāyasambhavanalakkhaṇo bhavo. Taṃ [p.29] Jātiyā padaṭṭhānaṃ.

존재는 정신현상의 더미(名身)와 물질현상의 더미(色身)의 발생을 특징으로 한다. [29쪽] 그 [존재는] 태어남(生)의 근접요인이다.

Khandhapātubhavanalakkhaṇā jāti. Taṃ jarāya padaṭṭhānaṃ.

태어남은 다발(蘊)의 명백한 출현을 특징으로 한다. 그 [태어남은] 노쇠의 근접요인이다.

Upadhiparipākalakkhaṇā jarā. Taṃ maraṇaṃ padaṭṭhānaṃ.

노쇠는 집착의 대상[93]의 쇠퇴를 특징으로 한다. 그 [노쇠는] 죽음(死)의 근접요인이다.

Jīvitindriyūpacchedalakkhaṇaṃ maraṇaṃ. Taṃ sokassa padaṭṭhānaṃ.

죽음은 생명기능의 중단을 특징으로 한다. 그 [죽음은] 근심의

93) upadhi(집착의 대상)는 기초 또는 바탕을 의미하는 용어로, 인간이 집착하는 모든 대상을 지칭한다. Saṃyutta Nikāya의 주석서(1권, 31쪽)는 kāma-upadhi(愛取), khandha-upadhi(蘊取), kilesa-upadhi(隨惱取), abhisaṅkāra-upadhi(爲作取)라는 4가지 집착의 대상을 설명하고 있다.

근접요인이다.

Ussukkakārako soko. Taṃ paridevassa padaṭṭhānaṃ.

쓰라림을 만드는 것이 근심이다. 그 [쓰라림은] 슬픔의 근접요인이다.

Lālappakārako paridevo. Taṃ dukkhassa padaṭṭhānaṃ.

비탄을 만드는 것이 슬픔이다. 그 [비탄은] 괴로움의 근접요인이다.

Kāyasampīḷanaṃ dukkhaṃ. Taṃ domanassassa padaṭṭhānaṃ.

몸의 아픔이 괴로움이다. 그 [몸의 아픔은] 불쾌함의 근접요인이다.

Cittasampīḷanaṃ domanassaṃ. Taṃ upāyāsassa padaṭṭhānaṃ.

마음의 아픔이 불쾌함이다. 그 [마음의 아픔은] 절망의 근접요인이다.

Odahanakārako upāyāso. Taṃ bhavassa padaṭṭhānaṃ.

고뇌를 야기하는 것이 절망이다. 그 [절망은] 존재(有)의 근접요인이다.

Imāni bhavaṅgāni yadā samaggāni nibbattāni bhavanti, so bhavo. Taṃ saṃsārassa padaṭṭhānaṃ.

이 존재[를 이루는] 부분들이 합쳐져서 발생하는 것이 있을 때 그것이 존재(有)이다. 그 [존재는] 윤회의 근접요인이다.

Niyyānikalakkhaṇo maggo. Taṃ nirodhassa padaṭṭhānaṃ.

길(道)은 벗어나게 함을 특징으로 한다. 그 [길은] 소멸의 근접요인이다.

Titthaññutā pītaññutāya padaṭṭhānaṃ.

훌륭한 스승을 아는 것은 희열을 주는 스승을 아는 것의 근접요인이다.

Pītaññutā mattaññutāya padaṭṭhānaṃ.

희열을 주는 스승을 아는 것은 향상과 퇴보의 정도를 아는 것의 근접요인이다.

Mattaññutā attaññutāya padaṭṭhānaṃ.

향상과 퇴보의 정도를 아는 것은 자신을 아는 것의 근접요인이다.

Attaññutā pubbekatapuññatāya padaṭṭhānaṃ.

자신을 아는 것은 이전에 지은 복덕의 근접요인이다.

Pubbekatapuññatā patirūpadesavāsassa padaṭṭhānaṃ.

이전에 지은 복덕은 알맞은 곳에 사는 것의 근접요인이다.

Patirūpadesavāso sappurisūpanissayassa padaṭṭhānaṃ.

알맞은 곳에 사는 것은 훌륭한 사람에게 의지하는 조건의 근접요인이다.

Sappurisūpanissayo attasamāpaṇidhānassa padaṭṭhānaṃ.

훌륭한 사람에게 의지하는 것은 자신을 잘 유지하는 것의 근접요인이다.

Attasamāpaṇidhānaṃ sīlānaṃ padaṭṭhānaṃ.

자신을 잘 유지하는 것은 계(戒)의 근접요인이다.

Sīlāni avippaṭisārassa padaṭṭhānaṃ.

계는 후회 없음의 근접요인이다.[94)]

Avippaṭisāro pāmujjjassa padaṭṭhānaṃ.

후회 없음은 행복(悅樂)의 근접요인이다.

Pāmujjaṃ pītiyā padaṭṭhānaṃ.

행복은 희열의 근접요인이다.

94) Aṅguttara Nikāya, 5권, 1쪽은 계로부터 시작하여 해탈지견에 이르는 과정을 이하 본문의 순서와 똑같이 나열하고 있다.

Pīti passaddhiyā padaṭṭhānaṃ.

희열은 홀가분함(輕安)의 근접요인이다.

Passaddhi sukhassa padaṭṭhānaṃ.

홀가분함은 즐거움의 근접요인이다.

Sukhaṃ samādhissa padaṭṭhānaṃ.

즐거움은 삼매의 근접요인이다.

Samādhi yathābhūtañāṇadassanassa padaṭṭhānaṃ.

삼매는 있는 그대로 알고 봄(如實智見)의 근접요인이다.

Yathābhūtañāṇadassanaṃ nibbidāya padaṭṭhānaṃ.

있는 그대로 알고 봄은 싫어하여 떠남의 근접요인이다.

Nibbidā virāgassa padaṭṭhānaṃ.

싫어하여 떠남은 탐냄의 여읨의 근접요인이다.

Virāgo vimuttiyā padaṭṭhānaṃ.

탐냄의 여읨은 해탈의 근접요인이다.

Vimutti vimuttiñāṇadassanassa padaṭṭhānaṃ.

해탈은 해탈을 알고 봄(解脫智見)의 근접요인이다.

Evaṃ yo koci upanissayo yo koci paccayo, sabbo so padaṭṭhānaṃ.

이와 같이 의존하는 무엇이든 조건이 되는 무엇이든, 그 모든 것은 근접요인이다.95)

Tenāha āyasmā Mahākaccāno:
Dhammaṃ deseti jino ti.

그래서 마하깟짜나 존자는 말씀하셨다.
"승리자께서는 [어떤 법이라도] 법과 [법의 근접요인을] 드러내신다. [이것이 근접요인을 통한 전달이다."]

Niyutto padaṭṭhāno-hāro. [p.30]
근접요인을 통한 전달이 끝남. [30쪽]

95) 이 책 308쪽에도 "이와 같이 가까이 의존한 것은 무엇이든 요건이다.(Evaṃ yo koci upanissayo sabbo so padaṭṭhānaṃ)"라는 유사한 표현이 있다.

5. 특징을 통한 전달(Lakkhaṇa-hāra)

1) Tattha katamo lakkhaṇo-hāro?

Vuttamhi ekadhamme ti ayaṃ lakkhaṇo-hāro.

1) [제1부에서 열거한 열여섯 가지 전달] 중에서 특징을 통한 전달이란 무엇인가?

[제2부에서 언급한] '한 법이 언급될 때…'라는 [게송,][96] 이것이 특징을 통한 전달[에 해당한다.]

2) Kiṃ lakkhayati?

Ye dhammā ekalakkhaṇā, teasaṃ dhammānaṃ ekasmiṃ dhamme vutte avasiṭṭhā dhammā vuttā bhavanti.

2) 어떻게 특징짓는가?

같은 특징을 지닌 법들은 그 법들 중에서 한 법이 언급될 때 나머지 법들도 언급된다.

3) Yathā kiṃ bhave?

3) 어떤 식인가?

96) 이 책 18쪽에 나오는 이 게송의 전문은 다음과 같다. "한 법이 언급될 때 같은 특징을 지닌 법들은 무엇이든 모두 언급된다. 이것을 특징을 통한 전달이라고 부른다.(Vuttamhi ekadhamme ye dhammā ekalakkhaṇā keci vuttā bhavanti sabbe so hāro lakkhaṇo nāma)"

Yathāha Bhagavā:

Cakkhuṃ bhikkhave anavaṭṭhitaṃ ittaraṃ parittaṃ pabhaṅgu, parato dukkhaṃ byasanaṃ calaṃ kukkulaṃ saṃkhāraṃ vadhakaṃ amittamajjhe

세존께서 이렇게 말씀하셨다.

> 비구들이여! 눈은 불안정하고 일시적이고 한계가 있고 부서진다. 달리 말해 괴로움이고 불행이고 안전하지 않고 뜨거운 재이며 지음(行)이고 적들 가운데 있는 살해범이다.[97)]

Imasmiṃ cakkhusmiṃ vutte avasiṭṭhāni ajjhattikāni āyatanāni vuttāni bhavanti.

이와 같이 눈(眼)이 언급될 때는 나머지 '안에 속하는 여섯 영역(內入處)들'도 언급된다.

Kena kāraṇena? Sabbāni hi cha ajjhattikāni āyatanāni vadhakaṭṭhena ekalakkhaṇāni.

왜 그런가? 안에 속하는 여섯 영역(六內入處)의 특징은 모두 '해침'으로 같기 때문이다.

97) 이 인용경문과 같은 구절은 현재 전하는 경전에 없지만, 인용된 것으로 보아 본서가 성립될 당시에는 있었을 것이라고 추정된다. 현존하는 경에서는 다섯 다발(五蘊)을 무상, 괴로움, 질병, 종양, 화살, 재앙, 고난, 타인(para), 해체되는 것, 비어 있음, 무아로 간주하는 경(Majjhima Nikāya, 1권, 435쪽)과 다섯 다발을 살해범의 예로 들어 설명하는 경(Saṃyutta Nikāya, 3권, 113쪽)을 통해 맥락을 이해할 수 있다.

Yathā cāha Bhagavā:

Atīte Rādha rūpe anapekho hoti, anāgataṃ rūpaṃ mā abhinandi, paccuppannassa rūpassa nibbidāya virāgāya nirodhāya cāgāya paṭinissaggāya paṭipajja

또한 세존께서 이렇게 말씀하셨다.

> 라다여, 과거의 물질현상을 돌아보지 마라. 미래의 물질현상을 기뻐하지 마라. 현재의 물질현상에 대해 싫어하여 떠나기 위해, 탐냄을 여의기 위해, 소멸하기 위해, 포기하기 위해, 버리기 위해 실천하라.[98]

Imasmiṃ rūpakkhandhe vutte avasiṭṭhā khandhā vuttā bhavanti.

이러한 물질현상의 다발(色蘊)이 언급될 때 나머지 다발(蘊)들도 언급된다.

Kena kāraṇena? Sabbe hi pañcakkhandhā Yamakovādasutte vadakaṭṭhena ekalakkhaṇā vuttā.

왜 그런가? 다섯 다발(五蘊)은 모두 '해침'을 같은 특징으로 한다고 '야마카를 위한 가르침의 경'[99]에서 언급되었기 때문이다.

98) Saṃyutta Nikāya, 3권, 19-20쪽 참조; 한편 Majjhima Nikāya, 3권의 Bhaddhekaratta Sutta와 Mahākaccānabhaddhekaratta Sutta에서는 과거를 회상하는 것, 미래를 기대하는 것, 현재의 법에 잡히게 되는 상황을 다섯 다발(五蘊)과 안에 속하는 그리고 밖에 속하는 여섯 영역(六內外入處)에 연관지워 설하고 있다.

99) Saṃyutta Nikāya, 3권, 109쪽, 야마카경(Yamaka sutta) 참조. 이 경에서 사리뿟따 존자는 야마카 존자에게 다음과 같이 설한다. 다섯 다발(五蘊)은 무상하고 괴로우며 소멸하고 사라지는 것인데, 범부들은 다섯 다발에 자아가 있다고 간주한다. 이것은 마치 사람을 해치려고 할 때 쳐들어가 그를 죽이기는 쉽지 않지만, 가까운

Yathā cāha Bhagavā:

Yesañ ca susamāraddhā niccaṃ kāyagatā sati
akiccaṃ te na sevanti kicce sātaccakārino.

세존께서 이렇게 말씀하셨다.

> 몸에 대한 사띠(身至念)를 잘 일으킨 자들은 해서는 안 되는 것들은 행하지 않고, 해야 하는 것은 계속 행한다.100)

Iti kāyagatāya satiyā vuttāya vuttā bhavanti vedanāgatā sati cittagatā dhammagatā ca. Tathā yaṃ kiñci diṭṭhaṃ vā sutaṃ vā mutaṃ vā ti vutte vuttaṃ bhavati viññātaṃ.

이와 같이 몸(身)에 대한 사띠가 언급될 때 느낌(受)에 대한, 마음(心)에 대한, 법(法)에 대한 사띠도 언급된다. 마찬가지로 보고 듣고 감각한 무엇이든 언급될 때 의식된 것도 언급된다.

Yathā cāha Bhagavā: [p.31]

Tasmā ti ha tvaṃ bhikkhu kāye kayānupassī viharāhi ātāpī sampajāno satimā vineyya loke abhijjhādomanassaṃ

세존께서 이렇게 말씀하셨다. [31쪽]

> 그러므로 여기에서, 비구여, 그대는 세간에 대한 욕심과 불쾌함을 떠나, 열심히 하는 자, 알아차림을 지닌 자, 사띠를 지닌 자로서 몸에 대해 몸

사람으로 접근하여 신뢰를 얻고 난 후 죽이면 그 사람은 죽는 순간에도 자신이 살인자를 데리고 있었다는 사실을 알지 못하는 것과 같다.

100) Dhammapada, 게송 293.

을 따라가며 보는(身隨觀) 자로 머물러야 한다.[101]

Ātāpī ti viriyindriyaṃ. Sampajāno ti paññindriyaṃ. Satimā ti satindriyaṃ. Vineyya loke abhijjhādomanassan ti samādhindriyaṃ.

'열심히 함'이란 노력의 기능을 가리킨다. '알아차림'이란 반야의 기능을 가리킨다. '사띠를 지님'이란 사띠의 기능을 가리킨다. '세간에 대한 욕심과 불쾌함을 떠남'이란 삼매의 기능을 가리킨다.

Evaṃ kāye kāyānupassino viharato cattāro satipaṭṭhānā bhāvanāpāripūriṃ gacchanti.
Kena kāraṇena? Ekalakkhaṇattā catunnaṃ indriyānaṃ.

이와 같이 몸에 대해 몸을 따라가며 보는 자로 머무를 때 사념처(四念處)는 닦음의 완성으로 간다. 왜 그런가? 네 가지 기능이 같은 특징을 갖고 있기 때문이다.

Catūsu satipaṭṭhānesu bhāviyamānesu cattāro sammappadhānā bhāvanāpāripūriṃ gacchanti.

사념처를 닦을 때 네 가지 바른 정근(四正勤)은 닦음의 완성으로 간다.

101) Majjhima Nikāya, 3권, 84쪽.

Catūsu sammappadhānesu bhāviyamānesu cattāro iddhippādā bhavanāpāripūriṃ gacchanti.

네 가지 바른 정근을 닦을 때 네 가지 신통의 기반(四神足)은 닦음의 완성으로 간다.

Catūsu iddhippādesu bhāviyamānesu pañcindriyāni bhāvanāpāripūriṃ gacchanti.

네 가지 신통의 기반을 닦을 때 다섯 가지 기능(五根)은 닦음의 완성으로 간다.

Pañcasu indriyesu bhāviyamānesu pañca balāni bhāvanāpāripūriṃ gacchanti.

다섯 가지 기능을 닦을 때 다섯 가지 힘(五力)은 닦음의 완성으로 간다.

Pañcasu balesu bhāviyamānesu satta bojjhaṅgā bhāvanāpāripūriṃ gacchanti.

다섯 가지 힘을 닦을 때 일곱 가지 깨달음의 요소(七覺支)는 닦음의 완성으로 간다.

Sattasu bojjhaṅgesu bhāviyamānesu ariyo aṭṭhaṅgiko maggo bhāvanāpāripūriṃ gacchati.

일곱 가지 깨달음의 요소를 닦을 때 거룩한 여덟 가지 길(八正道)은 닦음의 완성으로 간다.

Sabbe ca bodhaṅgamā dhammā bodhipakkhiyā bhāvanāpāripūriṃ gacchanti.

깨달음의 요소(覺支)이며 깨달음을 구성하는(菩提分) 법들은 모두 닦음의 완성으로 간다.

Kena kāraṇena? Sabbe hi bodhaṅgamā dhammā bodhipakkhiyā niyyānikalakkhaṇena ekalakkhaṇā. Te ekalakkhaṇattā bhāvanāpāripūriṃ gacchanti.

왜 그런가? 깨달음의 요소(覺支)이며 깨달음을 구성하는 법(菩提分法)은 모두 '벗어나게 하는 것'이라는 동일한 특징을 가진 것이기 때문이다. 그들은 같은 특징을 지녔기 때문에 닦음의 완성으로 간다.

Evaṃ akusalā pi dhammā ekalakkhaṇattā pahānaṃ abbhatthaṃ gacchanti.

이런 식으로 옳지 않은 법(不善法)들도 하나의 같은 특징을 지녔기 때문에 없어지고 사라진다.

Catūsu satipaṭṭhānesu bhāviyamānesu vipallāsā pahiyyanti, āhārā c'assa pariññaṃ gacchanti, upādānehi anupādāno bhavati, yogehi ca visaṃyutto bhavati, gandhei ca vippayutto bhavati, āsavehi ca anāsavo bhavati, ogehi ca nitiṇṇo bhavati, sallehi ca visallo bhavati, viññāṇaṭṭhitiyo c'assa pariññaṃ gacchanti, agatigamanehi ca na agatiṃ gacchanti. [p.32]

사념처를 닦을 때 '거꾸로 봄(顚倒)'이 없어진다. 그의 [네 가지] 자양분(四食)[102]은 두루한 앎으로 간다.[103] 그는 집착으로부터 [벗어나] 집착 없는 자가 되고, 묶임에서 풀려난 자가 되고, 매임에서 해방된 자가 되고, 번뇌가 [그쳐] 번뇌 없는 자가 되고, 거센 물을 건너간 자가 되고, 화살을 [뽑아내] 화살로부터 벗어난 자가 된다. 그에게 의식의 뿌리내림[104]은 두루한 앎으로 나

102) 자양분은 네 가지 자양분(四食, catu-āhāra), 즉 물질자양분(物質食, kabaliṃkāra-āhāra), 접촉자양분(觸食, phassa-āhāra), 정신의도자양분(意思食, manosañcetanā--āhāra), 의식자양분(意識食, viññāṇa-āhāra)을 말한다. 경전에 따르면, 네 가지 자양분은 이미 있는 존재를 유지하기 위한 것이거나 생겨날 존재를 갖기 위한 것이다. 이 중 의식자양분은 미래에 다음 존재의 생성 조건이다. 네 가지 자양분은 갈애를 원인으로 하고 갈애의 일어남이며 갈애에서 생겨난 것이다. Saṃyutta Nikāya, 2권, 12쪽, 97쪽 참조.

103) 네 가지 자양분에 대해 두루 알 때의 상황에 대한 경전의 설명은 다음과 같다. 물질자양분을 두루 알 때 다섯 가지 감각적 욕망에 대한 탐냄을 두루 안다. 이 탐냄을 두루 알 때 다시 이 세간으로 돌아오게 하는 결박이 없어진다. 접촉자양분을 두루 알 때 세 가지 느낌을 두루 안다. 세 가지 느낌을 두루 알 때 더 이상 해야 할 것이 없다. 정신의도자양분을 두루 알 때 세 가지 갈애를 두루 안다. 세 가지 갈애를 두루 알 때 더 이상 해야 할 것이 없다. 의식자양분을 두루 알 때 정신·물질현상을 두루 안다. 정신·물질현상을 두루 알 때 더 이상 해야 할 것이 없다. Saṃyutta Nikāya, 2권, 98-100쪽.

104) 의식의 뿌리내림과 네 가지 자양분에 대한 경전의 설명은 다음과 같다. 네 가지 자양분(四食, catu-āhāra)에 대해 탐냄과 기쁨과 갈애가 있으면 그곳에서 의식이 자리잡고 자란다. 의식이 자리잡고 자라는 곳에 정신·물질현상이 나타난다. 정신·물질현상이 나타나는 곳에 지음이 성장한다. 지음이 성장하는 곳에 미래의 다음 존재가 생겨난다. 미래의 다음 존재가 생겨나는 곳에 미래에 태어남·노쇠·죽음

아가고, 잘못된 길을 가는 것에서 [더 이상] 잘못된 길로 가지 않는다.105) [32쪽]

Evaṃ akusalā pi dhammā ekalakkhaṇattā pahānaṃ abbhatthaṃ gacchanti.

이와 같이 옳지 않은 법들 역시 하나의 같은 특성을 지녔기 때문에 없어지고 사라진다.

Yattha vā pana rūpindriyaṃ desitaṃ, desitā tatth' eva rūpadhātu rūpakkhandho rūpañcāyatanaṃ.

또한 물질현상의 기능106)이 설해지는 그곳에 물질현상의 계(色界)와 물질현상의 다발(色蘊)과 물질현상의 영역(色處)이 설해진다.

이 있다. 미래에 태어남·노쇠·죽음이 있는 곳에 근심이 있고 두려움이 있고 절망이 있다. 마치 화가가 염료로 흰 천이나 벽에 모든 요소를 갖춘 인간의 모습을 그릴 수 있는 것과 같다. 반면에 네 가지 자양분에 대한 탐냄과 기쁨과 갈애가 없으면 의식은 자리잡지 못하고 자라지 못하여, 정신·물질현상의 나타남도, 지음의 성장도, 다음 존재의 생겨남도, 미래의 태어남·노쇠·죽음·근심·두려움·절망도 없다. 마치 창문으로 들어온 빛이 머물 벽이나 땅이 없다면 비출 곳이 없는 것과 같다. Saṃyutta Nikāya, 2권, 101-103쪽.

105) 사념처의 네 가지(身·受·心·法)를 닦을 때 관련된 네 겹의 법들, 즉 네 가지 자양분·네 가지 집착·네 가지 묶임·네 가지 매임·네 가지 번뇌·네 가지 거센 물·네 가지 화살·의식의 뿌리내림이 네 가지 두루한 앎으로 감 또는 네 가지 잘못된 길로 감의 연관관계에 대해서는 이 책 318-320쪽 참조.

106) 물질현상의 기능이란 열 가지 물질현상의 영역(十色處)이 지닌 기능을 가리킨다고 본다. 열 가지 물질현상의 영역이란 눈, 귀, 코, 혀, 몸, 물질현상, 소리, 냄새, 맛, 감촉이지만, 이것들은 실제로는 눈-물질현상 등으로 된 다섯쌍이다. 따라서 눈으로 물질현상을 보는 기능 등의 다섯 기능을 뜻한다고 해석한다.

Yattha vā pana sukhā vedanā desitā, desitaṃ tattha sukhindriyaṃ somanassindriyaṃ dukkhasamudayo ca ariyasaccaṃ.

마찬가지로 즐거운 느낌(樂受)이 설해지는 그곳에 즐거움의 기능(樂根), 유쾌함의 기능(喜根), 고집성제(苦集聖諦)가 설해진다.

Yattha vā pana dukkhā vedanā desitā, desitaṃ tattha dukkhindriyaṃ domanassindriyaṃ dukkhañ ca ariyasaccaṃ.

마찬가지로 괴로운 느낌(苦受)이 설해지는 그곳에 괴로움의 기능(苦根), 불쾌함의 기능(優根), 고성제(苦聖諦)가 설해진다.

Yattha vā pana adukkhamasukhā vedanā desitā, desitaṃ tattha upekkhindriyaṃ sabbo ca paṭiccasamuppādo.

또한 괴롭지도 즐겁지도 않은 느낌(非苦非樂受)이 설해지는 그곳에 평정의 기능(捨根)과 모든 연기가 설해진다.

Kena kāraṇena? Adukkhamasukhāya hi vedanāya avijjā anuseti,

왜 그런가? 무명은 괴롭지도 즐겁지도 않은 느낌에 관련하여 잠재하기[107] 때문이다.

107) 무명의 잠재와 느낌의 관계는 다음과 같이 설명된다. 즐거운 느낌을 겪을 때 기뻐하고 탐닉하면 탐냄의 잠재성향이 쌓이고, 괴로운 느낌을 겪을 때 슬퍼하고 가슴을 치며 애통해하면 거슬림의 잠재성향이 쌓이고, 괴롭지도 즐겁지도 않은 느낌을 겪을 때 그 느낌의 일어남·사라짐·맛·걱정거리·떠남을 있는 그대로 알지 못하면 무명의 잠재성향이 쌓인다. Majjhima Nikāya, 3권, 285쪽.

avijjāpaccayā saṃkhārā, saṃkhārapaccayā viññāṇaṃ, viññāṇapaccayā nāmarūpaṃ, nāmarūpapaccayā chaḷāyatanaṃ, chaḷāyatanapaccayā phasso, phassapaccayā vedanā, vedanāpaccayā taṇhā, taṇhāpaccayā upādānaṃ, upādānapaccayā bhavo, bhavapaccayā jāti, jātipaccayā jarāmaraṇasokaparidevadukkhadomanassūpāyāsā sambhavanti. Evam etassa kevalassa dukkhakkhandhassa samudayo hoti.

무명을 조건으로 지음이 있다. 지음을 조건으로 의식이 있다. 의식을 조건으로 정신·물질현상이 있다. 정신·물질현상을 조건으로 여섯 영역이 있다 여섯 영역을 조건으로 접촉이 있다. 접촉을 조건으로 느낌이 있다. 느낌을 조건으로 갈애가 있다. 갈애를 조건으로 집착이 있다. 집착을 조건으로 존재가 있다. 존재를 조건으로 태어남이 있다. 태어남을 조건으로 노쇠·죽음·근심·슬픔·괴로움·불쾌함·절망이 생겨난다. 이와 같이 이 순전한 괴로움의 다발(苦蘊)이 일어난다.

So ca sarāga-sadosa-samoha-saṃkilesapakkhena hātabbo vītaraga-vītadosa-vītamoha-ariyadhammehi hātabbo.

이것은 탐냄을 지닌, 성냄을 지닌, 어리석음을 지닌 오염의 측면 때문에 제거되어야 한다. 또한 그것은 탐냄을 여읜, 성냄을 여읜, 어리석음을 여읜 거룩한 법들에 의해 제거되어야 한다.

Evaṃ ye dhammā ekalakkhaṇā kiccato ca lakkhaṇato ca sāmaññato ca cutupapātato ca, teasṃ dhammānaṃ ekasmiṃ dhamme vutte avasiṭṭhā dhammā vuttā bhavanti.

이와 같이 '해야 할 것, 특징, 유사성, 사라짐과 다시 생겨남'에 관련하여 같은 특징을 지닌 법들, 그 법들 중에서 한 법이 언급될 때 나머지 법들도 언급된다.

Tenāha āyasmā Mahākaccāno:
Vuttamhi ekadhamme ti.

그래서 마하깟짜나 존자는 말씀하셨다.
"한 법이 언급될 때 [같은 특징을 가진 법들은 무엇이든 모두 언급된다. 이것을 특징을 통한 전달이라고 부른다.]"

Niyutto lakkhaṇo-hāro.
특징을 통한 전달이 끝남.

6. 네 가지 정리를 통한 전달(Catubyūha-hāra)

1) Tattha katamo catubyūho-hāro?

Neruttaṃ adhippāyo ti ayaṃ.

1) [제1부에서 열거한 열여섯 가지 전달] 중에서 네 가지 정리를 통한 전달이란 무엇인가?

[제2부에서 언급한] '어원, 말하는 취지…'라는 [게송,][108] 이것이 [네 가지 정리를 통한 전달에 해당한다.]

Byañjanena suttassa neruttañ ca adhippāyo ca nidānañ ca pabbāparasandhi ca gavesitabbā. [p.33]

언설에 따라 경에 나타난 어원, 말하는 취지, 근거, 앞뒤연결을 살펴보아야 한다. [33쪽]

a) Tattha katamaṃ neruttaṃ?

Yā nirutti padasaṇhitā, yaṃ dhammānaṃ nāmaso ñāṇaṃ.

a) 그 [네 가지 정리를 통한 전달] 중에서 '어원'이란 무엇인가?

108) 이 책 18쪽에 나오는 이 게송의 전문은 다음과 같다. "언설에 따라 어원, 말하는 취지, 교설의 근거, 앞뒤연결[을 살펴보는 것,] 이것이 네 가지 정리를 통한 전달이다.(Neruttaṃ adhippāyo Byañjanaṃ atha desanā nidānañ ca pubbāparasandhī eso hāro catubyūho)"

어원분석으로서 용어를 잘게 나누어 보는 것이며, 법들의 이름에 대한 앎이다.

Yadā hi bhikkhu atthassa ca nāmaṃ jānāti dhammassa ca nāmaṃ jānāti, tathā tathā naṃ abhiniropeti, ayaṃ vuccati atthakusalo dhammakusalo byañjanakusalo niruttikusalo pubbāparakusalo desanākusalo atītādhivacanakusalo anāgatāchivacanakusalo paccuppannādhivacanakusalo itthādhivacanakusalo purisādhivacanakusalo napuṃsakādhivacanakusalo ekādhivacanakusalo anekādhivacana kusalo.

비구가 의미에 관련된 명칭을 알고 법에 관한 명칭을 알아 그와 같이 마찬가지로 그것을 적용한다. 그를 의미에 능숙한 이, 법에 능숙한 이, 문장에 능숙한 이, 어원분석에 능숙한 이, 앞뒤[연결에] 능숙한 이, 교설[의 이해에] 능숙한 이, 과거 시제에 능숙한 이, 미래 시제에 능숙한 이, 현재 시제에 능숙한 이, 여성형에 능숙한 이, 남성형에 능숙한 이, 중성형에 능숙한 이, 단수형에 능숙한 이, 복수형에 능숙한 이라고 일컫는다.

Evaṃ sabbāni kātabbāni janapadaneruttāni sabbā ca janapadaniruttiyo, ayaṃ nirutti padasaṇhitā.

이와 같이 지방에서 사용하는 어원이 모두 다루어져야 하고, 지방의 어원분석이 모두 다루어져야 한다. 이 어원분석은 용어를 잘게 나누어 보는 것이다.

b) Tattha katamo adhippāyo?

b) 그 [네 가지 정리를 통한 전달] 중에서 '말하는 취지'란 무엇인가?

Dhammo have rakkhati dhammacāriṃ
chattaṃ mahantaṃ yatha vassakāle
esānisaṃso dhamme suciṇṇe
na duggatiṃ gacchati dhammacārī ti.

> 법은 법을 따르는 자를 보호한다.
> 마치 비가 올 때의 큰 우산과 같이.
> 법을 잘 실천할 때, 이것이 공덕이다.
> 법을 따르는 이는 나쁜 곳으로 가지 않는다.[109]

Idha Bhagavato ko adhippāyo?
Ye apāyehi parimuccitukāmā bhavissanti, te dhammacārī bhavissantī ti ayaṃ ettha Bhagavato adhippāyo.

이 [게송에서] 세존께서 말씀하시는 취지는 무엇인가?
'괴로운 곳에서 벗어나고 싶은 이들은 법을 따를 것이다.'라는 것이 여기에서 세존께서 말씀하시는 취지이다.

109) Theragathā, 게송 303.

Coro yathā sandhimukhe gahīto
sakammunā haññate bajjhate ca
evaṃ ayaṃ pecca pajā parattha
sakammunā haññate bajjhate cā ti.

> [문을] 부수고 열다가 잡힌 도둑이
> 자신의 행위 때문에 맞고 묶이는 것처럼,
> 그와 같이 사람들은 이 [시간이] 지난 뒤 다른 곳에서
> 자신의 행위 때문에 맞고 묶인다.[110)]

Idha Bhagavato ko adhippāyo? Sañcetanikānaṃ katānaṃ kammānaṃ upacitānaṃ dukkhavedaniyānaṃ aniṭṭhaṃ asātaṃ vipākaṃ paccanubhavissatī ti ayaṃ ettha Bhagavato adhippāyo.

이 [게송에서] 세존께서 말씀하시는 취지는 무엇인가? '의도를 지니고서 저지른, 괴로움을 느낄 업을 쌓았을 때, 그는 내키지 않고 마땅치 않은 과보를 경험하게 될 것이다.'라는 것이 여기에서 세존께서 말씀하시는 취지이다.

Sukhakāmāni bhūtāni yo daṇḍena vihiṃsati
attano sukhaṃ esāno pecca na labhate sukhan ti.

> 행복하고 싶어하는 존재들을 매로 해치는 자
> 그 후 자신의 행복을 찾을 때 그는 행복을 얻지 못한다.[111)]

110) Majjhima Nikāya, 2권, 74쪽.
111) Dhammapada, 게송 131.

Idha Bhagavato ko adhippāyo?

Ye sukhena atthikā bhavissanti, te pāpakaṃ kammaṃ na karissantī ti ayaṃ ettha Bhagavato adhippāyo. [p.34]

이 [게송에서] 세존께서 말씀하시는 취지는 무엇인가?

'행복을 원하는 자는 악한 행위를 하지 않을 것이다.'라는 것이 여기에서 세존께서 말씀하시는 취지이다. [34쪽]

Middhī yadā hoti mahagghaso ca
niddāyitā samparivattasāyī
mahāvarāho va nivāpapuṭṭho
punappunaṃ gabbhaṃ upeti mando ti.

> 음식을 많이 먹고 졸음이 올 때,
> 잠자고 싶은 자들은 이리저리 뒹굴며 잔다.
> 마치 먹이를 먹은 커다란 돼지처럼.
> 게으른 사람은 자꾸자꾸 태에 든다.[112)]

Idha Bhagavato ko adhippāyo?

Ye jarāmaraṇena aṭṭīyitukāmā bhavissanti, te bhavissanti bhojane mattaññuno indriyesu guttadvārā pubbarattāpararattaṃ jāgariyānuyogam anuyuttā vipassakā kusalesu dhammesu sagāravā ca sabrahmacārīsu theresu navesu majjhimesūti ayaṃ ettha Bhagavato adhippāyo.

---

112) Dhammapada, 게송 325.

이 [게송에서] 세존께서 말씀하시는 취지는 무엇인가?

'노쇠와 죽음 때문에 괴로워하는 이들은 식사의 적당량을 알고, 감각기능의 문을 지키고, 전날 밤도 다음날 밤도 깨어 정진에 전념하고, 옳은 법들에 대해 통찰하고, 고귀한 생활을 하는 장로·젊은이·중년에 대해 존경심을 가질 것이다.'라는 것이 여기에서 세존께서 말씀하시는 취지이다.

Appamādo amatapadaṃ pamādo maccuno padaṃ
appamattā na miyyanti ye pamattā yathā matā ti.

> 부지런함은 불사(不死)의 길이다. 게으름은 죽음의 길이다.
> 부지런한 사람들은 죽지 않는다. 게으른 사람들이 죽는 것처럼.[113)]

Idha Bhagavato ko adhippāyo?

Ye amatapariyesanaṃ pariyesitukāmā bhavissanti, te appmattā viharissantī ti ayaṃ ettha Bhagavato adhippāyo.

Ayaṃ adhippāyo.

이 [게송에서] 세존께서 말씀하시는 취지는 무엇인가?

'불사를 찾아 추구하기를 원하는 자들은 부지런하게 머물 것이다.'라는 것이 여기에서 세존께서 말씀하시는 취지이다.

이것이 '말하는 취지'이다.

---

113) Dhammapada, 게송 21.

c) Tattha katamaṃ nidānaṃ?

Yathā so Dhaniyo gopālako Bhagavantaṃ āha.

c) 그 [네 가지 정리를 통한 전달] 중에서 '근거'란 무엇인가?

소 키우는 다니야가 세존께 말씀드린 [예에서 볼 수 있다.][114)]

Nandati puttehi puttimā
gopiko gohi tath'eva nandati
upadhī hi narassa nandanā
nahi so nandati yo nirūpadhī ti.

> 아들이 있는 사람은 아들 때문에 기뻐한다.
> 마찬가지로 소를 가진 사람은 소 때문에 기뻐한다.
> 집착의 대상을 지니는 것은 사람에게 기쁨이 된다.
> 집착의 대상을 지니지 않는 자는 기뻐하지 않는다.[115)]

Bhagavā āha:

Socati puttehi puttimā
gopiko gohi tathe'va socati
upadhī hi narassa socanā
na hi socati yo nirūpadī ti.

114) Sutta Nipāta, 게송 18-32. 이 게송은 소 키우는 부자 다니야와 세존이 나누는 대화형식의 시로 이루어져 있다. 다니야가 세속생활의 안정감과 편안함을 노래할 때 세존은 깨달음을 얻은 이의 편안함를 대구(對句)로써 노래한다. 세존의 게송을 들은 뒤 다니야와 그의 아내, 두 딸은 '흐름에 든 이'가 되었다고 한다.

115) Sutta Nipāta, 게송 33. 이 게송은 다니야와 세존의 대화에 이어 등장하는 마라 빠삐만의 게송이다. Saṃyutta Nikāya, 1권, 107쪽에도 수록되어 있다.

세존께서 이렇게 말씀하셨다.

> 아들이 있는 사람은 아들 때문에 슬퍼한다.
> 마찬가지로 소를 가진 사람은 소 때문에 슬퍼한다.
> 집착의 대상을 지니는 것은 사람에게 슬픔이 된다.
> 집착의 대상을 지니지 않는 자는 슬퍼하지 않는다.116)

Iminā vatthunā iminā nidānena evaṃ ñāyati: idha Bhagavā bāhiraṃ pariggahaṃ upadhiṃ āhā ti.

이 [게송을] 바탕으로 이 [게송을] 근거로 이와 같이 알게 된다. 이 경우 세존께서는 밖에 속하는 소유물인 집착의 대상에 대해 말씀하셨다고 [알게 된다.]

Yathā ca Māro pāpimā Gijjhakūṭā pabbatā puthusilaṃ pātesi, Bhagavā āha: [p.35]

마찬가지로 마라 빠삐만이 영취산에서 커다란 바위를 떨어뜨린 것에 대해 세존께서 이렇게 말씀하셨다. [35쪽]

Sace pi kevalaṃ sabbaṃ Gijjhakūtaṃ calessasi
n'eva sammāvimuttānaṃ buddhānaṃ atthi iñjitaṃ.

> 영취산 전체를 온통 흔들더라도

116) Sutta Nipāta, 게송 34. 다니야와 세존의 대화에 뒤이은 마라 빠삐만의 게송에 대한 세존의 응답 게송이다. Saṃyutta Nikāya, 1권, 108쪽에도 수록되어 있다

바르게 해탈한 자, 붓다들에게는 동요가 없다.[117]

Nabhaṃ phaleyya paṭhaviṃ caleyya
sabbe'va pāṇā uda santaseyyuṃ
sallam pi ce urasi kampayeyyuṃ
upadhīsu tāṇaṃ na karonti buddhā ti.

하늘을 가를 수 있고 땅을 흔들 수 있고,
모든 생명을 떨게 할 수도 있을 것이다.
그러나 설령 가슴에 [꽂힌] 화살을 흔들더라도
붓다들은 집착의 대상에 숨을 곳을 만들지 않는다.[118]

Iminā vatthunā iminā nidānena evaṃ ñāyati: idha Bhagavā kāyaṃ upadhiṃ āhā ti.

이 [게송을] 바탕으로 이 [게송을] 근거로 이와 같이 알게 된다. 이 경우 세존께서는 몸이라는 집착의 대상에 대해 말씀하셨다고 [알게 된다.]

Yathā cāha:

Na taṃ daḷhaṃ bandhanaṃ āhu dhīrā
yad āyasaṃ dārujaṃ pabbajañ ca

117) Saṃyutta Nikāya, 1권, 109쪽.

118) Saṃyutta Nikāya, 1권, 107쪽. 세존께서 밤에 바깥에 앉아 계실 때, 마라 빠삐만이 세존께 두려움이 일어나도록 하기 위해 무서운 뱀 왕의 모습으로 나타났다. 이 때 세존께서는 그가 마라 빠삐만임을 아시고 이 게송을 말씀하셨고, 마라 빠삐만은 실망하여 곧 사라졌다.

sārattarattā maṇikuṇḍalesu
puttesu dāresu ca yā apekhā ti.

또한 [세존께서] 이렇게 말씀하셨다.

> 쇠로 된 것, 나무로 된 것, 돌로 된 것,
> 현자들은 그것을 단단한 족쇄라고 말하지 않는다,
> [그러나] 보석과 귀걸이에 매혹되고 탐착하는 것,
> 자식과 젊은 여인에 대한 애착,[119]
> [현자들은 이것을 단단한 족쇄라고 말한다.][120]

Iminā vatthunā iminā nidānena evaṃ ñāyati: idha Bhagavā bāhiresu vatthūsu taṇhaṃ āhā ti.

이 [게송을] 바탕으로 이 [게송을] 근거로 이와 같이 알게 된다. 이 경우 세존께서는 밖에 속하는 대상들에 대한 갈애를 말씀하셨다고 [알게 된다.]

Yathā cāha:

Etaṃ daḷhaṃ bahanam āhu dhīrā
ohārinaṃ sithilaṃ duppamuñcaṃ
etam pi chetvāna paribbajanti
anapekhino kāmasukhaṃ pahāyā ti.

119) Saṃyutta Nikāya 1권, 77쪽; Dhammapada, 게송 345.
120) 이어지는 게송에 이 구문이 나온다. 본 게송의 이해를 돕기 위하여 이 부분을 [ ] 속에 첨가하였다.

[이어서] 또한 이렇게 말씀하셨다.

> 현자들은 이것을 단단한 족쇄라고 말한다.
> 이 [단단한 족쇄는] 끌어내리는 것, 느슨한 것으로서 벗어나기 어렵다.
> [그렇지만] 애착이 없는 자들은 이것도 끊어버리고 속세를 떠난다.
> 감각적 욕망의 즐거움을 없애고서.[121]

Iminā vatthunā iminā nidānena evaṃ ñāyati: idha Bhagavā bāhiravatthukāya taṇhāya pahānaṃ āhā ti.

이 [게송을] 바탕으로 이 [게송을] 근거로 이와 같이 알게 된다. 이 경우 세존께서는 밖에 속하는 대상에 대한 갈애의 제거를 말씀하셨다고 [알게 된다.]

Yathā cāha:

Āturaṃ asuciṃ pūtiṃ dugandhaṃ dehanissitaṃ
paggharantaṃ divārattiṃ bālānaṃ abhinanditan ti.

또한 [세존께서] 이렇게 말씀하셨다.

> 어리석은 자들의 기쁨이란 육신에 의존한 것으로, 병들고, 더럽고, 썩고, 냄새 나고, 밤낮으로 흘러나오는 것이다.[122]

Iminā vatthunā iminā nidānena evaṃ ñāyati: idha Bhagavā ajjhattikavatthukāya taṇhāya pahanaṃ āhā ti.

121) Saṃyutta Nikāya, 1권, 77쪽; Dhammapada, 게송 346.
122) Theragathā, 게송 394; Therigathā, 게송 19, 82 참조.

이 [게송을] 바탕으로 이 [게송을] 근거로 이와 같이 알게 된다. 이 경우 세존께서는 안에 속하는 대상에 대한 갈애의 제거를 말씀하셨다고 [알게 된다.]

Yathā cāha: [p.36]

Ucchinda sineham attano
kumudaṃ sāradikaṃ va pāṇinā
santimaggam eva brūhaya
nibbānaṃ Sugatena desitan ti.

또한 [세존께서] 이렇게 말씀하셨다. [36쪽]

> 자아에 대한 애정을 끊어라,
> 가을의 연꽃을 손으로 끊듯이.
> 오로지 고요함으로 가는 길을 증장하라.
> 열반은 잘 가신 분(善逝)에 의해 드러나 있다.[123)]

Iminā vatthunā iminā nidānena evaṃ ñāyati: idha Bhagavā ajjhattikavatthukāya taṇhāya pahānaṃ āhā ti.
Idaṃ nidānaṃ.

이 [게송을] 바탕으로 이 [게송을] 근거로 이와 같이 알게 된다. 이 경우 세존께서는 안에 속하는 대상에 대한 갈애의 제거를 말씀하셨다고 [알게 된다.]

이것이 '근거'이다.

123) Dhammapada, 게송 285.

d) Tattha katamo pubbāparasandhi?

d) 그 [네 가지 정리를 통한 전달] 중에서 '앞뒤연결'이란 무엇인가?

Yathāha:

Kāmandhā jālasacchannā taṇhāchadanachāditā
pamattabandhanābaddhā macchā va kumināmukhe
jarāmaraṇam anventi vaccho khīrapako va mātaran ti.

Ayaṃ kāmataṇhā vuttā.

[세존께서] 이렇게 말씀하셨다.

> 감각적 욕망이라는 어둠에 갇힌 자들, 갈애의 굴레에 매인 자들,
> 게으름의 속박에 묶인 자들은 그물에 갇혀있다.
> 출구가 없는 그물 속의 물고기처럼.
> 그들은 노쇠와 죽음을 따라간다. 젖먹이 송아지가 어미소를 [따라가듯.][124]

이 [게송은] 감각적 욕망에 대한 갈애에 관해 말한 것이다.

Sā katamena pubbāparena yujjati?
Yathāha:

Ratto atthaṃ na jānāti ratto dhammaṃ na passati
andhatamaṃ tadā hoti yaṃ rāgo sahate naran ti.

Iti andhatāya ca sacchannatāya ca sā yeva taṇhā abhilapitā.

124) Udāna, 76; 이 게송의 일부는 Theragathā, 게송 297과 같은 내용이다.

그것은 어떤 앞뒤[연결에 비추어 볼 때] 타당한가?

[세존께서] 이렇게 말씀하셨다.

> 탐착하는 이는 뜻을 알지 못한다. 탐착하는 이는 법을 보지 못한다. 그때 탐냄이 사람을 압도하여 어둠이 있다.[125)]

이렇게 갈애는 어둠의 상태, 갇힌 상태로 표현되었다.

Yañcāha: Kāmandhā jālasacchannā taṇhāchadanachāditā ti yañ cāha: Ratto atthaṃ na jānāti ratto dhammaṃ na passatī ti imehi padehi pariyuṭṭhānehi sā yeva taṇhā abhilapitā.

[위의 게송에서] 세존께서 말씀하셨다. '감각적 욕망이라는 어둠에 갇힌 자들, 갈애의 굴레에 매인 자들은 그물에 갇혀있다.' 라고. 또한 세존께서 말씀하셨다. '탐착하는 이는 뜻을 알지 못한다. 탐착하는 이는 법을 보지 못한다.'라고. [여기에서] 이 갈애는 사로잡힘(纏縛)[을 가리키는] 구문들로 표현되었다.

Yaṃ andhakāraṃ ayaṃ dukkhasamudayo, yā ca taṇhā ponobhavikā. Yañcāha: kāmā ti ime kilesakāmā, yañ cāha: jālasacchannā ti teasṃ yeva kāmānaṃ payogena pariyuṭṭhānaṃ dasseti.

어두운 상태, 다음 존재로 통하는 갈애는 괴로움의 일어남이다. 감각적 욕망이라고 말한 것은 오염으로서의 감각적 욕망이

125) 이 책 57쪽에 인용된 게송이다.

다. '그물에 갇혀있다.'라고 말한 것은 '감각적 욕망들의 활동으로 인한 사로잡힘'을 나타낸다.

Tasmā kilesavasena ca pariyuṭṭhānavasena ca taṇhā bandhanaṃ vuttā. Ye edisikā, te jarāmaraṇaṃ anventi. [p.37]

따라서 오염과 사로잡힘 때문에 갈애는 속박이라고 말한다. 그와 같은 것들은 노쇠와 죽음을 따라간다. [37쪽]

Ayaṃ Bhagavatā yathānikkhittagāthābalena dassitā: Jarāmaraṇaṃ anventī ti.

세존께서는 [위에] 열거된 게송으로 '노쇠와 죽음을 따라간다.'의 [의미를] 보여주셨다.

Yassa papañcā ṭhitī ca n'atthi
sandānaṃ palighañ ca vītivatto
tan nittaṇhaṃ muniṃ carantaṃ
na vijānāti sadevako pi loko ti.

> 망상과 뿌리내림이 없는,
> 굴레와 장벽을 넘어선,
> 갈애를 여읜 성인이 다닐 때,
> 천신도 세간도 그를 알지 못한다.[126)]

126) Udāna, 77쪽.

Papañcā nāma taṇhā diṭṭhimānā tadabhisaṃkhatā ca saṃkhārā. Ṭhiti nāma anusayā. Sandānaṃ nāma taṇhāya pariyuṭṭhānam. Yāni chattiṃsa taṇhāya jāliniyā vicaritāni. Paligho nāma moho. Ye ca papañcā-saṃkhārā yā ca ṭhiti yaṃ sandānañ ca yaṃ palighañ ca, yo etaṃ sabbaṃ samatikkanto ayaṃ vuccati nittaṇho iti.

망상이란 갈애와 견해와 자만, 그것들을 지어낸 것(有爲)으로서 지음(行)이다. 뿌리내림은 잠재성향을 가리킨다. 굴레는 갈애로 인한 사로잡힘을 가리킨다. 그것은 서른 여섯 가지 갈애의 그물에서 맴돎이다.[127] 장벽은 어리석음을 가리킨다.

그리고 망상으로서의 지음(行), 뿌리내림, 굴레, 장벽, 이 모든 것을 넘어설 때 이를 '갈애의 여윔'이라고 일컫는다.

Tattha pariyuṭṭhānasaṃkhārā: diṭṭhadhammavedaniyā vā upapajjavedaniyā vā aparāpariyavedaniyā vā.

Evaṃ taṇhā tividhaṃ phalaṃ deti; diṭṭhe vā dhamme upapajje vā apare vā pariyāye.

앞의 게송에서 사로잡힘과 지음은 바로 현재의 법(見法)에서 경험하는 것이거나, 내생에서 경험할 것이거나, 그 다음 생에서 경험할 것이다.

127) 36가지 갈애의 그물에서 맴도는 것에 대해서는 Aṅguttara Nikāya, 2권, 211쪽 참조. 안에 속하는 것에 대한 잡음 때문에 열여덟 가지 갈애에서의 맴돎이 있고 밖에 속하는 것에 대한 잡음 때문에 열여덟 가지 갈애에서의 맴돎이 있다.

이와 같이 갈애는 세 가지로 결과를 준다. 즉 바로 현재의 법에서, 내생에서, 그 다음 생에서 [결과를 준다.]

Evaṃ Bhagavā āha:

> *Yaṃ lobhapakataṃ kammaṃ karoti kāyena vā vācāya vā manasā vā, tassa vipākaṃ anubhoti diṭṭhe vā dhamme upapajje vā apare vā pariyāye ti.*

Idaṃ Bhagavato pubbāparena yujjati.

이와 같이 세존께서 말씀하셨다.

> 탐욕 때문에 행해진 것, 몸으로 언어로 정신으로 업을 만든다. 그리고 그것의 과보를 경험한다. 바로 현재의 법에서, 내생에서, 혹은 세세생생에서.[128]

이렇게 세존 [말씀의] 앞뒤[연결에] 비추어 볼 때 [갈애가 세 가지로 결과를 준다는 것은] 타당하다.

Tattha pariyuṭṭhānaṃ diṭṭhadhammavedaniyaṃ vā kammaṃ upapajjavedaniyaṃ vā kammaṃ aparāpariyavedaniyaṃ vā kammaṃ.

Evaṃ kammaṇ tidhā vipaccati: diṭṭhe vā dhamme upapajje vā

128) 탐욕(lobha), 성냄(dosa), 어리석음(moha)과 업이 일어나는 근거에 대한 내용은 Aṅguttara Nikāya, 1권, 134쪽 참조.

apare vā pariyāye.

앞의 게송에서 사로잡힘은 바로 현재의 법에서 경험하는 업이거나, 내생에서 경험할 업이거나, 그 다음 생에서 경험할 업이다. 이와 같이 업은 세 가지로 익는다. 즉 바로 현재의 법에서, 내생에서, 그 다음 생에서 [경험한다.]

Yathāha:

> *Yañ ce bālo idha pāṇātipāti hoti / pe / micchādiṭṭhī hoti, tassa diṭṭhe vā dhamme vipākaṃ paṭisaṃvedeti upapajje vā apare vā pariyāye ti.* [p.38]

Idaṃ Bhagavato pubbāparena yujjati.

[세존께서] 이렇게 말씀하셨다.

> 만약 어리석은 자가 살생하면, …[중략]… 그릇된 견해(邪見)가 있으면 바로 현재의 법에서, 내생에서, 그 다음 생에서 그것의 과보를 경험한다. [38쪽]

이렇게 세존 [말씀의] 앞뒤[연결에] 비추어 볼 때 [업이 세 가지로 익는다는 것은] 타당하다.

Tattha pariyuṭṭhānaṃ paṭisaṃkhānabalena pahātabbaṃ, saṃkhārā dassanabalena, chattiṃsa taṇhāvicaritāni bhāvanābalena pahātabbānī ti.

Evaṃ taṇhā pi tidhā pahiyyati: yā nittaṇhatā ayaṃ sa-upādisesā nibbānadhātu, bhedā kāyassa ayaṃ anupādisesā nibbānadhātu.

여기에서 사로잡힘은 성찰의 힘으로 없애야 한다. 지음(行)은 봄의 힘으로, 서른 여섯 가지 갈애에서의 맴돔은 닦음의 힘으로 없애야 한다. 이와 같이 갈애도 세 가지로 없어진다.

갈애를 여읜 상태, 이것이 생명의 연료가 남아 있는 열반계(有餘涅槃界)이다. 몸이 무너진 뒤, 생명의 연료가 남아 있지 않은 열반계(無餘涅槃界)가 있다.

papañco nāma vuccati anubandho.
Yañ cāha Bhagavā:

> *Papañceti atītānāgatapaccuppannaṃ cakkhuviññeyyaṃ rūpaṃ ārabbhā ti*

망상은 속박이라고 부른다.
세존께서 이렇게 말씀하셨다.

> 눈에 의해 의식되는 과거 · 미래 · 현재의 물질현상에 근거하여 망상한다.

yañ cāha Bhagavā:

> *Atīte Rādha rūpe anapekho hoti, anāgataṃ rūpaṃ mā abhinandi, paccuppannassa rūpassa nibbidāya virāgāya nirodhāya cāgāya paṭinnissaggaya paṭipajjā ti.*

Idaṃ Bhagavato pubbāparena yujjati.

또한 세존께서 말씀하셨다.

> 라다여, 과거의 물질현상을 돌아보지 마라. 미래의 물질현상을 기뻐하지 마라. 현재의 물질현상에 대해 싫어하여 떠나기 위해, 탐냄을 여의기 위해, 소멸하기 위해, 포기하기 위해, 버리기 위해 실천하라.[129)]

이렇게 세존 [말씀의] 앞뒤[연결에] 비추어 볼 때 [망상은 속박이라는 것은] 타당하다.

Yo cāpi papañco ye ca saṃkhārā yā ca ātītānāgatapaccuppannassa abhinandanā, idaṃ ekattaṃ. Api ca aññamaññehi padehi aññamaññehi akkharehi aññamaññehi byañjanehi aparimāṇā nāma dhammadesanā vuttā Bhagavatā.

Evaṃ suttena suttaṃ saṃsandayitvā pubbāparena saddhiṃ yojayitvā suttaṃ niddiṭṭhaṃ bhavati.

망상이라는 것, 지음(行)이라는 것, 과거·미래·현재의 기쁨이라는 것, 이것은 같은 것이다. 그러나 세존께서는 각각 다른 용어로, 각각 다른 음절로, 각각 다른 문장으로 법을 다양하게 드러내어 말씀하셨다.[130)]

이와 같이 경과 경을 서로 연결시키고 앞뒤로 함께 관련시킨 뒤, 경이 설명된다.

129) 이 책 546쪽 참조.
130) 이 책 443쪽 참조.

2) So cāyaṃ pubbāparo sandhi catubbidho

atthasandhi, sandhi, byañjanasandhi, desanāsandhi, niddesasandhī ti.

2) 이러한 앞뒤연결은 네 경우가 있다.

즉 의미의 연결, 언설의 연결, 교설의 연결, 설명의 연결이다:

aa) Tattha atthasandhi chappadāni: saṃkāsanā, pakāsanā, vivaraṇā, vibhajanā, uttānikammatā, paññattī ti.

aa) 그 [네 가지 앞뒤연결] 중에서 의미의 연결은 여섯 경우가 있다. 즉 요약, 소개, 해명, 분석, 해석, 묘사이다.[131)]

bb) Byañjanasandhi chappadāni: akkharaṃ, padaṃ, byañjanaṃ, ākāro, nirutti, niddeso ti.

bb) [네 가지 앞뒤연결 중에서] 언설의 연결은 여섯 경우가 있다. 즉 음절, 용어, 문장, 서법, 어원분석, 상술이다.[132)]

cc) Desanāsandhi:

cc) [네 가지 앞뒤연결 중에서] 교설의 연결[은 아래와 같다.]

131) 이 책 26쪽 참조.
132) 이 책 48쪽 참조.

na ca paṭhaviṃ nissāya jhāyatijhāyī jhāyati ca, na ca āpaṃ nissāya jhāyati jhāyi jhāyati ca, na ca tejaṃ nissāya jhāyati jhāyī jhāyati ca, [p.39] *na ca vāyuṃ nissāya jhāyati jhāyī jhāyati ca /pe/ na ca ākāsānañcāyatanaṃ nissāya,,, na ca viññāṇañcāyatanaṃ nissāya··· na ca ākiñcaññāyatanaṃ nissāya··· na ca nevasaññanāsaññāyatanaṃ nissāya ··· na ca imaṃ lokaṃ nissāya na ca paraṃ lokaṃ nissāya jhayati jhāyi jhāyati ca, yam idaṃ ubhayam antarena diṭṭhaṃ sutaṃ mutaṃ viññātaṃ pattaṃ pariyesitaṃ vitakkitaṃ vicāritaṃ: manasānuvicintitaṃ taṃ pi na nissāya jhāyati jhāyi jhāyati ca. Ayaṃ sadevake loke samārake sabrahmake sassamaṇabrahamaṇiyā pajāya sadevamanussāya anissitena cittena na ñāyati jhāyanto.*

그는 땅을 의존하여 선정에 드는 것이 아니라 선정수행자로서 선정에 든다. [그는 물을 의존하여 선정에 드는 것이 아니라 선정수행자로서 선정에 든다. 그는 불을 의존하여 선정에 드는 것이 아니라 선정수행자로서 선정에 든다. [39쪽] 그는 바람을 의존하여 선정에 드는 것이 아니라 선정수행자로서 선정에 든다.] 그는 공간의 한계가 없는 영역(空無邊處)에 의존하여 선정에 드는 것이 아니라 선정수행자로서 선정에 든다. [그는 의식의 한계가 없는 영역(識無邊處)에 의존하여 선정에 드는 것이 아니라 선정수행자로서 선정에 든다. 그는 아무 것도 없는 영역(無所有處)에 의존하여 선정에 드는 것이 아니라 선정수행자로서 선정에 든다.] 그는 지각이 없는 것도 없지 않는 것도 아닌 영역(非想非非想處)에 의존하여 [선정에 드는 것이 아니라 선정수행자로서 선정에 든다.] 그는 이 세간을 의존하거나 저 세간을 의존하여 선정에 드는 것이 아니라 선정수행자로서 선정에 든다. 그는 중간에서 [이 세간과 저 세간의] 둘 다, 본 것, 들은 것, 감각한 것, 의식한 것, 이룬 것, 추구한 것, 생각한 것, 숙고한 것, 정신으로 사유한 것인 그 [어떤] 것을 의존하여 선정에 드는 것이 아니라

> 선정수행자로서 선정에 든다.[133] 그가 선정에 들 때 그의 의존함이 없는 마음 때문에, 천신의 세간, 마라의 세간, 브라흐마의 세간, 사문과 바라문의 후손과 천신과 인간의 후손에서는 그를 알 수 없다.[134]

Yathā Māro pāpimā Godhikassa kulaputtassa viññāṇaṃ samanvesanto na jānāti na passati.

So hi papañcātīto, taṇhāpahānena diṭṭhinissayo pi'ssa n'atthi.

마치 마라 빠삐만이 선남자 고디까의 의식을 찾으려 했을 때 그것을 알지도 못하고 찾지도 못한 것과 같다.[135]

그에게 망상은 이미 지나갔다. 그리고 갈애를 없앴으므로 그는 견해에도 의존하지 않는다.

Yathā ca Godhikassa, evaṃ Vakkalissa.

Sadevakena lokena samārakena sabrahmakena sassamaṇabrā-

133) Aṅguttara Nikāya, 5권, 324쪽 참조. 세존께서 길들여지지 않은 말과 그런 부류의 사람, 혈통 좋은 말과 좋은 가문의 훌륭한 사람을 비교하여 설명하시는 내용의 일부다. 길들여지지 않은 말은 여물통 곁에 있을 때 먹이에 골몰하듯, 그런 부류의 사람은 숲으로 가도 감각적 욕망에 잡혀 머문다. 이와 대조적으로 혈통 좋은 말은 여물통 곁에서도 먹이에 집착하지 않고 오히려 해야 할 일을 생각하며 채찍을 보면서 족쇄와 손실을 생각한다. 그리고 좋은 가문의 훌륭한 이는 위 본문에서 인용한 구절처럼 어느 것에도 의존하지 않고서 선정에 든다.

134) Aṅguttara Nikāya, 5권, 324-325쪽 참조.

135) Saṃyutta Nikāya, 1권, 120쪽. 존자 고디까는 삼매를 바탕으로 여러 번 마음의 해탈을 얻었으나 자꾸 그 상태에서 벗어나게 되자 스스로 열반을 위해 삶에 얽매이지 않고 목숨을 끊었다. 마라 빠삐만은 존자 고디까가 죽은 후 그의 의식을 찾기 위해 사방팔방 다녔으나 발견하지 못하고서 세존께 그가 어디로 사라졌는가를 물었다. 세존께서는 고디까가 갈애를 없애고서 머뭄이 없는 의식으로 열반에 들었다고 말씀하셨다.

hmaṇiyā pajāya sadevamanussāya anissitacittā na ñāyanti jhāyamānā.

Ayaṃ desanāsandhi.

고디까의 경우처럼 왓깔리의 경우도 같다.[136)]

선정수행하는 이들이 선정에 들 때 그들의 의존함이 없는 마음 때문에, 천신의 세간, 마라의 세간, 브라흐마의 세간, 사문과 바라문의 후손과 천신과 인간의 후손들에서는 그들을 알 수 없다.

이것이 교설의 연결이다.

dd) Tattha katamā niddesasandhi?

dd) 그 [네 가지 앞뒤연결] 중에서 설명의 연결이란 무엇인가?

Nissitacittā akusalapakkhena niddisitabbā.
Anissitacittā kusalapakkhena niddisitabbā.
Nissitacittā saṃkilesena niddisitabbā.
Anissitacittā vodānena niddisitabbā.

136) Saṃyutta Nikāya, 3권, 119쪽. 존자 왓깔리는 심한 병으로 고통 받았다. 그는 다섯 다발(五蘊)의 무상과 무상한 것은 괴로운 것임을 알고, 이들에 대한 의욕과 탐냄이 없음을 확신하면서 자결하였다. 왓깔리가 죽은 후 마라 빠삐만은 그의 의식을 찾을 수 없었다. 이에 대해 세존께서는 왓깔리는 머뭄이 없는 의식으로 열반에 들었다고 말씀하셨다.

의존하는 마음은 옳지 않음(不善)의 측면으로 설명되어야 한다.
의존하지 않는 마음은 옳음(善)의 측면으로 설명되어야 한다.
의존하는 마음은 오염으로 설명되어야 한다.
의존하지 않는 마음은 정화로 설명되어야 한다.

Nissitacittā saṃsārapavattiyā niddisitabbā.
Anissitacittā saṃsāranivattiyā niddisitabbā.
Nissitacittā taṇhāya ca avijjāya ca niddisitabbā.
Anissitacittā samathena ca vipassanāya ca niddisitabbā.

의존하는 마음은 윤회의 굴러감으로 설명되어야 한다.
의존하지 않는 마음은 윤회의 멈춤으로 설명되어야 한다.
의존하는 마음은 갈애와 무명으로 설명되어야 한다.
의존하지 않는 마음은 사마타와 위빠사나로 설명되어야 한다.

Nissitacittā ahirkena ca anottappena ca niddhistabbā.
Anissitacittā hiriyā ca ottappena ca niddistabbā.
Nissitacitta asatiyā ca asampajaññena ca niddisitabbā.
Anissitacittā satiyā ca sampajaññena ca niddisitabbā.

의존하는 마음은 부끄러움 없음과 창피함 없음으로 설명되어야 한다.
의존하지 않는 마음은 부끄러움과 창피함으로 설명되어야 한다.
의존하는 마음은 사띠 없음과 알아차림 없음으로 설명되어야 한다.

의존하지 않는 마음은 사띠와 알아차림으로 설명되어야 한다.

Nissitacittā ayoniyā ca ayonisomanasikārena [p.40] ca niddisitabbā.

Anisssitacittā yoniyā ca yonisomanasikārena ca niddisitabbā.

Nissitacittā kosajjena ca dovacassena ca niddisitabbā.

Anissitacittā viriyārambhena ca sovacassena ca niddisitabbā.

의존하는 마음은 합당하지 않음과 합당하지 않은 정신기울임으로 [40쪽] 설명되어야 한다.

의존하지 않는 마음은 합당함과 합당한 정신기울임으로 설명되어야 한다.

의존하는 마음은 태만과 성마름으로 설명되어야 한다.

의존하지 않는 마음은 노력의 시작과 온화함으로 설명되어야 한다.

Nissitacittā assaddhiyena ca pamādena ca niddisitabbā.

Anissitacittā saddhāya ca appamādena ca niddisitabbā.

Nissitacittā asaddhammasavanena ca asaṃvarena ca niddisitabbā.

Anissitacittā saddhammasavanena ca saṃvarena ca niddisitabbā.

의존하는 마음은 믿음 없음과 게으름으로 설명되어야 한다.

의존하지 않는 마음은 믿음과 부지런함으로 설명되어야 한다.

의존하는 마음은 바른 법을 듣지 않음과 제어 없음으로 설명되어야 한다.

의존하지 않는 마음은 바른 법을 들음과 제어로 설명되어야 한다.

Nissitacittā abhijjhāya ca byāpādena ca niddisitabbā.

Anisssitacittā anabhijjhāya ca abyāpādena ca niddisitabbā.

Nissitacittā nīvaraṇehi ca saṃyojaniyehi ca niddisitabbā.

Anissitacittā rāgavirāgaya ca cetovimuttiyā avijjāvirāgāya ca paññāvimuttiyā niddisitabbā.

의존하는 마음은 욕심과 악의로 설명되어야 한다.

의존하지 않는 마음은 욕심 없음과 악의 없음으로 설명되어야 한다.

의존하는 마음은 덮개와 결박으로 설명되어야 한다.

의존하지 않는 마음은 탐냄에 대한 탐냄의 여읨을 통한 '마음의 해탈(心解脫)'과 무명에 대한 탐냄의 여읨을 통한 '반야에 의한 해탈(慧解脫)'로 설명되어야 한다.

Nissitacittā ucchedadiṭṭhiyā ca sassatadiṭṭhiyā ca niddisitabbā.

Anissitacittā sa-upādisesāya ca anupādisesāya ca nibbānadhātuyā niddisitabbā.

Ayaṃ niddesasandhi.

의존하는 마음은 단절의 견해(斷見)와 영원함의 견해(常見)로 설명되어야 한다.

의존하지 않는 마음은 생명의 연료가 남아 있는 열반계(有餘涅槃界)와 생명의 연료가 남아 있지 않은 열반계(無餘涅槃界)로 설명되어야 한다.

이것이 설명의 연결이다.

Tenāha āyasmā Mahākaccāno:

Neruttaṃ adhippāyo ti.

그래서 마하깟짜나 존자는 말씀하셨다.

"[언설에 따라] 어원, 말하는 취지, [교설의 근거, 앞뒤연결을 살펴보는 것, 이것이 네 가지 정리를 통한 전달이다.]"

Niyutto catubyūho-hāro.

네 가지 정리를 통한 전달이 끝남.

7. 전환을 통한 전달(Āvatta-hāra)

1) Tattha katamo āvatto-hāro?

Ekamhi padaṭṭhāne ti ayaṃ.

1) [제1부에서 열거한 열여섯 가지 전달] 중에서 전환을 통한 전달이란 무엇인가?

[제2부에서 언급한] '한 가지 근접요인이 있을 때…'라는 [게송,][137] 이것이 [전환을 통한 전달에 해당한다.]

Ārabbhatha nikkhamatha yuñjatha buddhasāsane
dhunātha Maccuno senaṃ naḷāgāraṃ va kuñjaro ti

> 시작하라. 나아가라. 붓다의 가르침으로 들어가라.
> 죽음의 군대를 파괴하라. 갈대로 만든 집을 코끼리가 [파괴하듯.][138]

Ārabbhatha nikkhamathā ti viriyassa padaṭṭhānaṃ. Yuñjatha buddhasāsane ti samādhissa padaṭṭhānaṃ. Dhunātha Maccuno senaṃ naḷāgāraṃ va kuñjaro ti paññāya padaṭṭhānaṃ.

'시작하라. 나아가라.'는 것은 노력의 근접요인이다. '붓다의

137) 이 책 19쪽에 나오는 이 게송의 전문은 다음과 같다. "한 가지 근접요인이 있을 때 남은 근접요인을 찾는다. 그리고 반대되는 측면에 따라 전환한다. 이것을 전환을 통한 전달이라고 부른다.(Ekamhi padaṭṭhāne, pariyesati sesakaṃ padaṭṭhānaṃ āvattati paṭipakkhe, āvatto nāma so hāro ti)"

138) Saṃyutta Nikāya 1권 157쪽; Theragātha, 게송 256.

가르침으로 들어가라.'는 것은 삼매의 근접요인이다. '죽음의 군대를 파괴하라. 갈대로 만든 집을 코끼리가 [파괴하듯.]' 이라는 것은 반야의 근접요인이다.

Ārabhatha nikkhamathā ti viriyindriyassa padaṭṭhānaṃ. Yuñjatha buddhasāsane ti samādhindriyassa padaṭṭhānaṃ. Dhunātha Maccuno senaṃ naḷāgāraṃ va kuñjaro ti paññindriyassa padaṭṭhānaṃ. [p.41]

'시작하라. 나아가라.'는 것은 노력의 기능의 근접요인이다. '붓다의 가르침으로 들어가라.'는 것은 삼매의 기능의 근접요인이다. '죽음의 군대를 파괴하라. 코끼리가 갈대로 만든 집을 [파괴하듯.]'이라는 것은 반야의 기능의 근접요인이다. [41쪽]

Imāni padaṭṭhānāni desanā.

이것이 드러난 근접요인들이다.

2) Ayuñjantānaṃ vā sattānaṃ yoge yuñjantānaṃ vā ārambho. Tattha ye na yuñjanti, te pamādamūlakā na yuñjanti.

2) 중생들이 수행에 들어가지 않거나 혹은 들어갈 때는 동기가 있다.
그 중에서 들어가지 않는 자들은 게으름의 뿌리를 가졌기 때문에 들어가지 않는다.

So pamādo duvidho: taṇhāmūlako avijjāmūlako ca.

그 게으른 자는 두 부류가 있다. 즉 갈애를 뿌리로 지닌 자와 무명을 뿌리로 지닌 자 이다.

Tattha avijjāmūlako: yena aññāṇena nivuto ñeyyaṭṭhānaṃ na pajānāti pañcakkhandhā uppādavayadhammā ti ayaṃ avijjāmūlako.

그 중에서 무명을 뿌리로 지닌 자는 앎이 없어서 덮인 자이며 알아야 할 것의 뜻을 모른다. 즉 다섯 다발(五蘊)은 생기고 없어지는 법[이라는 것을 모른다.] 이것이 무명을 뿌리로 지닌 자이다.

Yo taṇhāmūlako so tividho: anuppannānaṃ bhogānaṃ uppādāya pariyesanto pamādaṃ āpajjati, uppannānaṃ bhogānaṃ ārakkhanimittaṃ paribhoganimittañ ca pamādaṃ āpajjati.

갈애를 뿌리로 지닌 자는 세 부류가 있다. 즉 아직 생기지 않은 소유물이 생기기를 추구하는 게으름에 빠진 자, 생긴 소유물들을 지키려는 모습의 [게으름에 빠진 자.] [소유물의 사용을] 즐기려는 모습의 게으름에 빠진 자이다.

Ayaṃ loke catubbidho pamādo: ekavidho avijjāya, tividho taṇhāya.

이렇게 세간에는 네 부류의 게으른 자가 있다. 즉 무명에 관련된 한 부류와 갈애에 관련된 세 부류이다.

Tattha avijjāya nāmakāyo padaṭṭhānaṃ, taṇhāya rūpakāyo padaṭṭhānaṃ.

거기에서 무명의 근접요인은 정신현상의 더미(名身)이다. 갈애의 근접요인은 물질현상의 더미(色身)이다.

Taṃ kissa hetu? Rūpīsu bhavesu ajjhosānaṃ, arūpīsu sammoho.

그것은 왜 그런가? 물질현상을 지닌 존재139)들에 대해서는 매달림이 있고, 물질현상을 지니지 않은 것에 대해서는 미혹이 있기 때문이다.

Tattha rūpakāyo rūpakkhandho, nāmakāyo cattāro arūpino khandhā.

여기에서 물질현상의 더미는 물질현상의 다발(色蘊)이고, 정신현상의 더미는 네 가지 물질현상을 지니지 않은 것의 다발들(蘊)이다.

Ime pañcakkhandhā katamena upādānena sa-upādānā? Taṇhāya ca avijjāya ca.

139) 주석서(104쪽)은 물질현상의 존재(rūpīsu bhavesu)를 물질현상의 법(rūpadhammesu)으로 풀이한다.

이 다섯 다발(五蘊)은 어떤 집착(取) 때문에 집착을 지닌 [다섯 다발(五取蘊)이] 되는가? 갈애와 무명 때문이다.

Tattha taṇhā dve upādānāni: kāmupādānañca sīlabbatupādānañ ca, avijjā dve upādānāni: diṭṭhupādānañ ca attavādupādānañ ca.

이 [둘] 중에서 갈애는 두 가지 집착에 관련된다. 즉 감각적 욕망에 대한 집착(慾取)과 규범과 금기에 대한 집착(戒禁取)에 관련된다. 무명은 두 가지 집착에 관련된다. 즉 견해에 대한 집착(見取)과 자아에 대한 주장의 집착(我語取)이다.[140]

Imehi catūhi upādānehi ye sa-upādānā khandhā idaṃ dukkhaṃ, cattāri upādānāni ayaṃ samudayo.

이 네 가지 집착으로 집착된 다발(取蘊)들이 괴로움이다.[141] 네 가지 집착은 [괴로움의] 일어남(集)이다.

Pañcakkhandhā dukkhaṃ. Tesaṃ Bhagavā pariññāya ca pahānāya ca dhammaṃ deseti, dukkhassa pariññāya samudayassa

140) 12연기의 설명에서 집착은 네 가지 집착(四取), 즉 감각적 욕망에 대한 집착(愛取, kāma upādāna), 견해에 대한 집착(見取, diṭṭhi upādāna), 규범과 금기에 대한 집착(戒禁取, sīlabbata upādāna), 자아에 대한 주장의 집착(我語取, attavāda upādāna)이다. Saṃyutta Nikāya, 2권, 3쪽; Majjhima Nikāya, 1권, 46쪽 Sammādiṭṭhi Sutta 참조.

141) 경전은 집착된 다섯 다발(pañcupādānakkhandha, 五取蘊)이 괴로움(Majjhima Nikāya, 1권, 185쪽)이며, 집착된 다섯 다발에 대한 의욕과 탐냄(chandarāga)이 집착(Majjhima Nikāya, 1권, 300쪽)이라고 설명한다.

pahānāya.

[그래서] 다섯 다발(五蘊)은 괴로움이다. 그 [다섯 다발에] 대한 두루한 앎과 없앰을 위하여 세존께서 법을 드러내셨다. 즉 괴로움에 대한 두루한 앎을 위해 그리고 [괴로움의] 일어남을 없애기 위해 [법을 드러내셨다.]

Tattha yo tividho taṇhāmūlako pamādo anuppannānaṃ bhogānaṃ uppādāya pariyesati, uppannānaṃ bhogānaṃ ārakkhanañ ca karoti paribhoganimittañ ca.

Tassa saṃpaṭivedhena rakkhaṇā paṭisaṃharaṇā, ayaṃ samatho.

[네 부류의 게으른 자 중에서] 갈애를 뿌리로 지닌 세 부류의 게으른 자는 아직 생기지 않은 소유물이 생기기를 추구하고, 생긴 소유물을 지키려 하고, [소유물의 사용을] 즐기는 모습을 만든다. 그것을 제대로 '꿰뚫음'으로써 수호하고 제거하는 것, 이것이 사마타이다.

So kathaṃ bhavati?

Yadā jānāti kāmānaṃ assādañ ca assādato ādīnavañ ca [p.42] ādīnavato nissaraṇañ ca nissaraṇato okārañ ca saṃkilesañ ca vodānañ ca nekkhamme ca ānisaṃsaṃ.

어떻게 그렇게 되는가?

감각적 욕망들이 지닌 맛을 맛이라고, 걱정거리를 [42쪽] 걱정거리라고, 떠남을 떠남이라고,[142] 이익 없음을, 오염을, 정화를, 세속으로부터 떠남이 갖는 공덕을 알 때 [그렇게 된다.]

Tattha yā vīmaṃsā upaparikkhā, ayaṃ vipassanā.
Ime dve dhammā bhāvanāpāripūriṃ gacchanti: samatho ca vipassanā ca.

그 [사마타에서] 고찰[143]과 점검이 있는 것, 이것이 위빠사나이다.
사마타와 위빠사나, 이 두 법은 닦음의 완성으로 간다.

Imesu dvīsu dhammesu bhāviyamānesu dve dhammā phahiyyanti: taṇhā ca avijjā ca. Imesu dvīsu dhammesu pahīnesu cattāri upādānāni nirujjhanti: upādānanirodhā bhavanirodho, bhavanirodhā jātinirodho, jātinirodhā jarāmaraṇasokaparidevadukkhadomanassūpāyāsā nirujjhanti. Evam etassa kevalassa dukkhakkhandhassa nirodho hoti.

이 두 법을 닦을 때 갈애와 무명의 두 법이 없어진다. 이 두 법이 없어질 때 네 가지 집착이 소멸한다. 집착의 소멸로부터 존재(有)의 소멸이 있다. 존재의 소멸로부터 태어남의 소멸이 있다. 태어남의 소멸로부터 노쇠·죽음·근심·슬픔·괴로움·불쾌함

142) 이 책 '1. 교설을 통한 전달' 참조.
143) 주석서(105쪽)에 따르면, 고찰이란 반야를 의미한다.

· 절망이 소멸한다. 이와 같이 이 순전한 괴로움의 다발(苦蘊)이 소멸한다.

Iti purimakāni ca dve saccāni dukkhaṃ samudayo ca, samatho ca vipassanā ca maggo, bhavanirodho nibbānaṃ. Imāni cattāri saccāni. Tenāha Bhagavā: Ārabbhatha nikkhamathā ti.

앞에서 말한 두 가지 진리는 괴로움과 [괴로움의] 일어남이다. 그리고 사마타와 위빠사나는 길이다. 존재(有)의 소멸이 열반이다. 이것은 네 가지 진리이다. 그런 이유로 세존께서 [위의 게송을] 말씀하셨다. "시작하라, 나아가라…."

Yathā pi mūle anupaddave daḷhe
chino pi rukkho puna-d-eva rūhati
evaṃ pi taṇhānusaye anūhate
nibbattati dukkham idaṃ punappunaṃ.

> 뿌리가 튼튼하고 단단할 때
> [둥치를] 잘린 나무가 다시 자라나듯,
> 갈애의 잠재성향을 뽑아내지 않을 때
> 이 괴로움은 또 다시 발생한다.[144)]

Ayaṃ taṇhānusayo. Katamassā taṇhāya? Bhavataṇhāya. Yo etassa dhammassa paccayo ayaṃ avijjā, avijjāpaccayā hi bha-

144) Dhammapada, 게송 338.

vataṇhā. Ime dve kilesā: taṇhā ca avijjā ca.

이것은 갈애의 잠재성향이다. 무엇 때문에 갈애[의 잠재성향이] 있는가? 존재에 대한 갈애 때문이다. 이 법의 조건이 되는 것, 그것은 무명이다. 무명을 조건으로 존재에 대한 갈애가 있다. 갈애와 무명, 이 둘은 오염이다.

Tāni cattāri upādānāni tehi catūhi upādānehi ye saupādānā khandhā idaṃ dukkhaṃ, cattāri upādānāni ayaṃ samudayo.

Pañcakkhandhā dukkhaṃ. Tesaṃ Bhagavā pariññāya ca pahānāya ca dhammaṃ deseti dukkhassa pariññāya samudayassa pahānāya. [p.43]

[위에서 보았듯] 그러한 네 가지 집착이 있다. 그 네 가지 집착으로 집착된 다발(蘊)들이 괴로움이다. 네 가지 집착은 [괴로움의] 일어남(集)이다.

[그래서] 다섯 다발(五蘊)은 괴로움이다. 그 [다섯 다발에] 대한 두루한 앎과 없앰을 위하여 세존께서 법을 드러내셨다. 즉 괴로움에 대한 두루한 앎을 위해, 괴로움의 일어남을 없애기 위해 [법을 드러내셨다.] [43쪽]

Yena taṇhānusayaṃ samūhanati, ayaṃ samatho,

yena taṇhānusayassa paccayaṃ avijjaṃ vārayati, ayaṃ vipassanā.

Ime dve dhammā bhāvanāpāripūriṃ gacchanti, samatho ca vipassanā ca.

갈애의 잠재성향을 근절하는 수단, 이것은 사마타이다.

갈애의 잠재성향의 조건인 무명을 막는 수단, 이것은 위빠사나이다.

사마타와 위빠사나, 이 두 법은 닦음의 완성으로 간다.

Tattha samathassa phalaṃ: rāgavirāgā cetovimutti, vipassanāya phalam: avijjāvirāgā paññāvimutti.

그 중에서 사마타의 결실은 탐냄에 대한 탐냄의 여읨을 통한 '마음의 해탈(心解脫, cetovimutti)'이며, 위빠사나의 결실은 무명에 대한 탐냄의 여읨을 통한 '반야에 의한 해탈(慧解脫, paññāvimutti)'이다.

Iti purimakāni ca dve saccāni dukkhaṃ samudayo ca, samatho ca vipassanā ca maggo, dve ca vimuttiyo nirodho. Imāni cattāri saccāni. Tenāha Bhagavā: Yathā pi mūle ti.

앞에서 말한 두 가지 진리는 괴로움과 [괴로움의] 일어남이다. 사마타와 위빠사나는 길(道)이다. 두 가지 해탈은 소멸(滅)이다. 이것은 네 가지 진리이다. 그런 이유로 세존께서 [위의 게송을] 말씀하셨다. "뿌리가…."

Sabbapāpassa akaraṇaṃ kusalass' ūpasampadā
sacittapariyodapanaṃ etaṃ buddhāna sāsanan ti.

> 모든 악함을 행하지 않는 것, 옳음을 구족하는 것,
> 자신의 마음을 깨끗이 하는 것, 이것이 붓다의 가르침이다.[145)]

Sabbapāpaṃ nāma tīṇi duccaritāni: kāyaduccaritaṃ, vacīduccaritaṃ, manoduccaritaṃ.

모든 악함이란 세 가지 나쁜 행동을 일컫는다. 즉 몸으로 하는 나쁜 행동, 언어로 하는 나쁜 행동, 정신(意)으로 하는 나쁜 행동이다.

Te dasa akusalakammapathā: Pāṇātipāto, adinnādānaṃ, kāmesu micchācāro, musāvādo, pisunā vācā, pharusā vācā, samphappalāpo, abhijjhā, byāpādo, micchādiṭṭhi.

이 열 가지는 옳지 않은 업을 짓는 통로다. 즉 생명을 죽임(殺生), 주지 않는 것을 가짐(不與取), 감각적 욕망들에 대한 그릇된 행동(邪淫), 거짓말(妄語), 이간하는 말(兩舌), 거친 말(惡語), 쓸데없는 말(綺語), 욕심, 악의, 그릇된 견해(邪見)이다.[146)]

Tāni dve kammāni: cetanā cetasikañ ca.

145) Dhammapada, 게송 183.
146) Majjhima Nikāya, 1권, 46쪽, Sammādiṭṭhi Sutta에서 이 열 가지는 옳지 않음(akusala)으로 열거되고 있다.

그리고 의도와 마음에 속한 것(心所), 이 두 가지는 업(業)이다.

Tattha yo ca pāṇātipāto yā ca pisunā vācā yā ca pharusā vācā, idaṃ dosasamuṭṭhānaṃ, yañ ca adinnādānaṃ yo ca kāmesu micchācāro yo ca musāvādo, idaṃ lobhasamuṭṭhānaṃ, yo samphappalāpo, idaṃ mohasamuṭṭhānaṃ. Imāni satta kāraṇāṇi cetanākammaṃ.

그 [옳지 않은 업을 짓는 열 가지 통로] 중에서 생명을 죽임, 이간하는 말, 거친 말은 성냄의 표출이다. 주지 않는 것을 가짐, 감각적 욕망들에 대한 그릇된 행동, 거짓말은 탐욕의 표출이다. 쓸데없는 말은 어리석음의 표출이다. 이 일곱 가지 행위는 '의도로서의 업(思業)'이다.

Yā abhijjahā, ayaṃ lobho akusalamūlaṃ. Yo byāpādo, ayaṃ doso akusalamūlaṃ Yā micchādiṭṭhi, ayaṃ micchāmaggo. Imāni tīṇi kāraṇāṇi cetasikakammaṃ. Tenāha: cetanākammaṃ cetasikakamman ti.

욕심이라는 것은 옳지 않음의 뿌리인 탐욕이다. 악의라는 것은 옳지 않음의 뿌리인 성냄이다. 그릇된 견해(邪見)라는 것은 그릇된 길(邪道)에 속한다.[147] 이러한 세 가지 행위는 '마음에 속한

147) Sammādiṭṭhi Sutta에서 욕심(abhijjhā), 악의(byāpādo), 그릇된 견해(micchādiṭṭhi)는 옳지 않음(akusala) 으로, 탐욕(lobho), 성냄(doso), 어리석음(moho)은 옳지 않음의 뿌리(akusalamūla)로 열거되고 있다. Majjhima Nikāya, 1권, 46쪽.

것으로서의 업(心所業)'이다.

그런 까닭에 [일곱 가지] '의도로서의 업'과 [세 가지] '마음에 속한 것으로서의 업'이라고 말씀하셨다.

Akusalamūlaṃ payogaṃ gacchantaṃ catubbidhaṃ agatiṃ gacchati: chandā, dosā, bhayā, mohā. [p.44]

옳지 않음의 뿌리가 활동하게 될 때 의욕·성냄·두려움·어리석음에서 비롯된 네 종류의 잘못된 길로 간다. [44쪽]

Tattha yaṃ chandā agatiṃ gacchati, idaṃ lobhasamuṭṭhānaṃ, yaṃ dosā agatiṃ gacchati, idaṃ dosasamuṭṭhānaṃ, yaṃ bhayā ca mohā ca agatiṃ gacchati, idaṃ mohasamuṭṭhānaṃ.

여기에서 의욕에서 비롯된 잘못된 길로 간다는 것은 탐욕의 표출이다. 성냄에서 비롯된 잘못된 길로 간다는 것은 성냄의 표출이다. 두려움과 어리석음에서 비롯된 잘못된 길로 간다는 것은 어리석음의 표출이다.

Tattha lobho asubhāya pahiyyati, doso mettāya, moho paññāya. Tathā lobho upekkhāya pahiyyati, doso mettāya ca karuṇāya ca, moho muditāya pahānaṃ abbhatthaṃ gacchati.
Tenāha Bhagavā: Sabbapāpassa akaraṇan ti.

그 중에서 탐욕은 추함(不淨)에 의해, 성냄은 자애(慈)에 의해,

어리석음은 반야에 의해 없어진다. 마찬가지로 탐욕은 평정(捨)에 의해, 성냄은 자애와 연민(悲)에 의해 없어진다. 어리석음은 '함께 기뻐함(喜)'에 의해 없어지고 사라진다. 그런 까닭에 세존께서 [위의 게송을] 말씀하셨다. "모든 악함을 행하지 않는 것…"

Sabbapāpaṃ nāma aṭṭha micchattāni: micchādiṭṭhi, micchāsaṃkappo, micchāvācā, micchākammanto, micchā-ājīvo, micchāvāyāmo, micchāsati, micchāsamādhi. Idaṃ vuccati sabbapāpaṃ. Imesaṃ aṭṭhanaṃ micchattānaṃ yā akiriyā akaraṇaṃ anajjhācāro, idaṃ vuccati sabbapāpassa akaraṇaṃ.

'모든 악함'이란 그릇된 견해(邪見), 그릇된 의향(邪思惟), 그릇된 언어(邪語), 그릇된 행위(邪業), 그릇된 삶(邪命), 그릇된 정진(邪精進), 그릇된 사띠(邪念), 그릇된 삼매(邪三昧)의 여덟 가지 그릇된 상태를 말한다. 이것을 '모든 악함'이라고 일컫는다. 이 여덟 가지 그릇된 상태를 실행하지 않는 것, 하지 않는 것, 범하지 않는 것, 이것을 '모든 악함을 행하지 않는 것'이라고 일컫는다.

Aṭṭhasu micchattesu pahīnesu aṭṭha sammattāni samāpajjanti. Aṭṭhannaṃ sammattānaṃ yā kiriyā karaṇaṃ sampādanaṃ, ayaṃ vuccati kusalassa upasampadā.

여덟 가지 그릇된 상태가 없어질 때 여덟 가지 바른 상태를 얻는다. 여덟 가지 바른 상태를 실행하는 것, 하는 것, 도달하는 것, 이것을 '옳음을 구족하는 것'이라고 일컫는다.

Sacittapariyodapanan ti atītassa maggassa bhāvanākiriyaṃ, tassa satī. Citte pariyodapite pañcakkhandhā pariyodapitā bhavanti.

Evaṃ hi Bhagavā āha:

Cetovisuddhatthaṃ bhikkhave Tathāgate brahmacariyaṃ vussatī ti

'자신의 마음을 깨끗이 하는 것'이란 옛 길에 대한 닦음의 실천이며 그에 대한 사띠를 지니는 것이다.148) 마음이 깨끗해질 때 다섯 다발(五蘊)이 깨끗해진다.

[따라서] 이와 같이 세존께서 말씀하셨다.

비구들이여, 마음의 청정을 위해 여래 안에서 고귀한 삶을 산다.

Duvidhā pariyodapanā: nīvaraṇapahānañ ca anusayasamugghāto ca, dve ca pariyodapanabhūmiyo: dassanabhūmi ca bhāvanābhūmi ca.

두 종류의 '깨끗이 함'이 있다. 즉 덮개의 제거와 잠재성향의

148) '그에 대한 사띠를 지니는 것이다.'의 PTS본의 기록은 'tassa satī'이다. 그러나 싱할러본은 'dassati'라고 표기하고 있다. 주석서(38쪽) 또한 이를 'dassayati'라고 설명하고 있다.

근절이다. 또한 '깨끗이 함'은 두 경지가 있다. 즉 봄의 경지와 닦음의 경지이다.

Tattha yaṃ paṭivedhena pariyodapeti, idaṃ dukkhaṃ, yato pariyodapeti, ayaṃ samudayo, yena pariyodapeti, ayaṃ maggo, yaṃ pariyodapitaṃ, ayaṃ nirodho. Imāni cattāri saccāni.

Tenāha Bhagavā: Sabbapāpassa akaraṇan ti.

거기에서 '꿰뚫음'을 통해 깨끗하게 하는 [대상,] 그것은 괴로움이다. 깨끗하게 하는 [까닭,] 그것은 [괴로움의] 일어남 [때문이다.] 깨끗하게 하는 [수단,] 그것은 [괴로움의 소멸로 가는] 길이다. 깨끗해진 것, 그것은 [괴로움의] 소멸이다. 이것은 네 가지 진리이다.

따라서 세존께서 [위의 게송을] 말씀하셨다. "모든 악함을 행하지 않는 것…"

Dhammo have rakkhati dhammacāriṃ
chattaṃ mahantaṃ yatha vassakāle [p.45]
esānisaṃso dhamme suciṇṇe
na duggatiṃ gacchati dhammacārī ti.

> 법은 법을 따르는 자를 지킨다,
> 마치 비가 올 때의 큰 우산과 같이. [45쪽]
> 법을 잘 실천할 때, 이것이 공덕이다.
> 법을 따르는 이는 나쁜 곳으로 가지 않는다.[149)]

Dhammo nāma duvidho: indriyasaṃvaro maggo ca. Duggati nāma duvidhā: deva-manusse vā upanidhāya apāyā duggati, nibbānaṃ vā upanidhāya sabbā upapattiyo duggati.

[여기에서] 법이란 두 가지를 가리킨다. 즉 감각기능에 대한 제어와 길(道, magga)이다. 나쁜 곳은 두 가지가 있다. 천신이나 사람에 비교하여 괴로운 곳은 나쁜 곳이다. 혹은 열반에 비교하여 다시 태어나는 모든 것은 나쁜 것이다.

Tattha yā saṃvarasīle akhaṇḍakāritā, ayaṃ dhammo suciṇṇo apāyehi rakkhati.

Evaṃ Bhagavā āha:

Dvedhā bhikkhave sīlavato gatiyo: devā ca manussā ca

그 [두 법] 중에서 [감각기능을] 제어하는 계(戒)를 어기지 않는 것은 법을 잘 실천한 것으로서 괴로운 곳으로부터 지켜준다.

[따라서] 세존께서 이와 같이 말씀하셨다.

> 비구들이여, 계를 지닌 이들이 가는 곳은 두 곳이다. 즉 천신과 인간이다.

Evañ ca Nāḷandāyaṃ nigame Asibandhakaputto gāmaṇi Bhagavantaṃ etad avoca:

또한 이와 같이 나란다라는 작은 마을에서 아시반다까의 아들

149) Theragathā, 게송 303. 이 책 36, 143쪽 참조.

가마니가 세존께 이렇게 여쭈었다.

Brāhmaṇā bhante pacchābhūmakā kāmaṇḍalukā sevālamālikā udakorohakā aggiparicārakā. Te mataṃ kālaṃkataṃ uyyāpenti nāma saññāpenti nāma saggaṃ nāma okkamenti.
Bhagavā pana bhante pahoti tathā kātuṃ, yathā sabbo loko kāyassa bhedā parammaraṇā sugatiṃ sagaṃ lokaṃ upapajjeyyā ti.

> 존자시여, 서쪽 땅에서 온, 물 단지를 가진, 이끼로 만든 화환을 두른, 물에 잠기는 [고행을 하는,] 불을 숭배하는 바라문들이 있습니다. 그들은 사람이 죽을 때 죽은 자를 위로 인도하고, 바르게 인도하고,[150] 천상에 들어가도록 한다고 합니다. 그런데, 존자시여, 모든 세간이 몸이 무너져 죽은 후에 좋은 곳이나 천상의 세간에 태어나기를 [원할 때 그들이] 원하는 대로 세존께서는 해 줄 수 있습니까?

Tena hi gāmaṇi taṃ yev'ettha paṭipucchissāmi, yathā te khameyya tathā naṃ byākareyyāsi.
Taṃ kiṃ maññasi gāmaṇi? Idh'assa puriso pāṇātipātī adinnādāyī kāmesu micchācārī musāvādī pisunavāco pharusavāco samphappalāpī abhijjhālu byāpannacitto micchādiṭṭhiko. Taṃ enaṃ mahājanakāyo saṃgamma samāgamma āyāceyya thomeyya pañjaliko anuparisakkeyya: ayaṃ puriso kāyassa bhedā parammaraṇā sugatiṃ sagaṃ lokaṃ upapajjatū ti.

---

150) 주석서(108쪽)에 따르면, '바르게 인도하고'에 해당하는 'saññāpenti'는 sammā(바른)와 yāpenti(yāti의 사역형)로 분석된다. 한편 Saññāpenti는 sañjānāti의 사역형으로 분석할 수 있지만 의미로서는 이 문장의 맥락에 어울리지 않는다. Bhikkhu Ñāṇamoli, The Guide, 70쪽, 각주 251/3 참조.

Taṃ kiṃ maññasi gāmaṇi? Api nu so puriso mahato janakāyassa āyācanahetu vā thomanahetu vā pañjalikaṃ anuparisakkanahetu vā kāyassa bhedā paranmaraṇā sugatiṃ saggaṃ lokaṃ upapajjeyyā ti? No h'etaṃ bhante.

그렇다면, 가마니여, 여기에서 그것에 대해 반문을 하겠소. 그대가 옳다고 여기는 대로 그것에 대해 대답해 보시오.
가마니여, 그대는 어떻게 생각하시오? 여기 생명을 죽인 자, 주지 않는 것을 가진 자, 감각적 욕망들에 대한 그릇된 행동을 한 자, 거짓말을 한 자, 이간하는 말을 한 자, 거친 말을 한 자, 쓸데없는 말을 한 자, 탐욕을 지닌 자, 악의의 마음을 지닌 자, 그릇된 견해를 지닌 자가 있다고 합시다. 많은 사람들이 무리지어 만나서 모여 그를 향해 '이 사람은 몸이 무너져 죽은 후에 좋은 곳, 천상의 세간에 태어나소서.'라고 기도하고 찬탄하며 합장하고서 둥글게 돈다고 합시다.
가마니여, 이에 대해 어떻게 생각하시오? 많은 사람들이 해준 기도 때문에 혹은 찬탄 때문에 혹은 합장하고 둥글게 돌았기 때문에 이 사람이 몸이 무너져 죽은 후에 좋은 곳, 천상의 세간에 태어날 수 있겠소?
그렇지 않습니다. 존자시여.

Seyyathā pi gāmaṇi puriso mahatiṃ puthusilaṃ gambhīre udakarahade pakkhipeyya. Taṃ enaṃ mahājanakāyo [p.46] *saṃgamma samāgamma āyāceyya thomeyya pañjaliko anuparisakkeyya: ummujja bho puthusile uppilava bho puthusile thalam, uppilava bho puthusile ti. Taṃ kim maññasi gāmaṇi? Api nu sā mahotī puthusilā mahato janakāyassa āyācanahetu vā thomanahetu vā pañjalikaṃ anuparisakkanahetu vā ummujjeyya vā uppilaveyya vā thalaṃ vā uppilaveyyā ti? No h'etaṃ bhante.*

마찬가지로 가마니여, 어떤 사람이 크고 넙적한 바위를 깊은 연못에 던졌다고 합시다. 많은 사람들이 무리지어 [46쪽] 만나서 모여 그것을 향해 '나와라, 그대 넙적한 바위여. 떠올라라, 그대 넙적한 바위여. 육지로 올라라, 그대 넙적한 바위여.'라고 기도하고 찬탄하며 합장하고서 둥글게 돈다고 합시다. 가마니여, 이에 대해 어떻게 생각하시오? 많은 사람들이 해준 기도 때문에 혹은 찬탄 때문에 혹은 합장하고 둥글게 돌았기 때문에 이 크고 넙적한 바위가 나올 수 있거나 떠오를 수 있거나 땅으로 오를 수 있겠소?

그렇지 않습니다, 존자시여.

Evaṃ eva kho gāmaṇi yo so puriso pāṇātipātī /pe/ ṃicchā-diṭṭhiko. Kiñcāpi naṃ mahājanakāyo saṃgamma samāgamma āyāceyya thomeyya pañjaliko anuparisakkeyya: ayaṃ puriso kāyassa bhedā parammaraṇā sugatiṃ sagaṃ lokaṃ upapajjatū ti. Atha kho so puriso kāyassa bhedā parammaraṇā apāyaṃ duggatiṃ vinipātaṃ nirayaṃ upapajjeyya.

이와 같이 가마니여, 생명을 죽인 자, … 그릇된 견해를 가진 자가 있습니다. 어떤 많은 사람들이 무리지어 만나서 모여 그를 향해 '이 사람은 몸이 무너져 죽은 후에 좋은 곳, 천상의 세간에 태어나소서.'라고 기도하고 찬탄하며 합장하고서 둥글게 돈다고 합시다. [비록 그렇게 하더라도] 그는 몸이 무너져 죽은 후에 괴로운 곳, 나쁜 곳, 험난한 곳(險難處), 지옥에 태어날 것입니다.

Taṃ kiṃ maññasi gāmaṇi? Idh'assa puriso pāṇātipātā paṭivirato /pe/ sammādiṭṭhiko. Taṃ enaṃ mahājanakāyo saṃgamma samāgamma āyāceyya thomeyya pañjaliko anuparisakkeyya: ayaṃ puriso kāyassa bhedā parammaraṇā apāyaṃ duggatiṃ vinipātaṃ nirayaṃ upapajjatū ti. Taṃ kiṃ maññasi gāmaṇi? Api nu so puriso mahato janakāyassa āyācanahetu vā thomanahetu vā pañjalikaṃ anuparisakkanahetu vā kāyassa bhedā parmmaraṇā apāyaṃ duggatiṃ vinipātaṃ nirayaṃ upapajjeyyā ti? No h'etaṃ bhante.

가마니여, 이에 대해 어떻게 생각하시오? 생명을 죽이지 않는 자, [주지 않는 것은 갖지 않는 자, 감각적 욕망들에 대해 잘못되게 행하지 않는 자, 거짓말을 하지 않는 자, 이간하는 말을 하지 않는 자, 거친 말을 하지 않는 자, 쓸데없는 말을 하지 않는 자, 탐욕을 지니지 않는 자, 악의의 마음을 지니지 않는 자,] 바른 견해를 지닌 자가 있습니다. 많은 사람들이 무리지어 만나서 모여 그를 향해 '이 사람은 몸이 무너져 죽은 후에 괴로운 곳, 나쁜 곳, 험난한 곳, 지옥에 태어나소서.'라고 기도하고 찬탄하며 합장하고서 둥글게 돈다고 합시다. 가마니여, 이에 대해 어떻게 생각하시오? 많은 사람들이 해준 기도 때문에 혹은 찬탄 때문에 혹은 합장하고 둥글게 돌았기 때문에 이 사람이 몸이 무너져 죽은 후에 괴로운 곳, 나쁜 곳, 험난한 곳, 지옥에 태어날 수 있겠소?
그렇지 않습니다, 존자시여.

Seyyathā pi gāmaṇi puriso sappikumbhaṃ vā telakumbhaṃ vā gambhīraṃ udakarahadaṃ ogāhitvā bhindeyya, tatrāyassa sakkharā vā kathalā vā, sā adho gāmi assa. Yañ ca khvassa tatra sappi vā telaṃ vā, taṃ uddhaṃ gāmi assa. Tam enaṃ mahājanakāyo saṃgamma samāgamma āyāceyya thomeyya pañjaliko anuparisakkeyya: osīda bho sappi tela saṃsīda bho sappi tela avaṃgaccha bho sappi telā ti. Taṃ kiṃ maññasi gāmaṇi? Api nu [p.47] *taṃ sappi telaṃ mahato janakāyassa āyācanahetu vā thomanahetu vā pañjalikaṃ anuparisakkanahetu vā osīdeyya vā saṃsīdeyya vā avaṃ vā gaccheyyā ti? No h'etaṃ bhante.*

마찬가지로 또한 가마니여, 한 사람이 버터 단지나 기름 단지를 깊은 연못 물에 던진 후 깨뜨린다면, 거기에 단지의 파편이나 조각은 아래로 가라앉을 것이고 버터나 기름은 위로 뜰 것입니다. 많은 사람들이 무리지어 만나서 모여 그것을 향해 '내려앉아라, 그대 버터여, 기름이여. 가라앉아라, 그대 버터여, 기름이여. 아래로 내려가라, 그대 버터여, 기름이여.'라고 기도하고 찬탄하며 합장하고서 둥글게 돈다고 합시다. 가마니여, 이에 대해 어떻게 생각하시오? [47쪽] 많은 사람들이 해준 기도 때문에 혹은 찬탄 때문에 혹은 합장하고 둥글게 돌았기 때문에 [그것이] 내려앉거나 가라앉거나 아래로 내려갈 수 있겠소?
그렇지 않습니다, 존자시여.

Evam eva kho gāmaṇi yo so puriso pāṇātipātā paṭivirato /pe/ sammādiṭṭhiko. Kiñcāpi naṃ mahājanakāyo saṃgamma samāgamma āyāceyya thomeyya pañjaliko anuparisakkeyya: ayaṃ puriso kāyassa bhedā parammaraṇā apāyaṃ duggatiṃ vinipātaṃ nirayaṃ upapajjatū ti. Atha kho so puriso kāyassa bhedā parammaraṇā sugatiṃ sagaṃ lokaṃ upapajjeyya.

이와 같이, 가마니여, 생명을 죽이지 않는 자, … 바른 견해를 지닌 자가 있습니다. 어떤 많은 사람들이 무리지어 만나서 모여 그를 향해 '이 사람은 몸이 무너져 죽은 후에 괴로운 곳, 나쁜 곳, 험난한 곳, 지옥에 태어나소서.'라고 기도하고 찬탄하며 합장하고서 둥글게 돈다고 합시다. [비록 그렇게 하더라도] 그는 몸이 무너져 죽은 후에 좋은 곳, 천상의 세간에 태어날 것입니다.[151)]

151) Saṃyutta Nikāya, 4권, 312쪽.

Iti dhammo suciṇṇo apāyehi rakkhati.

이와 같이 잘 실천된 법은 괴로운 곳으로부터 지켜준다.

Tattha yā maggassa tikkhatā adhimattatā, ayaṃ dhammo suciṇṇo sabbāhi upapattīhi rakkhati. Evaṃ Bhagavā āha:

[감각기능에 대한 제어와 길이라는 두 가지] 중에서 길에 관한 명석함과 뛰어남은 법을 잘 실천한 것으로서 모든 [종류의] 다시 태어남으로부터 지켜준다. 세존께서 이렇게 말씀하셨다.

Tasmā rakkhitacittassa sammāsaṃkappagocaro
sammādiṭṭhipurekkhāro ñatvāna udayabbayaṃ
thīnamiddhābhibhū bhikkhu sabbā duggatiyo jahe ti.

> 그러므로 마음을 수호하고서 바른 의향(正思惟)의 활동영역(gocara, 行境)을 지닌 자,
> 바른 견해를 앞에 둔 자, 생겨남과 사라짐을 알았으므로,
> 나태와 졸음을 이겨낸 비구는 모든 나쁜 곳을 뒤로 하고 [떠난다.][152)]

Tattha duggatīnaṃ hetu: taṇhā ca avijjā ca. Tāni cattāri upādānāni. tehi catūhi upādānehi ye saupādānā khandhā idaṃ dukkhaṃ, cattāri upādānāni samudayo. Pañcakkhandhā dukkhaṃ. Tesaṃ Bhagavā pariññāya ca pahānāya ca dhammaṃ deseti, dukkhassa pariññāya samudayassa pahānāya.

152) Udana, 38쪽.

여기에서 나쁜 곳으로 가는 원인은 갈애와 무명이다. 그것은 네 가지 집착이다. 그 네 가지 집착으로 집착된 다발(取蘊)들이 괴로움이다. 네 가지 집착은 [괴로움의] 일어남이다. [그래서] 다섯 다발(五蘊)은 괴로움이다. 그 [다섯 다발에] 대한 두루한 앎과 없앰을 위하여 세존께서 법을 드러내셨다. 즉 괴로움에 대한 두루한 앎을 위해, [괴로움의] 일어남을 없애기 위해 [법을 드러내셨다.]

Tattha taṇhāya pañcindriyāni rūpīni padaṭṭhānaṃ, avijjāya manindriyaṃ padaṭṭhānaṃ.

Pañcindriyāni rūpīni rakkhanto samādhiṃ bhāvayati taṇhañca niggaṇhāti. Manindriyaṃ rakkhanto vipassanaṃ bhāvayati avijjañ ca niggaṇhāti.

그 중에서 물질현상을 지닌 다섯 기능은 갈애의 근접요인이다. 정신이라는 기능(mano indriya, 意根)은 무명의 근접요인이다. 물질현상을 지닌 다섯 기능을 지킬 때 삼매를 닦으며 갈애를 억제한다. 정신이라는 기능을 지킬 때 위빠사나를 닦으며 무명을 억제한다.

Taṇhāniggahena dve upādānāni pahiyyanti: kāmupādānañ ca sīlabbatupādānañ ca. Avijjāniggahena dve upādānāni pahiyyanti: diṭṭhupādānañ ca attavādupādānañ ca. [p.48]

Catūsu upādānesu pahīnesu dve dhammā bhāvanāpāripūriṃ gacchanti: samatho ca vipassanā ca. Idaṃ vuccati brahmacariyan ti.

갈애의 억제를 통해 두 가지 집착이 [없어진다.] 즉 감각적 욕망에 대한 집착과 규범과 금기에 대한 집착이다. 무명의 억제를 통해 두 가지 집착이 없어진다. 즉 견해에 대한 집착과 자아에 대한 주장의 집착이 [없어진다.]. [48쪽]

이 네 가지 집착이 없어질 때 사마타와 위빠사나라는 두 법은 닦음의 완성으로 간다. 이것을 바로 고귀한 삶이라고 부른다.

Tattha brahmacariyassa phalaṃ cattāri sāmaññaphalāni: sotāpattiphalaṃ, sakadāgāmiphalaṃ, anāgāmiphalaṃ, arahattaṃ aggaphalaṃ. Imāni cattari brahmacariyassa phalānī ti.

여기에서 고귀한 삶의 결실은 수행자의 네 가지 결실(沙門果)을 가리킨다. 즉 흐름에 듦의 결실(預流果), 한 번 돌아옴의 결실(一來果), 돌아오지 않음의 결실(不來果), 아라한이라는 최상의 결실(阿羅漢果)이다. 이것이 고귀한 삶의 네 가지 결실이다.

Iti purimakāni ca dve saccāni dukkhaṃ samudayo ca, samatho ca vipassanā ca brahmacariyañ ca maggo, brahmacariyassa phalāni ca tadārammaṇā ca asaṃkhatā dhātu nirodho. Imāni cattāri saccāni. Tenāha: Dhammo have rakkhatī ti.

앞에서 말한 두 가지 진리는 괴로움과 [괴로움의] 일어남이다. 그리고 사마타와 위빠사나와 고귀한 삶은 길이다. 고귀한 삶의 결실과 그것을 대상으로 하는 지어지지 않은 계(asaṃkhatā dhātu, 無爲界)는 [괴로움의] 사라짐이다. 이것은 네 가지 진리이다. 그런 이유로 세존께서 [위의 게송을] 말씀하셨다. "법은 [법을 따르는 자를] 지킨다. …"

Tattha yaṃ paṭivedhena rakkhati, idaṃ dukkhaṃ, yato rakkhati, ayaṃ samudayo, yena rakkhati, ayaṃ maggo, yaṃ rakkhati, ayaṃ nirodho.

Imāni cattāri saccāni.

거기에서 '꿰뚫음'을 통해 지키는 [대상,] 그것은 괴로움이다. 지키는 [까닭,] 그것은 [괴로움의] 일어남 [때문이다.] 지키는 [수단,] 그것은 [괴로움의 소멸로 가는] 길이다. 지키는 것, 그것은 [괴로움의] 소멸이다. 이것은 네 가지 진리이다.

Tenāha āyasmā Mahākaccāno:

Ekamhi padaṭṭhāne ti.

그래서 마하깟짜나 존자는 말씀하셨다.

"한 가지 근접요인이 있을 때 [남은 근접요인을 찾는다. 그리고 반대되는 측면에 따라 전환한다. 이것을 전환을 통한 전달이라고 부른다.]"

Niyutto āvatto-hāro.

전환을 통한 전달이 끝남.

8. 구분을 통한 전달(Vibhatti-hāra)

1) Tattha katamo vibhatti-hāro?

Dhammañ ca padaṭṭhānaṃ bhumiñ cā ti.

1) [제1부에서 열거한 열여섯 가지 전달] 중에서 구분을 통한 전달이란 무엇인가?

[제2부에서 언급한] '근접요인이 되는 법과 경지를…'라는 [게송,[153] 이것이 구분을 통한 전달에 해당한다.]

Dve suttāni: vāsanābhāgiyañ ca nibbedhabhāgiyañ ca.
Dve paṭipadā: puññabhāgiyā ca phalabhāgiyā ca.
Dve sīlāni: saṃvarasīlañ ca pahānasīlañ ca.

두 가지 경이 있다. 즉 훈습에 관련된 것과 통찰에 관련된 것[154]이다.

두 가지 방법이 있다. 즉 복덕에 관련된 것과 결실에 관련된 것이다.

두 가지 계(戒)가 있다. 즉 제어를 위한 계와 제거를 위한 계이다.

153) 이 책 19쪽에 나오는 이 게송의 전문은 다음과 같다. "근접요인이 되는 법과 경지를 구분할 때 공통인 것과 공통이 아닌 것을 이끌어낸다. 이것이 구분을 통한 전달이다.(Dhammañ ca padaṭṭhānaṃ bhūmiñ ca vibhajjate ayaṃ hāro sādhāraṇe asādhāraṇe ca neyyo vibhattī)"

154) 이러한 경의 분류에 대해서는 이 책의 제3부 4. 가르침의 유형 참조.

Tattha Bhagavā vāsanābhāgiyaṃ suttaṃ puññabhāgiyāya paṭipadāya desayati.

So saṃvarasīle ṭhito tena brahmacariyena brahmacārī bhavati. [p.49]

그 중에서 세존께서는 복덕에 관련된 방법[을 설하실 때] 훈습에 관련된 경을 드러내신다.

제어를 위한 계를 확립한 사람은 그 고귀한 삶으로 고귀한 생활을 한다. [49쪽]

Tattha Bhagavā nibbedhabhāgiyaṃ suttaṃ phalabhāgiyāya paṭipadāya desayati.

So pahānasīle ṭhito tena brahmacariyena brahmacārī bhavati.

그 중에서 세존께서는 결실에 관련된 방법[을 설하실 때] 통찰에 관련된 경을 드러내신다.

제거를 위한 계를 확립한 사람은 그 고귀한 삶으로 고귀한 생활을 한다.

2) Tattha katamaṃ vāsanābhāgiyaṃ suttaṃ?

2) 그 중에서 훈습에 관련된 경이란 무엇인가?

Vāsanābhāgiyaṃ nāma suttaṃ: dānakathā, sīlakathā, saggakathā, kāmānaṃ ādīnavo, nekkhamme ānisaṃso ti.

'보시에 대한 이야기, 계에 대한 이야기, 천상에 대한 이야기, 감각적 욕망이 가진 걱정거리, 세속을 떠날 때의 공덕'에 관한 것은 훈습에 관련된 경에 해당한다.

3) Tattha katamaṃ nibbedhabhāgiyaṃ suttaṃ?

3) 그 중에서 통찰에 관련된 경이란 무엇인가?

Nibbedhabhāgiyaṃ nāma suttaṃ : yā catusaccapakāsanā. Vāsanābhāgiye sutte n'atthi pajānanā n'atthi maggo n'atthi phalaṃ. Nibbedhabhāgiye sutte atthi pajānanā atthi maggo atthi phalaṃ.

네 가지 진리를 보여주는 것이 통찰에 관련된 경에 해당한다. 훈습에 관련된 경에는 알아차림이 없고 길이 없고 결실이 없다. 통찰에 관련된 경에는 알아차림이 있고 길이 있고 결실이 있다.

Imāni cattāri suttāni. Imesaṃ catunnaṃ suttānaṃ desanāya phalena sīlena brahmacariyena sabbato vicayena hārena vicinitvā yuttihārena yojayitabbā, yāvatikā ñāṇassa bhūmi.

이러한 네 가지 경[155]이 있다.

이 네 가지 경의 가르침에서 결실, 계, 고귀한 삶을 모두 '분석을 통한 전달'로 고찰한 후 '타당성을 통한 전달'에 적용해 보아

155) 이 책 484쪽 참조. 주석서(222쪽)에 따르면, '훈습에 관련된, 통찰에 관련된, 오염에 관련된, 배울 것이 없는 이에 관련된 경이 네 가지 경이다.

야 한다. 앎이 닿는 데까지.[156)]

a) Tattha katame dhammā sādhāraṇā?

a) 여기에서 공통의 법이란 무엇인가?

Dve dhammā sādhāraṇā: nāmasādhāraṇā vatthusādhāraṇā ca, yaṃ vā pana kiñci aññaṃ pi evaṃ-jātiyaṃ.

공통의 법은 두 가지이다. 즉 다른 것이든 그러한 종류이든 이름이 공통인 것이 있고 바탕이 공통인 것이 있다.

Micchattaniyatānaṃ sattānaṃ aniyatānañ ca sattānaṃ dassana-pahātabbā kilesā sādhāraṇā.

Puthujjanassa sotāpannassa ca kāmarāgabyāpādā sādhāraṇā.

Puthujjanassa anāgāmissa ca uddhaṃbhāgiyā saṃyojanā sādh-āraṇā.

Yaṃ kiñci ariyasāvako lokiyaṃ samāpattiṃ samāpajjati, sabbā sā vītarāgehi sādhāraṇā.

그릇됨에 의해 확정된 중생과 확정되지 않은 중생은[157)] 봄에 의해 없어지는 오염을 공통[의 법으로] 지닌다.

156) 이 책 104쪽은 탐냄, 성냄, 어리석음을 차례로 없애는 것에 대해서도 이와 동일하게 할 것을 언급하고 있다.

157) 그릇됨에 의해 확정된(micchattaniyata) 중생과 올바름에 의해 확정된(sammatt-aniyata) 중생에 대해서는 이 책 371, 422쪽 참조.

범부(凡夫)와 흐름에 든 이는 감각적 욕망에 대한 탐냄과 악의를 공통[의 법으로] 지닌다.

범부와 '다시 돌아오지 않는 이'는 위쪽에 관련된 결박(上分結)을 공통[의 법으로] 지닌다.

거룩한 제자가 도달한 세간에 속하는 성취(等至)는 무엇이든 '탐냄 없음'을 공통[의 법으로] 지닌다.

Sādhāraṇā hi dhammā evaṃ aññamaññaṃ paraṃparaṃ sakaṃsakaṃ visayaṃ nātivattanti. Yo p'imehi dhammehi samannāgato, na so taṃ dhammaṃ upātivattati.

공통의 법들은 이처럼 '각각 다른 것으로서 자신들만의 것인' 고유영역(visaya, 對境)을 넘어가지 않는다. 이 법들을 갖춘 사람도 그 법을 넘어서지 않는다.

Ime dhammā sādhāraṇā.

이것이 공통의 법이다.

b) Tattha katame dhammā asādhāraṇā?

b) 여기에서 공통이 아닌 법이란 무엇인가?

Yāva desanaṃ upādāya gavesitabbā: sekhāsekhā bhabbābhabbā ti.

가르침에 대해 배울 것이 남은 이와 배울 것이 없는 이, 능력을 지닌 이와 능력을 지니지 못한 이[의 차이에] 대해 살펴보아야 한다.

Aṭṭhamakassa sotāpannassa ca kāmarāgabyāpādā [50쪽] sādhāraṇā, dhammatā asādhāraṇā. Aṭṭhamakassa anāgāmissa ca uddhaṃbhāgiyā saṃyojanā sādhāraṇā, dhammatā asādhāraṇā. Sabbesaṃ sekhānaṃ nāmaṃ sādhāraṇaṃ, dhammatā asādhāraṇā. Sabbesaṃ paṭipannakānaṃ nāmaṃ sādhāraṇaṃ, dhammatā asādhāraṇā. Sabbesaṃ sekhānaṃ sekhasīlaṃ sādhāraṇaṃ, dhammatā asādhāraṇā.

여덟 번째 이(豫流向)와 흐름에 든 이(入流)는 감각적 욕망에 대한 탐냄과 악의를 [50쪽] 공통[의 법으로] 지닌다. [그러나] 법성은 공통이 아니다. 여덟 번째 이와 돌아오지 않는 이(不來)는 위쪽에 관련된 결박을 공통[의 법으로] 지닌다. [그러나] 법성은 공통이 아니다. 배울 것이 남은 모든 이들에게 이름은 공통이다. [그러나] 법성은 공통이 아니다. 수행하는 모든 이들에게 이름은 공통이다. [그러나] 법성은 공통이 아니다. 배울 것이 남은 모든 이들에게 배울 것이 남은 이의 계는 공통이다. [그러나] 법성은 공통이 아니다

Evaṃ visesānupassinā hīnukkaṭṭhamajjhimaṃ upādāya gavesitabbaṃ.

이와 같이 다름을 따라가며 봄으로써 낮음, 뛰어남, 중간에 대해 살펴보아야 한다.

Dassanabhūmi niyāmāvakkantiyā padaṭṭhānaṃ.
Bhāvanābhūmi uttarikānaṃ phalānaṃ pattiyā padaṭṭhānaṃ.

봄의 경지는 확정된 길에 들어감의 근접요인이다.
닦음의 경지는 최상의 결실을 얻음의 근접요인이다.

Dukkhā paṭipadā dandhābhiññā samathassa padaṭṭhānaṃ.
Sukhāpaṭipadā khippābhiññā vipassanāya padaṭṭhānaṃ.

더디게 얻는 뛰어난 앎의 괴로운 방법은 사마타의 근접요인이다.[158)]
빠르게 얻는 뛰어난 앎의 즐거운 방법은 위빠사나의 근접요인이다.[159)]

Dānamayaṃ puññakiriyavatthu parato ghosassa sādhāraṇaṃ padaṭṭhānaṃ.
Sīlamayaṃ puññakiriyavatthu cintāmayiyā paññāya sādhāraṇaṃ padaṭṭhānaṃ.
Bhāvanāmayaṃ puññakiriyavatthu bhāvanāmayiyā paññāya

158) 이 책 40쪽 참조.
159) 이 책 41쪽 참조.

sādhāraṇaṃ padaṭṭhānaṃ.

보시로 이루어진 복덕행위는 다른 이의 말을 [듣기] 위한 공통의 근접요인이다.

계로 이루어진 복덕행위는 사유로 이루어진 반야를 위한 공통의 근접요인이다.

닦음으로 이루어진 복덕행위는 닦음으로 이루어진 반야를 위한 공통의 근접요인이다.

Dānamayaṃ puññakiriyavatthu parato ca ghosassa sutamayiyā ca paññāya sādhāraṇaṃ padaṭṭhānaṃ.

Sīlamayaṃ puññakiriyavatthu cintāmayiyā ca paññāya yoniso ca manasikārassa sadhāraṇaṃ padaṭṭhānaṃ.

Bhāvanāmayaṃ puññakiriyavatthu bhāvanāmayiyā ca paññāya sammādiṭṭhiyā ca sādhāraṇaṃ padaṭṭhāanaṃ.

보시로 이루어진 복덕행위는 '다른 이의 말'과 '들은 것으로 이루어진 반야'를 위한 공통의 근접요인이다.[160]

계로 이루어진 복덕행위는 사유로 이루어진 반야와 합당한 정신기울임을 위한 공통의 근접요인이다.

닦음으로 이루어진 복덕행위는 닦음으로 이루어진 반야와 바른 견해를 위한 공통의 근접요인이다.

160) 이 책 42쪽 참조.

Paṭirūpadesavāso vivekassa ca samādhissa ca sādhāraṇaṃ padaṭṭhānaṃ.

적당한 곳에 사는 것은 떠남과 삼매를 위한 공통의 근접요인이다.

Sappurisūpanissayo tiṇṇañ ca aveccapasādānaṃ samathassa ca sādhāraṇaṃ padaṭṭhānaṃ.

훌륭한 사람에게 의지하는 것은 세 가지[161]에 대한 완전한 믿음과 사마타를 위한 공통의 근접요인이다.

Attasammāpaṇidhānaṃ hiriyā ca vipassanāya ca sādhāraṇāṃ padaṭṭhānaṃ.

자신에 대한 바른 서원은 양심과 위빠사나를 위한 공통의 근접요인이다.

Akusalapariccāgo kusalavīmaṃsāya ca samādhindriyassa ca sādhāraṇaṃ padaṭṭhānaṃ.

옳지 않음의 포기는 옳음에 대한 고찰과 삼매의 기능을 위한 공통의 근접요인이다.

161) 붓다, 법, 상가의 셋을 가리킨다. Majjhima Nikāya, 1권, 37쪽.

Dhammasvākkhātatā kusalamūlaropanāya ca phalasamāpattiyā ca sādhāraṇaṃ padaṭṭhānaṃ.

잘 설해진 법은 옳음의 뿌리를 키우고 결실을 성취하기 위한 공통의 근접요인이다.

Saṃghasuppaṭipannatā saṃghasuṭṭhutāya sādhāraṇaṃ padaṭṭhānaṃ.

상가가 잘 수행하는 것은 상가의 탁월함을 위한 공통의 근접요인이다.

Satthu sampadā appasannānañ ca pasādāya pasannānañ ca bhiyyobhāvāya sādhāraṇaṃ padaṭṭhānaṃ.

성취한 스승은 신심이 없음에서 신심이 있도록 하기 위한, 신심을 증대시키기 위한 공통의 근접요인이다.

Appaṭihatapātimokkhatā dummaṅkūnañ [p.51] ca puggalānaṃ niggahāya pesalānañ ca puggalānaṃ phāsuvihārāya sādhāraṇaṃ padaṭṭhānaṃ.

계본에 저촉되지 않는 것은 당황한 [51쪽] 사람들을 진정시키고 즐거운 사람들을 평안하게 머물게 하는 공통의 근접요인이다.

Tenāha āyasmā Mahākaccāno:

Dhammañ ca padaṭṭhānan ti.

그래서 마하깟짜나 존자는 말씀하셨다.

"근접요인이 되는 법과 [경지를 구분할 때 공통인 것과 공통이 아닌 것을 이끌어낸다. 이것이 구분을 통한 전달이다.]"

Niyutto vibhatti-hāro.

구분을 통한 전달이 끝남.

9. 반전을 통한 전달(Parivattana-hāra)

Tattha katamo parivattano-hāro?
Kusalākusale dhamme ti.

[제1부에서 열거한 열여섯 가지 전달] 중에서 반전을 통한 전달이란 무엇인가?

[제2부에서 언급한] '옳은 법과 옳지 않은 법…'라는 [게송,[162)]이것이 반전을 통한 전달에 해당한다.]

Sammādiṭṭhissa purisapuggalassa micchādiṭṭhi nijjiṇṇā bhavati, ye c'assa micchādiṭṭhippaccayā uppajjeyyuṃ aneke pāpakā akusalā dhammā, te c'assa nijjiṇṇā honti, sammādiṭṭhippaccayā c'assa aneke kusalā dhammā sambhavati, te c'assa bhāvanāpāripūriṃ gacchanti.

바른 견해(正見)를 지닌 사람에게 그릇된 견해는 파괴된다. 그에게 그릇된 견해를 조건으로 생겨날 그 나쁘고 옳지 않은 법들은 파괴된다. 그리고 바른 견해를 조건으로 그에게 많은 옳은 법들이 생긴다. 그의 그 [옳은 법들은] 닦음의 완성으로 간다.

162) 이 책 19쪽에 나오는 이 게송의 전문은 다음과 같다. "옳은 법과 옳지 않은 법을 생겨나거나 없애야 하는 것으로 설명할 때 [서로] 반대되는 측면에 따라 변화한다. 이것을 반전을 통한 전달이라 부른다. (Kusalākusale dhamme niddiṭṭhe bhāvite pahīne ca parivattati paṭipakkhe hāro parivattano nāma)"

Sammāsaṃkappassa purisapuggalassa micchāsaṃkappo nijjiṇṇo bhavati, ye c'assa micchāsaṃkappapaccayā uppajjeyyuṃ aneke pāpakā akusalā dhammā, te c'assa nijjiṇṇā honti, sammāsaṃkappapaccayā c'assa aneke kusalā dhammā sambhavanti, te c'assa bhāvanāpāripūriṃ gacchanti /pe/

바른 의향을 지닌 사람에게 그릇된 의향은 파괴된다. 그에게 그릇된 의향을 조건으로 생겨날 그 나쁘고 옳지 않은 법들은 파괴된다. 그리고 바른 의향을 조건으로 그에게 많은 옳은 법들이 생긴다. 그의 그 [옳은 법들은] 닦음의 완성으로 간다.

Evaṃ sammāvācassa sammākammantassa sammā-ājīvassa /pe/

그와 같이 바른 언어(正語), 바른 행위(正業), 바른 삶(正命), [바른 정진(正精進), 바른 사띠(正念), 바른 삼매(正定), 바른 해탈(正解脫)을] 지닌 사람에게 …[중략]…

sammāvimuttiñāṇadassanassa purisapuggalassa micchāvimuttiñāṇadassanaṃ nijjiṇṇaṃ bhavati, ye c'assa micchāvimuttiñāṇadassanappaccayā uppajjeyyuṃ aneke pāpakā akusalā dhammā, te c'assa nijjiṇṇā honti, sammāvimuttiñāṇadassanappaccayā c'assa aneke kusalā dhammā sambhavanti, te c'assa bhāvanāpāripūriṃ gacchanti.

바른 해탈지견을 지닌 사람에게 그릇된 해탈지견은 파괴된다.

그에게 그릇된 해탈지견을 조건으로 생겨날 그 나쁘고 옳지 않은 법들은 파괴된다. 그리고 바른 해탈지견을 조건으로 그에게 많은 옳은 법들이 생긴다. 그의 그 [옳은 법들은] 닦음의 완성으로 간다.

Yassa vā pāṇātipātāpaṭiviratassa pāṇātipāto pahīno hoti, adinnādānā paṭiviratassa adinnādānaṃ pahīnaṃ hoti, brahmacārissa abrahmacariyaṃ pahīnaṃ hoti, saccavādissa musāvādo pahīno hoti, apisunavācassa pisunavācā pahīnā hoti, saṇhavācassa pharusavācā pahīnā hoti, kālavādissa samphappalāpo pahīno hoti, anabhijjhālussa abhijjhā [p.52] pahīnā hoti, abyāpannacittassa byāpādo pahīno hoti, sammādiṭṭhissa micchādiṭṭhi pahīnā hoti.

생명을 죽이지 않는 사람에게 생명을 죽이는 것은 파괴된다. 주지 않는 것을 갖지 않는 사람에게 주지 않는 것을 갖는 것은 파괴된다. 고귀한 생활을 하는 사람에게 고귀하지 않은 삶은 파괴된다. 진실한 말을 하는 사람에게 거짓말은 파괴된다. 이간하는 말을 하지 않는 사람에게 이간하는 말은 파괴된다. 부드러운 말을 하는 사람에게 거친 말은 파괴된다. 적당한 때에 말하는 사람에게 쓸데없는 말은 파괴된다. 욕심을 지니지 않는 사람에게 욕심은 [52쪽] 파괴된다. 악의 없는 마음을 지닌 사람에게 악의는 파괴된다. 바른 견해를 지닌 사람에게 그릇된 견해는 파괴된다.[163)]

Ye ca kho keci ariyaṃ aṭṭhaṇgikaṃ maggaṃ garahanti, nesaṃ sandiṭṭhikā sahadhammikā gārayhā vādānuvādā āgacchanti.

거룩한 팔정도를 비난하는 사람들이 있다. 그들은 그들의 종파적 교리 때문에 눈에 보이는 합당한 법을 비난받아 마땅한 것으로 [간주한다.][164)]

Sammādiṭṭhiñ ca te bhavanto dhammaṃ garahanti.
Tena hi ye micchādiṭṭhikā, teasṃ bhavantānaṃ pujjā ca pāsaṃsā ca /pe/

또한 그 스승들은 바른 견해의 법을 비난한다. 그릇된 견해를 지닌 자들은 그것 때문에 그들의 스승을 존경하고 칭송한다.

Evaṃ sammāsaṃkappaṃ sammāvācaṃ sammākammantaṃ sammā-ājīvaṃ sammāvāyāmaṃ sammāsatiṃ sammāsamādhiṃ sammāvimuttiṃ sammāvimuttiñāṇadassanañ ca te bhavanto dhammaṃ garahanti.
Tena hi ye micchāvimuttiñāṇadassanā, teasṃ bhavantānaṃ pujjā ca pāsaṃsā ca.

163) 이 대목은 이 책 179쪽에서 언급한 생명을 죽임(殺生), 주지 않는 것을 가짐(不與取), 감각적 욕망들에 대해 잘못되게 행함(邪淫), 거짓말(妄語), 이간하는 말(兩舌), 거친 말(惡語), 쓸데없는 말(綺語), 탐욕, 악의, 그릇된 견해(邪見)의 열 가지 옳지 않음에 대한 대목과 대조를 이룬다.
164) Majjhima Nikāya, 3권, 77쪽 참조.

이와 같이 그 스승들은 바른 의향, 바른 언어, 바른 행위, 바른 삶, 바른 정진, 바른 사띠, 바른 삼매, 바른 해탈, 바른 해탈지견의 법을 비난한다. 그릇된 해탈지견을 지닌 자들은 그것 때문에 그들의 스승을 존경하고 칭송한다.

Ye ca kho keci evaṃ āhaṃsu: bhuñjitabbā kāmā paribhuñjitabbā kāmā, āsevitabbā kāmā nisevitabbā kāmā, bhāvayitabbā kāmā, bahulīkātabbā kāmā ti, kāmehi veramaṇī teasṃ adhamme.

'감각적 욕망을 누려야 한다. 감각적 욕망을 즐겨야 한다. 감각적 욕망을 탐닉하여야 한다. 감각적 욕망에 몰입하여야 한다. 감각적 욕망을 개발해야 한다. 감각적 욕망을 자주 실천해야 한다.'라고 말하는 모든 사람에게 감각적 욕망을 삼가는 것은 법이 아닌 것(非法)이다.

Ye vā pana keci evam āhaṃsu: attakilamathānuyogo dhammo ti, niyyāniko teasṃ dhammo adhammo.

혹은 '자신에게 고통을 주는 수행(苦行)이 법이다.'라고 말하는 모든 사람에게 벗어나게 하는 법은 법이 아닌 것(非法)이다.

Ye ca kho keci evam āhaṃsu: dukkho dhammo ti, sukho teasṃ dhammo adhammo.

또한 '괴로움이 법이다.'라고 말하는 모든 사람에게 즐거움의 법은 법이 아닌 것(非法)이다.

Yathā vā pana bhikkhuno sabbasaṃkhāresu asubhānupassino viharato subhasaññā pahiyyanti, dukkhānupassino viharato sukhasaññā pahiyyanti, aniccānupassino viharato niccasaññā pahiyyanti, anattānupassino viharato attasaññā pahiyyanti,

비구가 모든 지음(一切行)에 대해 추함(不淨)을 따라가며 보면서 머무를 때 아름다움의 지각(淨想)은 없어지고, 괴로움을 따라가며 보면서 머무를 때 즐거움의 지각(樂想)은 없어지고, 무상(無常)을 따라가며 보면서 머무를 때 항상함의 지각(常想)은 없어지고, 무아(無我)를 따라가며 보면서 머무를 때 자아의 지각(我想)이 없어지는 것과 같다.[165)]

yaṃ yaṃ vā pana dhammaṃ rocayati vā upagacchati vā, tassa tassa dhammassa yo paṭipakkho svāssa aniṭṭhato ajjhāpanno bhavati.

그가 받아들이거나 다가가는 법이 있을 때 그 각각의 법에 반대되는 [법은] 그에게 내키기 않으므로 분명히 이해하게 된다.

Tenāha āyasmā Mahākaccāno:
Kusalākusale dhamme ti.

165) Paṭisambhida magga, 1권, 46-47쪽 참조.

그래서 마하깟짜나 존자는 말씀하셨다.

"옳은 법과 옳지 않은 법을 [생겨나거나 없애야 하는 것으로 설명할 때 서로 반대되는 측면에 따라 변화한다. 이것을 반전을 통한 전달이라고 부른다.]"

Niyutto parivattanao-hāro. [p.53]

반전을 통한 전달이 끝남. [53쪽]

10. 유의어를 통한 전달(Vevacana-hāra)

Tattha katamo vevacano-hāro?

Vevacanāni bahūnī ti.

[제1부에서 열거한 열여섯 가지 전달] 중에서 유의어를 통한 전달이란 무엇인가?

[제2부에서 언급한] '많은 유의어를…'라는 [게송,[166]) 이것이 유의어를 통한 전달에 해당한다.]

Yathā ekaṃ Bhagavā dhammaṃ aññamaññehi vevacanehi niddisati.

Tathāha Bhagavā:

세존께서 하나의 법을 서로 다른 유의어로써 설명하셨다.

그러한 방식으로 세존께서 [이 게송을] 말씀하셨다.

Āsā pihā ca abhinandanā ca
anekadhātūsu sarā patiṭṭhitā
aññāṇamūlappabhavā pajappitā
sabbā mayā byantikatā samūlakā ti.

기대와 열망 그리고 기쁨,

166) 이 책 20쪽에 나오는 이 게송의 전문은 다음과 같다. "하나의 법에 대해 경에 언급된 많은 유의어를 아는 것이 경을 잘 아는 것이다. 이것이 유의어를 통한 전달이다.(Vevacanāni bahūni tu sutte vuttāni ekadhammassa yo jānati suttavidū vevacano nāma so hāro)"

> 다수의 계(界)에 확립된 기억들,
> 앎의 없음을 뿌리로 하여 생겨난 갈망들,
> 나는 이 모든 것을 뿌리 째 끝내버렸다.[167]

Āsā nāma vuccati: yā bhavissassa atthassa āsīsanā avassaṃ āgamissati ti āsāssa uppajjati.

[다음과 같은 의미에서] 기대라고 말한다. 만약 이익을 위해 바라는 것이 있다면 '그것은 반드시 이루어질 것이다.'라는 기대가 그에게 일어난다.

Pihā nāma: yā vattamānassa atthassa patthanā, seyyataraṃ vā disvā ediso bhaveyyan' ti pihāssa uppajjati.

[다음과 같은 의미에서] 열망이라고 말한다. 이익을 위해 나아가는 목표가 있는 자, 더 나은 것을 보고 '나도 저렇게 될 수 있으면.'이라는 열망이 그에게 일어난다.

Atthanippattipaṭipālanā abhinandanā nāma.
Piyaṃ vā ñātiṃ abhinandati piyaṃ vā dhammaṃ abhinandati appaṭikulato vā abhinandati.

이익을 달성하고 이익을 지키는 것을 기쁨이라고 말한다. 그는 사랑스러운 친족에 대해 기뻐한다. 사랑스러운 법에 대해 기뻐한

167) 이 책 102쪽 참조.

다. 싫어함이 없이 기뻐한다.

Anekadhātū ti cakkhudhātu rūpadhātu cakkhuviññāṇadhātu, sotadhātu saddadhātu sotaviññāṇadhātu, ghānadhātu gandhadhātu ghānaviññāṇadhātu, jivhādhātu rasadhātu jivhāviññāṇadhātu, kāyadhātu phoṭṭhabbadhātu kāyaviññāṇadhātu, manodhātu dhammadhātu manoviññāṇadhātu.

[다음과 같은 의미에서] 다수의 계라고 말한다. 즉 눈의 계(眼界), 물질현상의 계(色界), 눈을 통한 의식의 계(眼識界), 귀의 계(耳界), 소리의 계(聲界), 귀를 통한 의식의 계(耳識界), 코의 계(鼻界), 냄새의 계(香界), 코를 통한 의식의 계(鼻識界), 혀의 계(舌界), 맛의 계(味界), 혀를 통한 의식의 계(舌識界), 몸의 계(身界), 감촉의 계(觸界), 몸을 통한 의식의 계(身識界), 정신의 계(意界), 법의 계(法界), 정신을 통한 의식의 계(意識界)가 있다.[168)]

Sarā ti keci rūpādhimuttā keci saddādhimuttā keci gandhādhimuttā keci rasādhimuttā keci phoṭṭhabbādhimuttā keci dhammādhimuttā.

[다음과 같은 의미에서] 기억이라고 말한다. 어떤 이들은 물질현상에 대한 확신(勝解)이 있다. 어떤 이들은 소리에 대한 확신

168) Majjhima Nikāya, 3권, 62쪽, Dhātu Sutta 참조.

이 있다. 어떤 이들은 냄새에 대한 확신이 있다. 어떤 이들은 맛에 대한 확신이 있다. 어떤 이들은 감촉에 대한 확신이 있다. 어떤 이들은 법에 대한 확신이 있다.169)

Tattha yāni cha gehasitāni domanassāni yāni ca cha gehasitāni somanassāni yāni ca cha nekkhammasitāni domanassāni yāni ca cha nekkhammasitāni somanassāni, imāni catuvisa padāni taṇhā-pakkho taṇhāya etaṃ vevacanaṃ.

여기에서 세속에 의거한 여섯 가지 불쾌함, 세속에 의거한 여섯 가지 유쾌함, 세속을 떠남에 의거한 여섯 가지 불쾌함, 세속을 떠남에 의거한 여섯 가지 유쾌함, 이 스물 네 가지 종류는 갈애에 속한다. 이것은 갈애의 유의어이다.170)

169) 중생들의 믿는 계에 대한 확신에 대해서는 이 책 368쪽 참조.

170) Majjhima Nikāya, 3권, Salāyatanavibhaṅga Sutta, 217-218쪽. '세속에 의거한' 여섯 가지 불쾌함이란 눈에 의해 의식되는 물질현상, 귀에 의해 의식되는 소리들, 코에 의해 의식되는 냄새들, 혀에 의해 의식되는 맛들, 몸에 의해 의식되는 감촉들, 정신에 의해 의식되는 법들 가운데 갖지 못한 것을 갖지 못했다고 여길 때 또는 나중에 소멸하겠지만 이전에 갖지 못한 것을 돌이켜 회상할 때 일어나는 불쾌함이다. '세속에 의거한' 여섯 가지 유쾌함이란 이 여섯 가지 가운데 갖게 된 것을 가졌다고 여길 때 또는 나중에 소멸하겠지만 이전에 획득한 것을 돌이켜 회상할 때 일어나는 유쾌함이다. 이 여섯 가지가 무상한 것이고 변하고 소멸하는 것임을 알고서 과거의 이 여섯 가지와 현재의 이 여섯 가지 모두가 무상한 것이고 괴로운 것이며 변하는 법이라고 바른 반야로써 있는 그대로 본 후 '거룩한 이들이 도달하여 머무는 영역(處)에 나도 도달하여 머무리라.'라는 위없는 해탈에 대한 열망을 일으킨다. 이 열망을 조건으로 일어나는 불쾌함이 '세속을 떠남에 의거한' 여섯 가지 불쾌함이다. '세속을 떠남'에 의거한 여섯 가지 유쾌함이란 이 여섯 가지가 무상한 것이고 변하고 소멸하는 것임을 알고서 과거의 이 여섯 가지와 현재의 이 여섯 가지 모두가 무상한 것이고 괴로운 것이며 변하는 법이라고 바른 반야로써 있는 그대로 볼 때 일어나는 즐거움이다.

Yā cha upekkhā gehasitā ayaṃ diṭṭhipakkho. Sā yeva patthanākārena dhammanandi dhammapemaṃ dhammajjhosānan ti taṇhāya etaṃ vevacanaṃ.

세속에 의거한 여섯 가지 평정은[171] 견해에 속한다. 그러나 '목표 때문에 생긴 법에 대한 기쁨, 법에 대한 애정, 법에 대한 매달림'은 갈애의 유의어이다.

Cittaṃ mano [p.54] viññāṇan ti cittassa etaṃ vevacanaṃ. Manindriyaṃ manodhātu manāyatanaṃ vijānanā ti manass'etaṃ vevacanaṃ.

마음(心), 정신(意), [54쪽] 의식(識)이라는 것은 마음의 유의어이다.[172]

정신이라는 기능(意根), 정신의 계(意界), 정신의 영역(意處), 의식이라는 것은 정신의 유의어이다.

Paññindriyaṃ paññābalaṃ adhipaññā sikkhā paññakkhandho dhammavicayasambojjhaṅgo ñāṇaṃ sammādiṭṭhi tiraṇā vipassanā dhamme-ñāṇaṃ at the-ñāṇaṃ anvaye-ñāṇaṃ khaye-ñāṇaṃ anup-

171) Majjhima Nikāya, 3권, Salāyatanavibhaga Sutta, 219쪽. '세속에 의거한 여섯 가지 평정'이란 눈으로 물질현상 등을 보고서 물질현상 등의 한계를 극복하지 못하고 과보를 극복하지 못하고 걱정거리를 보지 못하는 어리석은 범부에게 일어나는 평정이다. 이 평정은 물질현상 등을 초월하지 못한다.

172) Saṃyutta Nikāya, 2권, 94쪽; 이 책 제3부 제2장 14.관점을 통한 전달의 적용 참조.

pāde-ñāṇaṃ anaññātaññassamitindriyaṃ aññindriyaṃ aññatāvindriyaṃ cakkhu vijjā buddhi bhūri medhā āloko, yaṃ vā pana kiñci aññaṃ pi evaṃ-jātiyaṃ paññāya etaṃ vevacanaṃ.

반야의 기능(慧根), 반야의 힘(慧力), 고양된 반야(增上慧), 수련, 반야의 다발(慧蘊), 법의 분간이라는 깨달음의 요소(擇法覺支), 앎, 바른 견해, 판단, 위빠사나, 법에 대한 앎(法知),[173] 의미에 대한 앎, [삼세에 깨달음을 얻은 분들의 깨달음의 내용이 일치함에 대한] 추론적 앎(類智),[174] 그침에 대한 앎, 생겨남이 없음에 대한 앎, 완전한 앎을 이루고자 하는 기능(未智當智根), 완전한 앎에 이르는 기능(已智根), 완전한 앎을 갖춘 기능(具智根), 눈, 밝은 앎, 깨달음, 똑똑함, 총명, 빛, 또는 어떤 다른 것이든 이와 같은 종류들은 반야의 유의어이다.[175]

Pañcindriyāni lokuttarāni sabbā paññā, api ca adhipateyyaṭṭhena saddhā, ārambhaṭṭhena viriyaṃ, apilāpanaṭṭhena sati, avikkhepanaṭṭhena samādhi, pajānanaṭṭhena paññā.

173) Saṃyutta Nikāya, 2권, 57-69쪽에는 법에 대한 앎(法智), [일치함에 대한] 추론적 앎(類智), 법의 상태에 대한 앎(法住智)에 대한 설명이 있다. 법에 대한 앎과 [일치함에 대한] 추론적 앎이라는 두 가지 앎을 갖춤으로써 봄을 성취한 이, 배울 것이 남은 이의 앎을 얻은 이, 법의 흐름에 든 이가 된다; Dīgha Nikāya, 3권, 226쪽에는 법에 대한 앎, [일치함에 대한] 추론적 앎, 타인의 마음을 아는 앎(他心智), 일반적인 앎(世俗智)의 네 가지 앎의 종류가 나열되어 있다.

174) Saṃyutta Nikāya, 2권, 58쪽에 일치함에 대한 추론적 앎(類智)의 설명이 나온다. Dīgha Nikāya의 주석서, 2권, 67쪽에는 '일치함에 대한 앎이란 법에 대한 앎에 수반되는 것에 대한 앎'이라고 설명하고 있다.

175) 이 책 292, 314쪽 참조.

세간을 넘어선 다섯 기능은 모두 반야이다. 탁월함이라는 의미에서 믿음도, 시작이라는 의미에서 노력도, 떠다니지 않는다는 의미에서 사띠도, 번잡스럽지 않다는 의미에서 삼매도, 알아차림이라는 의미에서 반야도 [모두 반야이다.]

Yathā ca buddhānussatiyaṃ vuttaṃ:

붓다에 대한 지속적 떠올림에서도 그렇게 언급되었다.

Iti pi so Bhagavā arahaṃ sammāsambuddho vijjācaraṇasampanno sugato lokavidū anuttaro purisadammasārathi Satthā devamanussānaṃ buddho Bhagavā.

> 이른바 그 분 세존께서는 공양 받을 만한 분, 올바로 완전히 깨달은 분, 밝은 앎과 실천을 갖추신 분, 잘 가신 분, 세간을 잘 아시는 분, 최상의 분, 사람을 이끄시는 분, 천신과 인간의 스승, 깨달으신 분, 세존이시다.[176]

Balanippattigato vesārajjapatto adhigatapaṭisambhido catuyogavippahīno agatigamanavītivatto uddhaṭasallo nirūḷhavaṇo madditakaṇṭako nibbāhitapariyuṭṭhāno bandhanātīto gandhaviniveṭhano ajjhāsayavītivatto bhinnandhakāro cakkumā lokadhmmasamatikkanto anurodhavirodhavippayutto iṭṭhāniṭṭhesu dhammesu asaṃkhepagato bandhanātivatto ṭhapitasaṅgāmo abhikkantataro okkā-

176) 세존의 거룩한 제자가 붓다 · 법 · 상가 · 계 · 베품 · 천신을 지속적으로 떠올리며 머무는 내용에 대해서는 Aṅguttara Nikāya, 3권, 286-288 참조.

dharo ālokakaro pajjotakaro tamonudo raṇañjaho aparimāṇavaṇṇo appameyyavaṇṇo asaṃkheyyavaṇṇo ābhaṃkaro pabhaṃkaro dhammobhāsapajjotakaro ca buddho bhāgavanto ti buddhānussatiyā etaṃ vevacanaṃ.

'힘의 완성에 이른 분, 두려움 없음을 이룬 분, 분석적 이해에 도달한 분, 네 가지 묶임[177]을 없앤 분, 잘못된 길로 가지 않는 분, 화살을 뽑은 분, 상처가 치료된 분, 적을 이긴 분, 사로잡힘을 없앤 분, 속박에서 벗어난 분, 매임을 푼 분, 성향을 극복한 분, 어둠을 부순 분, 눈을 가진 분, 세간의 법을 초월한 분, 내키거나 내키지 않는 법에 대한 만족과 혐오가 끊어진 분, 지음 없이 가는 분, 속박을 초월한 분, 싸움을 놓은 분, 가장 뛰어난 분, 횃불을 든 분, 빛을 내는 분, 등불을 든 분, 어둠을 내쫓은 분, 다툼을 버린 분, 무한한 장점을 가진 분, 잴 수 없는 장점을 가진 분, 헤아릴 수 없는 장점을 가진 분, 광명을 내는 분, 광휘를 내는 분, 법을 드러내고 밝히는 분, 깨달은 분, 존귀한 분'이라는 이것은 붓다에 대한 지속적 떠올림에 관련된 유의어이다.

177) 네 가지 묶임이란 감각적 욕망에 묶임(kāmayoga), 존재에 묶임(bhavayoga), 견해에 묶임(diṭṭhiyoga), 무명에 묶임(avijjāyoga)이다. 네 가지 묶임에 대한 경전의 설명은 다음과 같다. 감각적 욕망, 존재, 견해에 묶임이란 감각적 욕망, 존재, 견해의 일어남 · 사라짐 · 맛 · 걱정거리 · 떠남을 있는 그대로 알지 못하기 때문에 감각적 욕망 · 존재 · 견해에 대한 갈애가 잠재되는 것이다. 무명에 묶임이란 여섯 접촉의 영역(六觸入處)의 일어남 · 사라짐 · 맛 · 걱정거리 · 떠남을 있는 그대로 알지 못하기 때문에 여섯 접촉의 영역에 대한 무명과 무지가 잠재되는 것이다.(Aṅguttara Nikāya, 2권, 10쪽, Dīgha Nikāya, 3권, 276쪽 참조.) 이 네 가지 묶임의 이름은 네 가지 번뇌(āsava)의 이름(Dīgha Nikāya, 2권, 98쪽)과 같다.

Yathā ca dhammānussatiyaṃ vuttaṃ: [p.55]

법에 대한 지속적 떠올림에서도 그렇게 언급되었다. [55쪽]

Svākkhāto Bhagavatā dhammo sandiṭṭhiko akāliko ehipassiko opanayiko paccattaṃ veditabbo viññūhi, yad idaṃ madanimmadano pipāsavinayo ālayasamugghāto vaṭṭupacchedo suññato atidullabho taṇhakkhayo virāgo nirodho nibbānaṃ.

> 세존께서 잘 설하신 법은 지금 여기에서 경험되는 것이고, 시간이 걸리지 않는 것이고, '와서 보라'고 하는 것이며, 향상으로 이끄는 것이고, 지혜로운 이들 각각이 알게 되는 것이다. 즉 [이 법은] 교만을 파괴하고, 갈증을 제어하고, 애착을 없애고, 윤회를 단절하고, 공성(空性)에 대한 것이고, 지극히 얻기 어렵고, 갈애의 그침이고, 탐냄의 여윔이고, 소멸이며, 열반이다.[178]

Asaṃkhataṃ anantaṃ anāsavañ ca saccañ ca pāraṃ nipuṇaṃ sududdassaṃ ajajjaraṃ dhuvaṃ apalokitañ ca anidassanaṃ nippapañca santaṃ amataṃ paṇītaṃ sivañ ca khemaṃ taṇhakkhayo

178) Aṅguttara Nikāya, 2권, 34쪽은 네 가지 최고의 믿음에 관해 설명하고 있다. 이 중에서 세 번째인 법에 대한 믿음의 내용에서 이 단락의 "이 법은 교만을… 열반이다."와 유사한 문장이 나온다. 그 네 가지 최고의 믿음이란 다음과 같다. 첫째, 중생들에 관한 한 여래, 아라한, 정등각이 최고로서 붓다에 대한 믿음이 최고의 믿음이다. 둘째, 지어진 법에 관한 한 팔정도가 최고로서 팔정도에 대한 믿음이 최고의 믿음이다. 셋째, 지어진 법이나 지어지지 않은 법에 관한 한 '탐냄의 여윔'이 그 법들 중에서 최고이다. 탐냄의 여윔은 교만을 파괴하고, 갈증을 제어하고, 애착을 없애고, 윤회를 단절하고, 갈애의 그침이고, 탐냄의 여윔이고, 소멸이며, 열반으로서, 법에 대한 믿음은 최고의 믿음이다. 넷째, 상가나 무리에 관한 한 여래의 상가가 최고로서 이들은 네 쌍인 여덟 부류의 사람이며, 상가에 대한 믿음은 최고의 믿음이다.

acchariyañ ca abbhutaṃ anītikaṃ'nītikadhammam eva nibbānaṃ etaṃ sugatena desitaṃ

잘 가신 분께서 설하신 이 [법은] 지어지지 않은 것(無爲)이고, 끝이 없고, 번뇌가 없고, 진리이고, 저쪽 언덕이며, 미묘한, 아주 보기 어려운, 쇠퇴하지 않는, 분명한, 조견하는, 볼 수 없는,[179] 망상이 없는, 고요한, 불사의, 훌륭한, 상서로운, 안온한, 갈애가 그친, 놀라운, 예전에 없었던, 매우 안전한 법으로서 열반이다.

Ajātaṃ abhūtaṃ anupaddavañ ca akatam asokañ ca atho visokaṃ anupasaggaṃ'nupasaggadhammaṃ nibbānaṃ etaṃ sugatena desitaṃ

잘 가신 분께서 설하신 이 [법은] 태어남이 없는, 있게 됨이 없는,[180] 위험이 없는,[181] 행함이 없는,[182] 근심이 없는, 근심을 떠난, 전혀 위험이 없는 법으로서 열반이다.

Gambhīrañ c'eva duppassaṃ uttarañ ca anuttaraṃ asamaṃ appaṭisamaṃ jeṭṭhaṃ seṭṭhan ti vuccati

179) Majjhima Nikāya, 1권, 329쪽, Dīgha Nikāya, 1권, 223쪽 참조. 주석서(119쪽)에 따르면, 육안으로도 천안으로도 볼 수 없으므로 볼 수 없음이라고 한다.

180) Udana, 80쪽 참조.

181) 주석서(119쪽)에 따르면, 무엇에 의해서도 억압되지 않으므로 '위험이 없다.' 라고 한다.

182) Udana, 80쪽 참조. 주석서(119쪽)에 따르면, 어떤 조건에 의해서도 행함이 없으므로 '행함이 없음'이라고 한다.

[이 법은] 심오한, 보기 어려운, 최고인, 위 없는, 비교할 수 없는, 비할 데 없는, 최승의, 뛰어난 것이라고 일컫는다.

Leṇañ ca tāṇaṃ araṇaṃ anaṅganam akācam etaṃ vimalan ti vuccati

또한 피난처이며 도피처이고, 다툼이 없고, 얼룩이 없으며, 더럽지 않은 이 법은 때가 없는 것이라고 일컫는다.

dīpo sukhaṃ appamāṇaṃ patiṭṭhā akiñcanaṃ appapañcan ti vuttan ti dhammānussatiyā etaṃ vevacanaṃ.

등불, 즐거움, 무한함, 의지처, 무소유, 망상 없음이라고도 일컫는다. 이것은 법에 대한 지속적 떠올림에 관련된 유의어이다.

Yathā ca saṃghānussatiyaṃ vuttaṃ:

상가(僧伽)에 대한 지속적 떠올림에서도 그렇게 언급되었다

Supaṭipanno ujupaṭipanno ñāyapaṭipanno sāmīcipaṭipanno, yad idaṃ cattāri purisayugāni aṭṭha purisapuggalā, esa Bhagavato sāvakasaṃgho āhuneyyo pāhuneyyo dakkhineyyo añjalikaraṇīyo anuttaraṃ puññakkhettaṃ lokassa. [p.56]

> 잘 실천하는, 똑바로 실천하는, 바르게 실천하는, 적절하게 실천하는 이 네 쌍의 사람들이며 여덟 부류의 사람들인 세존의 제자 승가는 공양을 받을 만하며, 환대를 받을 만하며, 보시를 받을 만하며, 합장을 받을 만하며, 세간의 위없는 복밭이다.183) [56쪽]

Sīlasampanno samādhisampanno paññāsampanno vimuttisampanno vimuttiñāṇadassanasampanno sattānaṃ sāro sattānaṃ maṇḍo sattānaṃ uddhāro sattānaṃ esikā sattānaṃ surabhi pasūnaṃ pujjo devānañ ca manussānañ cā ti saṃghānussatiyā etaṃ vevacanaṃ.

'계를 지닌 이, 삼매를 지닌 이, 반야를 지닌 이, 해탈을 지닌 이, 해탈지견을 지닌 이, 중생의 핵심,[184] 중생의 정수, 중생의 알맹이, 중생의 기둥, 중생의 향기로운 꽃, 천신과 인간의 공경을 받는 이'라는 것은 상가에 대한 지속적 떠올림에 관련된 유의어이다.

Yathā ca sīlānussatiyaṃ vuttaṃ:

또한 계(戒)에 대한 지속적 떠올림에서도 그렇게 언급되었다.

> *Yāni tāni sīlani akhaṇḍāni acchiddāni asabalāni akammāsāni ariyāni ariyakantāni bhujissāni viññūpasatthāni aparāmaṭṭhāni samādhisaṃvattanikāni.*

> 이 계는 부족함이 없는, 단단한, 깨끗한, 순수한, 거룩한, 거룩한 이가 즐기는, 자유로운, 지혜로운 이가 칭찬하는, 비난받지 않는, 삼매로 이끄는 것이다.[185]

183) Aṅguttara Nikāya, 3권, 286쪽 참조.
184) Majjhima Nikāya, 3권, 80쪽 참조.
185) Aṅguttara Nikāya, 3권, 286쪽 참조.

Alaṃkāro ca sīlaṃ uttamaṅgo pasobhaṇatāya, nidhānañ ca sīlaṃ sabbadosaggasamatikkamanaṭṭhena, sippañ ca sīlaṃ akkhaṇavedhitāya, velā ca sīlaṃ anatikkamanaṭṭhena, dhaññañ ca sīlaṃ dāliddopacchedanaṭṭhena, ādāso ca sīlaṃ dhammavolokanatāya, pāsādo ca sīlaṃ volokanaṭṭhena, sabbabhūmānuparivatti ca sīlaṃ amatapariyosānan ti sīlānussatiya etaṃ vevacanaṃ.

또한 계는 가장 중요한 요소를 아름답게 하는 장신구[186]다. 계는 모든 성냄을 최상으로 극복하게 한다는 의미에서 보물이다. 계는 좋지 않은 때를 통과하는 기술이다. 계는 어기지 않는다는 의미에서 경계다. 계는 빈곤의 근절이라는 의미에서 재산이다. 계는 법을 관찰하기 위한 거울이다. 계는 관찰이라는 의미에서 높은 집이다. 계는 모든 경지에서 진행되고 불사(不死)에서 완성된다. 이것은 계에 대한 지속적 떠올림에 관련된 유의어이다.

Yathā ca cāgānussatiyaṃ vuttaṃ:

또한 베품에 대한 지속적 떠올림에서도 그렇게 언급되었다.

Yasmiṃ samaye ariyasāvako agāraṃ ajjhāvasati muttacāgo payatapāṇi vossaggarato yācayogo dānasaṃvibhāgarato ti

cāgānussatiyā etaṃ vevacanaṃ.

186) 주석서(119쪽)에 따르면, '계가 가장 중요한 요소를 아름답게 하는 장신구'인 까닭은 계는 반야의 훌륭한 뿌리이기 때문이다.

> 한때 집에서 사는(在家者) 거룩한 제자가 있었다. [그는] 자유롭게 베푸는 이, 순수한 손을 가진 이, 주는 것을 좋아하는 이, 탁발에 응하는 이, 보시와 나누는 것을 좋아하는 이다.187)

이것이 베품에 대한 지속적 떠올림에 관련된 유의어이다.

Tenāha āyasamā Mahākaccāno: Vevacanāni bahūnī ti.

그래서 마하깟짜나 존자는 말씀하셨다.

"[하나의 법에 대해 경에 언급된] 많은 유의어를 [아는 것이 경을 잘 아는 것이다. 이것이 유의어를 통한 전달이다.]"

Niyutto vevacano-hāro.

유의어를 통한 전달이 끝남.

187) Aṅguttara Nikāya, 3권, 287쪽에 거룩한 제자가 자신의 베품을 지속적으로 떠올리는 내용에 이와 유사한 문장이 있다.

11. 묘사를 통한 전달(Paññatti-hāra)

Tattha katamo paññatti-hāro?

Ekaṃ Bhagavā dhammaṃ paññattīhi vividhāhi desetī ti. [p.57]

[제1부에서 열거한 열여섯 가지 전달] 중에서 묘사를 통한 전달이란 무엇인가?

[제2부에서 언급한] '세존께서 하나의 법을 다양한 묘사로 드러내신다…'라는 [게송,188) 이것이 묘사를 통한 전달에 해당한다.] [57쪽]

Yā pakatikathāya desanā, ayaṃ nikkhepapaññatti. Kā ca pakatikathāya desanā?

Cattāri saccāni.

실제의 모습을 말로써 드러내는 것, 이것은 소개를 위한 묘사이다. 실제의 모습에 관한 말을 통해 무엇이 드러나는가? 네 가지 진리이다.

Yathā Bhagavā āha: Idaṃ dukkhan ti. Ayaṃ paññatti pañcannaṃ khandhānaṃ channaṃ dhātūnaṃ aṭṭhārasannaṃ dhātūnaṃ dvāda-

188) 이 책 20쪽에 나오는 이 게송의 전문은 다음과 같다. "세존께서 하나의 법을 다양한 묘사로 드러내신다. 이러한 양상이 묘사를 통한 전달이라고 알아야 한다.(Ekaṃ Bhagavā dhammaṃ paññattīhi vividhāhi deseti so ākāro ñeyyo paññatti nāma hāro ti)"

ssannaṃ āyatanānaṃ dassannaṃ indriyānaṃ nikkhepapaññatti.

세존께서 '이것은 괴로움이다.'라고 말씀하신 것은 묘사로서 다섯 다발(五蘊), 여섯 가지 계(六界), 열여덟 가지 계(十八界), 열두 가지 영역(十二處), 열 가지 기능(十根)에 대한 소개의 묘사이다.

Kabalīkāre ce bhikkhave āhāre atthi rāgo atthi nandi atthi taṇhā, patiṭṭhitaṃ tattha viññāṇaṃ virūḷhaṃ. Yattha patiṭṭhitaṃ viññāṇaṃ virūḷhaṃ, atthi tattha nāmarūpassa avakkanti. Yattha atthi nāmarūpassa avakkhanti, atthi tattha saṃkhārānaṃ vuddhi. Yattha atthi saṃkhārānaṃ vuddhi, atthi tattha āyati punabbhavābhinibbatti. Yattha atthi āyati punabbhavābhinibbatti, atthi tattha āyati jātijarāmaraṇaṃ. Yattha atthi āyati jātijarāmaraṇaṃ, sasokan taṃ bhikkhave sadaraṃ sa-upāyāsan ti vadāmi.

비구들이여, 만약 물질자양분(物質識, Kabalīkāra āhārā)에 관련하여 탐냄이 있고 기쁨이 있고 갈애가 있다면 그곳에 의식은 자리잡고 자란다. 의식이 자리잡고 자라는 곳에 정신·물질현상이 출현한다. 정신·물질현상이 출현하는 곳에 지음이 전개된다. 지음이 전개되는 곳에 미래에 다음 존재의 재생이 있다. 미래에 다음 존재의 재생이 있는 곳에 태어남·노쇠·죽음이 있다. 태어남·노쇠·죽음이 있는 곳에, 비구들이여, 근심이 있고 두려움이 있고 절망이 있다고 나는 말한다.[189)]

Phasse ce /pe/ manosañcetanāya ce··· viññāṇe ce bhikkhave āhāre atthi rāgo atthi nandi atthi taṇhā, patiṭṭhitaṃ tattha vi-

189) Saṃyutta Nikāya, 2권, 101쪽.

ññāṇaṃ virūḷhaṃ. Yattha patiṭṭhitaṃ viññāṇaṃ virūḷhaṃ, atthi tattha nāmarūpassa avakkanti. Yattha atthi nāmarūpassa avakkanti, atthi tattha saṃkhārānaṃ vuddhi. Yattha atthi saṃkhārānaṃ vuddhi, atthi tattha āyati punabbhavābhinibbatti. Yattha atthi āyati punabhavābhinibbatti, atthi tattha āyati jātijarāmaraṇaṃ. Yattha atthi āyati jātijarāmaraṇaṃ, sasokan taṃ bhikkhave sadaraṃ sa-upāyasan ti vadāmi.

> 만약 접촉자양분(觸食, phassa āhārā)에 관련하여…[중략]… 만약 정신의도자양분(意思食, manosañcetana āhārā)에 관련하여…[중략]… 비구들이여, 만약 의식자양분(識食, viññāṇa āhārā)에 관련하여 탐냄이 있고 기쁨이 있고 갈애가 있다면 그곳에 의식은 자리잡고 자란다. 의식이 자리잡고 자라는 곳에 정신·물질현상이 출현한다. 정신·물질현상이 출현하는 곳에 지음이 전개된다. 지음이 전개되는 곳에 미래에 다음 존재의 재생이 있다. 미래에 다음 존재의 재생이 있는 곳에 태어남·노쇠·죽음이 있다. 태어남·노쇠·죽음이 있는 곳에, 비구들이여, 근심이 있고 두려움이 있고 절망이 있다고 나는 말한다.

Ayaṃ pabhavapaññatti dukkhassa ca samudayassa ca.

이것은 괴로움(苦)과 [괴로움의] 일어남(集)의 발생에 관련된 묘사이다.

Kabalīkāre ce bhikkhave āhāre n'atthi rāgo n'atthi nandi n'atthi taṇhā, appatiṭṭhitaṃ tattha viññāṇaṃ avirūḷhaṃ. Yattha appatiṭṭhitaṃ viññāṇaṃ avirūlhaṃ, n'atthi tattha nāmarūpassa avakkanti. Yattha n'atthi nāmarūpassa avakkanti, n'atthi tattha saṃkhārānaṃ vuddhi. Yattha n'atthi saṃkhārānaṃ vuddhi, n'atthi tattha āyati punbbhavābhisnibbatti. Yattha n'atthi āyati punabbhavābhinibbatti, n'atthi [58쪽] *tattha āyati jātijarāmaraṇaṃ. Yattha n'atthi āyati jātijarāmaraṇaṃ, asokan taṃ bhikkhave adaraṃ anupāyāsan ti vadāmi.*

비구들이여, 만약 물질자양분에 관련하여 탐냄이 없고 기쁨이 없고 갈애가 없다면 그곳에 의식은 자리잡지 못하고 자라지 못한다. 의식이 자리잡지 못하고 자라지 못하는 곳에 정신·물질현상은 출현하지 않는다. 정신·물질현상이 출현하지 않는 곳에 지음의 전개는 없다. 지음의 전개가 없는 곳에 미래에 존재의 재생은 없다. [58쪽] 미래에 존재의 재생이 없는 곳에 태어남·노쇠·죽음은 없다. 태어남·노쇠·죽음이 없는 곳에, 비구들이여, 근심이 없고 두려움이 없고 절망이 없다고 나는 말한다.

Phasse /pe/ manosañcetanāya ce… viññāṇe ce bhikkhave āhāre n'atthi rāgo n'atthi nandi n'atthi taṇhā, appatiṭṭhitaṃ tattha viññāṇaṃ avirūḷhaṃ. Yattha appatiṭṭhitaṃ viññāṇaṃ avirūlhaṃ, n'atthi tattha nāmarūpassa avakkanti. Yattha n'atthi nāmarūpassa avakkanti, n'atthi tattha saṃkhārānaṃ vuddhi. Yattha n'atthi saṃkhārānaṃ vuddhi, n'atthi tattha āyati punabbhavābhinibbatti. Yattha n'atthi āyati punabbhavābhinibbatti, n'atthi tattha āyati jātijarāmaraṇaṃ. Yattha n'atthi āyati jātijarāmaraṇaṃ, asokan taṃ bhikkhave adaraṃ anupāyāsan ti vadāmi.

비구들이여, 만약 접촉자양분에 관련하여…[중략]… 정신의도자양분에 관련하여…[중략]… 의식자양분에 관련하여 탐냄이 없고 기쁨이 없고 갈애가 없다면 그곳에 의식은 자리잡지 못하고 자라지 못한다. 의식이 자리잡지 못하고 자라지 못하는 곳에 정신·물질현상은 출현하지 않는다. 정신·물질현상이 출현하지 않는 곳에 지음의 전개는 없다. 지음의 전개가 없는 곳에 미래에 다음 존재의 재생은 없다. 미래에 존재의 재

> 생이 없는 곳에 태어남·노쇠·죽음은 없다. 태어남·노쇠·죽음이 없는 곳에, 비구들이여, 근심이 없고 두려움이 없고 절망이 없다고 나는 말한다.[190)]

Ayaṃ pariññāpaññatti dukkhassa, pahānapaññatti samudayassa, bhāvanāpaññatti maggassa, sacchikiriyāpaññatti nirodhassa.

이것은 괴로움에 대한 두루한 앎에 관련된 묘사이고, [괴로움의] 일어남의 제거에 관련된 묘사이고, 길의 닦음에 관련된 묘사이며, [괴로움의] 소멸의 실현에 관련된 묘사이다.

> *Samādhiṃ bhikkhave bhāvetha. Appamatto nipako sato samāhito bhikkhave bhikkhu yathābhūtaṃ pajānāti. Kiñ ca yathābhūtaṃ pajānāti? Cakkhuṃ aniccan ti yathābhūtaṃ pajānāti.*
> *Rūpā aniccā ti yathābhūtaṃ pajānāti. Cakkhuviññāṇaṃ, aniccan ti yathābhūtaṃ pajānāti. Cakkhusamphasso anicco ti yathabhūtaṃ pajānāti. Yaṃ p'idaṃ cakkhusamphassapaccayā uppajjati vedayitaṃ sukhaṃ vā dukkhaṃ vā adukkhamasukhaṃ vā, tam pi aniccan ti yathābhūtaṃ pajānāti. Sotaṃ /pe/ ghānaṃ… jivhā… kāyo… mano anicco ti yathābhūtaṃ pajānāti. Dhammā aniccā ti yathābhūtaṃ pajānāti. Manoviññāṇaṃ aniccan ti yathābhūtaṃ pajānāti. Manosamphasso anicco ti yathābhūtaṃ pajānāti. Yaṃ p'idaṃ manosamphassapaccayā uppajjati vedayitaṃ sukhaṃ vā dukkhaṃ vā adukkhamasukhaṃ vā, taṃ pi aniccan ti yathābhūtaṃ pajānāti.*

---

190) Saṃyutta Nikāya, 2권, 102쪽.

비구들이여, 삼매를 닦으라. 비구들이여, 부지런하고 현명하고 사띠를 갖추었으며 삼매에 든 비구는 있는 그대로 잘 안다. 무엇을 있는 그대로 잘 아는가? '눈은 무상하다.'라고 있는 그대로 잘 안다. '물질현상은 무상하다.'라고 있는 그대로 잘 안다. '눈을 통한 의식(眼識)은 무상하다.'라고 있는 그대로 잘 안다. '눈을 통한 접촉은 무상하다.'라고 있는 그대로 잘 안다. '눈을 통한 접촉을 조건으로 일어나 느껴진 것, 즉 즐거움, 괴로움, 괴로움도 즐거움도 아닌 것 역시 무상하다.'라고 있는 그대로 잘 안다. '귀…[중략]…' '코…[중략]…' '혀…[중략]…' '몸…[중략]…' '정신은 무상하다.'라고 있는 그대로 잘 안다. '법은 무상하다.'라고 있는 그대로 잘 안다. '정신을 통한 의식(意識)은 무상하다.'라고 있는 그대로 잘 안다. '정신을 통한 접촉은 무상하다.'라고 있는 그대로 잘 안다. '정신을 통한 접촉을 조건으로 일어나 느껴진 것, 즉 즐거움, 괴로움, 괴로움도 즐거움도 아닌 것 역시 무상하다.'라고 있는 그대로 잘 안다.[191]

Ayaṃ bhāvanāpaññatti maggassa.

Pariññāpaññatti dukkhassa, pahānapaññatti samudayassa, sacchikiriyāpaññatti nirodhassa. [p.59]

이것은 길의 닦음에 관련된 묘사이고, 괴로움에 대한 두루한 앎에 관련된 묘사이며, 일어남의 제거에 관련된 묘사이고, 소멸의 실현에 관련된 묘사이다. [59쪽]

Rūpaṃ Rādhe vikiratha vidhamatha viddhaṃsetha vikilanikaṃ karotha paññāya taṇhakkhayāya paṭipajjatha. Taṇhakkhayā dukkhakkhayo, dukkhakkhayā nibbānaṃ. Vedanaṃ /pe/ saññaṃ saṃ-

191) Saṃyutta Nikāya, 4권, 80쪽 참조.

khāre viññāṇaṃ vikiratha vidhamatha viddhaṃsetha vikilanikaṃ karotha paññāya taṇhakkhayāya paṭipajjatha. Taṇhakkhayā dukkhakkhayo, dukkhakkhayā nibbānaṃ.

> 라다여, 물질현상을 흩어버려라, 깨뜨려라, 해체하라, 즐기지 마라. 반야로써 갈애가 그치도록 나아가라. 갈애가 그치므로 괴로움이 그치고, 괴로움이 그치므로 열반이 있다. 느낌을…[중략]… 지각을… 지음을… 의식을 흩어버려라, 깨뜨려라, 즐기지 마라, 반야로써 갈애가 그치도록 나아가라. 갈애가 그치므로 괴로움이 그치고, 괴로움이 그치므로 열반이 있다.[192)]

Ayaṃ nirodhapaññatti nirodhassa, nibbidāpaññatti assādassa, pariññāpaññatti dukkhassa, pahānapaññatti samudayassa, bhāvanāpaññatti maggassa, sacchikiriyāpaññatti nirodhassa.

이것은 [괴로움의] 소멸에 대한 소멸의 묘사이고, 맛(味)에 대해 싫어하여 떠남에 관련된 묘사이고, 괴로움에 대한 두루한 앎에 관련된 묘사이고, 일어남의 제거에 관련된 묘사이고, 길의 닦음에 관련된 묘사이고, 소멸의 실현에 관련된 묘사이다.

So idaṃ dukkhan ti yathābhūtaṃ pajānāti, ayaṃ dukkhasamudayo ti yathābhūtaṃ pajānāti, ayaṃ dukkhanirodho ti yathābhūtaṃ pajānāti, ayaṃ dukkhanirodhagāminipaṭipadā ti yathābhūtaṃ pajānāti.

Ayaṃ paṭivedhapaññatti saccānaṃ. Nikkhepapaññatti dassana-

192) Saṃyutta Nikāya, 3권, 190쪽 참조.

bhūmiyā, bhāvanāpaññatti maggassa, sacchikiriyāpaññatti sotāpattiphalassa.

> 그는 '이것이 괴로움이다.'라고 있는 그대로 잘 안다. '이것이 괴로움의 일어남이다.'라고 있는 그대로 잘 안다. '이것이 괴로움의 소멸이다.'라고 있는 그대로 잘 안다. '이것이 괴로움의 소멸로 가는 방법이다.'라고 있는 그대로 잘 안다.[193]

이것은 [네 가지] 진리의 꿰뚫음에 관련된 묘사이고, 봄의 경지에 대한 소개의 묘사이고, 길의 닦음에 관련된 묘사이며, 흐름에 듦의 결실(預流果)의 실현에 관련된 묘사이다.

So ime āsavā ti yathābhūtaṃ pajānāti, ayaṃ āsavasmudayo ti yathābhūtaṃ pajānāti, ayaṃ āsavanirodho ti yathābhūtaṃ pajānāti, ayaṃ āsavanirodhagāminipaṭipadā ti yathābhūtaṃ pajānāti, ime āsavā asesaṃ nirujjhantī ti yathābhūtaṃ pajānāti.

> 그는 '이것이 번뇌이다.'라고 있는 그대로 잘 안다. '이것이 번뇌의 일어남이다.'라고 있는 그대로 잘 안다. '이것이 번뇌의 소멸이다.'라고 있는 그대로 잘 안다. '이것이 번뇌의 소멸로 가는 방법이다.'라고 있는 그대로 잘 안다. '이 번뇌가 남김 없이 소멸한다.'라고 있는 그대로 잘 안다.[194]

Ayaṃ uppādapaññatti khaye-ñāṇassa, okāsapaññatti anuppāde-

193) Majjhima Nikāya, 1권, 183쪽.
194) Majjhima Nikāya, 1권, 183쪽.

ñāṇassa, bhāvanāpaññatti maggassa, pariññāpaññatti dukkhassa, pahānapaññatti samudayassa, ārambhapaññatti viriyindriyassa, āhaṭanāpaññatti āsāṭikānaṃ nikkhepapaññatti bhāvanābhūmiyā, abhinighātapaññatti pāpakānaṃ akusalānaṃ dhammānaṃ.

이것은 '그침에 대한 앎'의 생겨남에 관련된 묘사이고, '생겨남이 없음에 대한 앎'의 기회에 관련된 묘사이고, 길의 닦음에 관련된 묘사이고, 괴로움에 대한 두루한 앎에 관련된 묘사이며, 일어남의 제거에 관련된 묘사이다. 또한 노력의 기능의 시작에 관련된 묘사이고, 유충[195]의 박멸에 관련된 묘사이고, 닦음의 경지에 대한 소개의 묘사이고, 악하고 옳지 않은 법들의 억제에 관련된 묘사이다.

Idaṃ dukkhan ti me bhikkhave pubbe ananussutesu dhammesu cakkhuṃ udapādi ñāṇaṃ udapādi paññā udapādi vijjā udapādi āloko udapādi. Ayaṃ dukkhasamudayo ti me bhikkhave /pe/ Ayaṃ dukkhanirodho ti me bhikkhave … Ayaṃ dukkhanirodha-gāminipaṭipadā ti me bhikkhave [p.60] *pubbe ananussutesu dhammesu cakkhuṃ udapādi ñāṇaṃ udapādi paññā udapādi vijjā udapādi āloko udapādi.*

> 비구들이여, '이것은 괴로움이다.'라고 나에게 이전에 들어 보지 못했던 법들에 대한 눈이 생겨났다, 앎이 생겨났다, 반야가 생겨났다, 밝은 앎이 생겨났다, 빛이 생겨났다. 비구들이여, '이것은 괴로움의 일어남이

195) Majjhima Nikāya, 1권, 220쪽.

> 다.'라고 나에게…[중략]… 비구들이여, '이것은 괴로움의 소멸이다.'라고 나에게…[중략]… 비구들이여, '이것은 괴로움의 소멸로 가는 방법이다.' 라고 [60쪽] 나에게 이전에 들어 보지 못했던 법들에 대한 눈이 생겨났다, 앎이 생겨났다, 반야가 생겨났다, 밝은 앎이 생겨났다, 빛이 생겨났다.[196]

Ayaṃ desanāpaññatti saccānaṃ, nikkhepapaññatti sutamayiyā paññāya, sacchikiriyāpaññatti anaññātaññassāmītindriyassa, pavattanāpaññatti dhammacakkassa.

이것은 [네 가지] 진리의 드러냄에 관련된 묘사이고, 들은 것으로 이루어진 반야에 대한 소개의 묘사이고, 완전한 앎을 이루고자 하는 기능(未智當智根)의 실현에 관련된 묘사이고, 법의 수레바퀴(法輪)의 굴러감에 관련된 묘사이다.

Taṃ kho pan'idaṃ dukkhaṃ pariññeyyan ti me bhikkhave pubbe ananussutesu dhammesu cakkhuṃ udapādi ñāṇaṃ udapādi paññā udapādi vijjā udapādi āloko udapādi. So kho panāyaṃ dukkhasamudayo pahātabbo ti me bhikkhave /pe/ So kho panāyaṃ dukkhanirodho sacchikātabbo ti me bhikkhave /pe/ Sā kho panāyaṃ dukkhanirodhagāminipaṭipadā bhāvetabbā ti me bhikkhave pubbe ananussutesu dhammesu cakkhuṃ udapādi ñāṇaṃ udapādi paññā udapādi vijjā udapādi āloko udapādi.

> 비구들이여, '이 괴로움을 두루 알아야 한다.'라고 나에게 이전에 들어 보지 못했던 법들에 대한 눈이 생겨났다, 앎이 생겨났다, 반야가 생겨났

196) Saṃyutta Nikāya, 5권, 424쪽.

다, 밝은 앎이 생겨났다, 빛이 생겨났다. 비구들이여, '이 괴로움의 일어남을 제거해야 한다.'라고 나에게…[중략]… 비구들이여, '이 괴로움의 소멸을 실현해야 한다.'라고 나에게…[중략]… 비구들이여, '이 괴로움의 소멸로 가는 방법을 닦아야 한다.'라고 나에게 이전에 들어 보지 못했던 법들에 대한 눈이 생겨났다, 앎이 생겨났다, 반야가 생겨났다, 밝은 앎이 생겨났다, 빛이 생겨났다.197)

Ayaṃ bhāvanāpaññatti maggassa, nikkhepapaññatti cintāmayiyā paññāya, sacchikiriyāpaññatti aññindriyassa.

이것은 길의 닦음에 관련된 묘사이고, 사유로 이루어진 반야에 대한 소개의 묘사이고, 완전한 앎에 이르는 기능(已智根)의 실현에 관련된 묘사이다.

Taṃ kho pan'idaṃ dukkhaṃ pariññātan ti me bhikkhave pubbe ananussutesu dhammesu cakkhuṃ udapādi ñāṇaṃ udapādi paññā udapādi vijjā udapādi āloko udapādi.
So kho panāyaṃ dukkhasamudayo pahīno ti me bhikkhave /pe /
So kho panāyaṃ dukkhanirodho sacchikato ti me bhikkhave /pe/
Sā kho panāyaṃ dukkhanirodhagāminipaṭipadā bhāvitā ti me bhikkhave pubbe ananussutesu dhammesu cakkhuṃ udapādi ñāṇaṃ udapādi paññā udapādi vijjā udapādi āloko udapādi.

비구들이여, '이 괴로움을 두루 알았다.'라고 이전에 들어 보지 못했던 법들에 대해 나에게 눈이 생겨났다, 앎이 생겨났다, 반야가 생겨났다, 밝은 앎이 생겨났다, 빛이 생겨났다. 비구들이여, '이 괴로움의 일어남

197) Saṃyutta Nikāya, 5권, 424쪽.

> 을 제거하였다.'라고 나에게…[중략]… 비구들이여, '이 괴로움의 소멸을 실현하였다.'라고 나에게…[중략]… 비구들이여, '이 괴로움의 소멸로 가는 방법을 닦았다.'라고 이전에 들어 보지 못했던 법들에 대해 나에게 눈이 생겨났다, 앎이 생겨났다, 반야가 생겨났다, 밝은 앎이 생겨났다, 빛이 생겨났다.[198]

Ayaṃ bhāvanāpaññatti maggassa, nikkhepapaññatti bhāvanāmayiya paññāya, sacchikiriyāpaññatti aññātāvino indriyassa, pavattanāpaññatti dhammacakkassa.

이것은 길의 닦음에 관련된 묘사이고, 닦음으로 이루어진 반야에 대한 소개의 묘사이고, 완전한 앎을 갖춘 기능(具智根)의 실현에 관련된 묘사이고, 법의 수레바퀴(法輪)의 굴러감에 관련된 묘사이다.

Tulaṃ atulañ ca sambhavaṃ
bhavasaṃkhāraṃ avassajī muni
ajjhattarato samāhito
abhida kavacam iv'attasambhavan ti. [p.61]

> 잴 수 있는 또는 잴 수 없는 기원,
> 존재하려는 지음(有行)[199]을 성인은 놓아 버렸다.
> 안으로 기뻐하고 삼매에 든 그는

198) Saṃyutta Nikāya, 5권, 424쪽 참조.

199) Bhikkhu Bodhi는 존재하려는 지음(bhavasaṃkhāra, 有行)을 수명의 지음(āyusaṃkhāra, 壽命行)으로 해석한다. 세존께서 이 게송을 읊으신 동기가 수명을 위한 지음을 내려놓고 완전한 열반에 드시기로 결정하셨기 때문이다. Bhikkhu Bodhi, The Connected Discourses of the Buddha, 1941-1943쪽 참조.

▌갑옷 같은 자아의 기원을 부숴버렸다.[200] [61쪽]

Tulan ti saṃkhāradhātu. Atulan ti nibbānadhātu. Tulaṃ atulañ ca sambhavan ti abhiññāpaññatti sabbadhammānaṃ, nikkhepapaññatti dhammapaṭisambhidāya.

[이 게송에서] '잴 수 있는'이란 지음의 계(行界)를 가리킨다. '잴 수 없는'이란 열반계를 가리킨다. '잴 수 있는 또는 잴 수 없는 기원'이란 일체법에 대한 뛰어난 앎에 관련된 묘사이고, 법에 관한 분석적 이해에 대한 소개의 묘사이다.

Bhavasaṃkhāraṃ avassaji munī ti pariccāgapaññatti samudayassa, pariññāpaññatti dukkhassa. Ajjhattarato samāhito ti bhāvanāpaññatti kāyagatāya satiyā, ṭhitipaññatti cittekaggatāya.

'존재하려는 지음을 성인은 놓아버렸다.'란 [괴로움의] 일어남의 완전한 포기에 관련된 묘사이고, 괴로움에 대한 두루한 앎에 관련된 묘사이다. '안으로 기뻐하고 삼매에 든 그는'이란 몸에 대한 사띠(身至念)의 닦음에 관련된 묘사이고, '마음이 하나로 집중됨'의 뿌리내림에 관련된 묘사이다.

200) Dīgha Nikāya 2권, 106쪽; Saṃyutta Nikāya, 5권, 263쪽; Aṅguttara Nikāya, 4권, 312쪽; Udāna, 64쪽. 마라 빠삐만이 세존께 열반에 드시기를 거듭 청한 후 세존께서 3개월 후 열반에 드시기로 하자 대지가 진동하고 천둥이 쳤다. 세존께서 이 뜻을 아시고 읊으신 게송이다.

Abhida kavacaṃ iv'attasamabhavan ti abhinibbidāpaññatti cittassa, upādānapaññatti sabbaññutāya, padālanāpaññatti avijjaṇḍakosānaṃ.

'갑옷 같은 자아의 기원을 부숴버렸다.'란 마음의 싫어하여 떠남에 관련된 묘사이고, 모든 것을 아는 상태(全知性)의 획득에 관련된 묘사이며, 알의 껍질 같은 무명의 깨짐에 관련된 묘사이다.

Tenāha Bhagavā:
Tulaṃ atulañ ca sambhavan ti.

그러므로 세존께서 [위의 게송을] 말씀하셨다. "잴 수 있는 또는 잴 수 없는 기원…"

Yo dukkhaṃ adakkhi yato nidānaṃ
kāmesu so jantu kathaṃ nameyya
kāmā hi loke saṅgo ti ñatvā
teasṃ satimā vinayāya sikkhe ti.

> 괴로움을 본 자, 그러한 인연을 지녔는데도
> 어찌 그 사람이 감각적 욕망에 기울어질 수 있겠는가?
> 감각적 욕망들은 세간에 대한 끄달림(染着)이라고 알고서,
> 사띠를 지닌 자는 그것을 제거하기 위해 수련할 것이다.[201)]

201) Saṃyutta Nikāya, 1권, 117쪽.

Yo dukkhan ti vevacanapaññatti ca dukkhassa pariññāpaññatti ca. Yato nidānan ti pabhavapaññatti ca samudayassa pahānapaññatti ca. Adakkhī ti vevacanapaññatti ca ñāṇacakkhussa paṭivedhapaññatti ca.

[위의 게송에서] '괴로움을 [본] 자'란 괴로움에 대한 유의어의 묘사이고, [괴로움에 대한] 두루한 앎에 관련된 묘사이다. '그러한 인연을 지녔는데도'란 일어남의 발생과 제거에 관련된 묘사이다. '보았다.'란 앎의 눈에 대한 유의어의 묘사이고, 꿰뚫음에 관련된 묘사이다.

Kāmesu so jantu kathaṃ nameyyā ti vevacanapaññatti ca kāmataṇhāya abhinivesapaññatti ca. Kāmā hi loke saṅgo ti ñatvā ti paccatthikato dassanapaññatti kāmānaṃ, kāmā hi aṅgārakāsupamā maṃsapesupamā pāvakakappā papāta-uragopamā ca.

'어찌 그 사람이 감각적 욕망에 기울어질 수 있겠는가?'란 감각적 욕망에 대한 갈애의 유의어의 묘사이고, [감각적 욕망에 대한 갈애의] 고집에 관련된 묘사이다. '감각적 욕망들은 세간에 대한 끄달림이라고 알고서'란 '감각적 욕망들이 지니는 불이익을 봄'에 관련된 묘사이다. [왜냐하면] 감각적 욕망들은 숯불 구덩이[202]로 비유되고 고기 조각으로 비유되며 큰 불, 절벽, 뱀으

202) Majjhima Nikāya, 1권, 54쪽과 130쪽 참조. 감각적 욕망들은 해골, 고기 조각, 건초불, 숯불구덩이, 꿈, 빌린 물건, 나무 열매, 도살장, 칼과 창, 뱀머리에 비유되고

로 비유되기 때문이다.

Tesaṃ satimā ti apacayapaññatti pahānāya, nikkhepapaññatti kāyagatāya satiyā, bhāvanāpaññatti maggassa. Vinayāya sikkhe ti paṭivedhapaññatti rāgavinayassa dosavinayassa mohavinayassa.

'사띠를 지닌 자'란 제거로서의 감소에 관련된 묘사이고, '몸에 대한 사띠(身至念)'에 관한 소개의 묘사이며, 길의 닦음에 관련된 묘사이다. '제거하기 위해 수련할 것이다.'란 탐냄의 제거, 성냄의 제거, 어리석음의 제거를 위한 꿰뚫음에 관련된 묘사이다.

Jantū ti vevacanapaññatti yogissa. Yadā hi yogī kāmā saṅgo' ti pajānāti, so kāmānaṃ anuppādāya kusale dhamme uppādayati, so anuppannānaṃ kusalānaṃ dhammānaṃ uppādāya vāyamati. [p.62]

Ayaṃ vāyāmapaññatti appattassa pattiyā, nikkhepapaññatti oramattikāya asantuṭṭhiyā.

'사람'이란 수행자에 대한 유의어의 묘사이다. 수행자가 '감각적 욕망은 끄달림이다.'라고 잘 알 때 그는 감각적 욕망들이 생기지 않도록 하기 위해 옳은 법들을 생겨나게 한다. 그리고 아직 생기지 않은 옳은 법들은 생기도록 하기 위해 정진한다. [62쪽]

이것은 [아직] 얻지 못한 성취를 위한 정진에 관련된 묘사이

있으며, 즐거움은 적고 괴로움은 많고, 근심이 많고 재난은 더욱 많다고 설해진다.

고, 이 세상에 대한 불만족에 관한 소개의 묘사이다.

Tattha so uppannānaṃ kusalānaṃ dhammānaṃ ṭhitiyā vayamatī ti ayaṃ appamādapaññatti bhāvanāya, nikkhepapaññatti viriyindriyassa, ārakkhapaññatti kusalānaṃ dhammānaṃ, ṭhitipaññatti adhicittasikkhāya.

여기에서 '그가 이미 생겨난 옳은 법들을 유지하기 위해 정진하는 것'은 닦음의 부지런함에 관련된 묘사이고, 노력의 기능에 대한 소개의 묘사이고, 옳은 법의 지킴에 관련된 묘사이며, 고양된 마음(增上心)을 위한 수련의 뿌리내림에 관련된 묘사이다.

Tenāha Bhagavā: Yo dukkhaṃ addakkhi yato nidānan ti.

그러므로 세존께서 [위의 게송을] 말씀하셨다. "괴로움을 본 자, 그러한 인연을 지녔는데도…"

Mohasambandhano loko bhabbarūpo va dissati
upadhibandhano bālo tamasā parivārito
assirī viya khāyati passato n'atthi kiñcanan ti.

> 어리석음으로 묶인 세간은 그럴듯한 물질현상으로 보인다.
> 집착의 대상에 묶인 어리석은 자는 어둠으로 둘러싸인 불행한 자이다.
> [이것을] 보는 자에게는 아무것도 [가질 것이] 없다.[203]

203) Udāna, 79쪽.

Mohasambandhano loko ti desanāpaññatti vipallāsānaṃ. Bhabbarūpo va dissatī ti viparītapaññatti lokassa. Upadhibandhano bālo ti pabhavapaññatti pāpakānaṃ icchāvacarānaṃ, kiccapaññatti pariyuṭṭhānānaṃ, balavapaññatti kilesānaṃ, virūhanāpaññatti saṃkhārānaṃ. Tamasā parivārito ti desanāpaññatti avijjandhakārassa vevacanapaññatti ca. Assirī viya khāyatī ti dassanapaññatti dibbacakkhussa, nikkhepapaññatti paññācakkhussa. Passato n'atthi kiñcanan ti paṭivedhapaññatti sattānaṃ. Rāgo kiñcanaṃ doso kiñcanaṃ moho kiñcanaṃ.

[위의 게송에서] '어리석음으로 묶인 세간'이란 '거꾸로 봄'의 드러냄에 관련된 묘사이다. '그럴듯한 물질현상처럼 보인다.'란 세간의 왜곡에 관련된 묘사이다. '집착의 대상에 묶인 어리석은 자'란 악한 욕구의 활동범위의 발생에 관련된 묘사이고, 사로잡힘의 작용에 관련된 묘사이고, 오염의 강력함에 관련된 묘사이며, 지음의 자람에 관련된 묘사이다. '어둠으로 둘러싸인'이란 무명이라는 어둠의 드러냄에 관련된 묘사이고 [무명이라는 어둠에] 대한 유의어의 묘사이다. '불행한 자이다.'란 천안이라는 봄의 묘사이고, 반야의 눈에 대한 소개의 묘사이다. '[이것을] 보는 자에게는 아무 것도 [가질 것이] 없다.'란 중생에 대한 꿰뚫음의 묘사이다. 즉 탐냄도 무언가를 [가지는 것이고,] 성냄도 무언가를 [가지는 것이고,] 어리석음도 무언가를 [가지는 것이다.][204)]

204) Majjhima Nikāya, 1권, 298쪽에 따르면, '아무 것도 없음이라는 마음의 해탈(ākiñ-

Tenāha Bhagavā: Mohasambandhano loke ti.

그러므로 세존께서 [위의 게송을] 말씀하셨다. "어리석음으로 묶인 세간은…"

Atthi bhikkhave ajātaṃ abhūtaṃ akataṃ asaṃkhataṃ. No ce taṃ bhikkhave abhavissa ajātaṃ abhūtaṃ akataṃ asaṃkhataṃ, na idha jātassa bhūtassa katassa saṃkhatassa nissaraṇaṃ paññāyetha. Yasmā ca kho bhikkhave atthi ajātaṃ abhūtaṃ akataṃ asaṃkhataṃ, tasmā jātassa bhūtassa katassa saṃkhatassa nissaraṇaṃ paññāyatī ti. [p.63]

> 비구들이여, 태어나지 않음, 있지 않음, 하지 않음, 지어지지 않은 것(無爲)이 있다. 비구들이여, 만약 태어나지 않음, 있지 않음, 하지 않음, 지어지지 않은 것이 없다면 여기 태어남, 있음, 함, 지어진 것(有爲)에 대한 떠남을 알 수 없을 것이다. 비구들이여, 태어나지 않음, 있지 않음, 하지 않음, 지어지지 않은 것이 있기 때문에 태어남, 있음, 함, 지어진 것에 대한 떠남을 알 수 있는 것이다.[205] [63쪽]

No ce taṃ bhikkhave abhavissa ajātaṃ abhūtaṃ akataṃ asaṃkhatan ti desanāpaññatti nibbānassa vevacanapaññatti ca. Na idha jātassa bhūtassa katassa saṃkhatassa nissaraṇaṃ paññāyethā ti vevacanapaññatti saṃkhatassa upanayanapaññatti ca. Yasmā ca kho bhikkhave atthi ajātaṃ abhūtaṃ akataṃ asaṃkhatan ti

cañña cetovimutti)'을 위해 없애야 하는 것이다.

205) Udāna, 80쪽.

vevacanapaññatti nibbānassa jotanāpaññatti ca. Tasmā jātassa bhūtassa katassa saṃkhatassa nissaraṇaṃ paññāyatī ti ayaṃ vevacanpaññatti nibbānassa, niyyānikapaññatti maggassa, nissaraṇapaññatti saṃsārato.

'비구들이여, 만약 태어나지 않음, 있지 않음, 하지 않음, 지어지지 않은 것이 없다면'이란 열반에 대한 드러냄의 묘사이고 [열반에 대한] 유의어의 묘사이다. '여기 태어남, 있음, 함, 지어진 것에 대한 떠남을 알 수 없을 것이다.'란 지어진 것에 대한 유의어의 묘사이고, [지어진 것으로] 나아감에 관련된 묘사이다. '비구들이여, 태어나지 않음, 있지 않음, 하지 않음, 지어지지 않은 것이 있기 때문에'란 열반에 대한 유의어의 묘사이고 비춤의 묘사이다. '그 때문에 태어남, 있음, 함, 지어진 것에 대한 떠남을 알 수 있다.'라는 것은 열반에 대한 유의어의 묘사이고, 길이라는 '벗어나게 하는 것'에 관련된 묘사이며, 윤회로부터의 떠남에 관련된 묘사이다.

Tenāha Bhagavā: No ce taṃ abhavissā ti.

그러므로 세존께서 [위의 경구를] 말씀하셨다. "만약 그것이 없다면…"

Tenāha āyasmā Mahākaccāno:
Ekaṃ Bhagavā dhammaṃ paṇṇattīhi vividhāhi desetī ti.

그래서 마하깟짜나 존자는 말씀하셨다.

"세존께서 하나의 법을 다양한 묘사로 드러내신다. [이러한 양상이 묘사를 통한 전달이라고 알아야 한다.]"

Niyutto paññatti-hāro.

묘사를 통한 전달이 끝남.

12. 하강을 통한 전달(Otaraṇa-hāra)

Tattha katamo otaraṇo-hāro?

Yo ca paṭiccuppādo ti.

[제1부에서 열거한 열여섯 가지 전달] 중에서 하강206)을 통한 전달이란 무엇인가?

[제2부에서 언급한] '연기, …'207)라는 [게송이 하강을 통한 전달에 해당한다.]

Uddhaṃ adho sabbadhi vippamutto
ayaṃ ahasmī ti anānupassī
evaṃ vimutto udatāri oghaṃ
atiṇṇapubbaṃ apunabbhavāyā ti.

> 위에, 아래에, 모든 곳에 자유로운 자,
> '이것은 나다.'라고 '따라가며 봄'이 없는 자,
> 이와 같이 해탈한 자는 다음 존재를 갖지 않기 위해
> 이전에 건너보지 못한 거센 물을 건넜다.208)

---

206) 본 '하강을 통한 전달'이라는 제목에서 '하강(otaraṇa)'의 용례는 열여섯 번째 '상승을 통한 전달'의 설명 부분에서 나타난다(이 책 309쪽). 해당 문맥에 따르면 "하나의 근접요인에서 근접요인들이 내려간 만큼 그만큼 모두 올라가야 한다."라는 문단이 나오고 거기서 '내려간다(otaranti)'와 '올라가야 한다(samāropayitabbāni)'라는 용어가 대비되어 나타난다. 따라서 여기서는 그 용례를 따라 하강이라 번역하고, '올라감'의 경우는 상승이라 번역하였다.

207) 이 책 20쪽에 나오는 이 게송의 전문은 다음과 같다. "연기(緣起), 기능(根), 다발(蘊), 계(界), 영역(處)에 따라 내려가며 해석한다. 이것을 하강을 통한 전달이라 부른다.(Yo ca paṭiccuppādo indriyakhandhā dhātu-āyatanā etehi otarati yo otaraṇo nāma so hāro)"

Uddhan ti rūpadhātu ca arūpadhātu ca. Adho ti kāmadhātu. Sabbadhi vippamutto ti te-dhātuke ayaṃ asekhāvimutti.

'위에'란 물질현상의 계(色界)와 물질현상을 지니지 않은 계(無色界)를 가리킨다. '아래에'란 감각적 욕망의 계(慾界)를 가리킨다. '모든 곳에 자유로운 자'란 배울 것이 없는 이의 삼계(三界)로 부터 해탈을 가리킨다.

Tāni yeva asekhāni pañcindriyāni.
Ayaṃ indriyehi otaraṇā.

이러한 배울 것이 없는 이가 지닌 다섯 기능(五根)이 있다. 이것은 기능(根)에 따른 하강이다.

Tāni yeva asekhāni pañcindriyāni vijjā. Vijjuppādā avijjānirodho, avijjānirodhā saṃkhāranirodho, saṃkhāranirodhā viññāṇanirodho, viññāṇanirodhā nāmarūpanirodho, nāmarūpanirodhā saḷāyatananirodho, saḷāyatananirodhā phassanirodho, phassanirodhā vedanānirodho, vedanānirodhā [64쪽] taṇhānirodho, taṇhānirodhā upādānanirodho, upādānanirodhā bhavanirodho, bhavanirodhā jātinirodho, jātinirodhā jarāmaraṇasokaparidevadukkhadomanassūpāyāsā nirujjhanti.

Evam etassa kevalassa dukkhakkhandhassa nirodho hoti.

208) Udāna, 74쪽.

Ayaṃ paṭiccasamuppādhehi otaraṇā.

이러한 배울 것이 없는 이의 다섯 기능은 밝은 앎에 해당한다. 밝은 앎의 일어남으로부터 무명의 소멸이 있다. 무명의 소멸로부터 지음의 소멸이 있다. 지음의 소멸로부터 의식의 소멸이 있다. 의식의 소멸로부터 정신·물질현상의 소멸이 있다. 정신·물질현상의 소멸로부터 여섯 영역의 소멸이 있다. 여섯 영역의 소멸로부터 접촉의 소멸이 있다. 접촉의 소멸로부터 느낌의 소멸이 있다. 느낌의 소멸로부터 [64쪽] 갈애의 소멸이 있다. 갈애의 소멸로부터 집착의 소멸이 있다. 집착의 소멸로부터 존재의 소멸이 있다. 존재의 소멸로부터 태어남의 소멸이 있다. 태어남의 소멸로부터 노쇠·죽음·근심·슬픔·괴로움·불쾌함·절망이 소멸한다. 이와 같이 이 순전한 괴로움의 다발이 소멸한다. 이것은 연기에 따른 하강이다.

Tāni yeva asekkhāni pañbcindiriyāni tīhi khandhehi saṃgahitāni: sīlakkhandhena samādhikkhandhena paññakkhandhena. Ayaṃ khandhehi otaraṇā.

이러한 배울 것이 없는 이의 다섯 기능은 계의 다발(戒蘊), 삼매의 다발(定蘊), 반야의 다발(慧蘊)이라는 세 가지 다발에 포함된다. 이것은 다발(蘊)에 따른 하강이다.

Tāni yeva asekhāni pañcindriyāni saṃkhārapariyāpannāni.

Ye saṃkhārā anāsavā no ca bhavaṅgā, te saṃkhārā dhammadhātusaṃgahitā.

Ayaṃ dhātūhi otaraṇā.

이러한 배울 것이 없는 이의 다섯 기능은 지음에 속한다. 번뇌를 지니지 않은 것이며 존재의 고리가 아닌 이 지음은 법의 계(法界)에 포함된다. 이것은 계(界)에 따른 하강이다.

Sā dhammadhātu dhammāyatanapariyāpannā.

Yaṃ āyatanaṃ anāsavaṃ no ca bhavaṅgaṃ.

Ayaṃ āyatanehi otaraṇā.

그 법의 계는 법의 영역(法處)에 속한다. 이 영역(處)은 번뇌를 지니지 않은 것이며 존재의 고리가 아니다. 이것은 영역(處)에 따른 하강이다.

Ayaṃ ahasmī ti anānupassī ti ayaṃ sakkāyadiṭṭhiyā samugghāto.

Sā sekhāvimutti tāni yeva sekhāni pañcindriyāni.

Ayaṃ indriyehi otaraṇā.

'이것은 나다라고 따라가며 봄이 없는 자'란 현재의 몸에 대한 견해의 끊어짐을 가리킨다. 이것은 배울 것이 남은 이(有學)의 해탈이다. 이러한 배울 것이 남은 이가 지닌 다섯 기능이 있다. 이것은 기능에 따른 하강이다.

Tāni yeva sekhāni pañcindriyāni vijjā. Vijjuppādā avijjānirodho, avijjānirodhā saṃkhāranirodhe… Evaṃ sabbo paṭiccasamuppādo.
Ayaṃ paṭiccasamuppādehi otaraṇā.

이러한 배울 것이 남은 이들의 다섯 기능은 밝은 앎에 해당한다. 밝은 앎의 일어남으로부터 무명의 소멸이 있다. 무명의 소멸로부터 지음의 소멸이 있다. 남은 연기도 이와 같다. 이것은 연기에 따른 하강이다.

Sā yeva vijjā paññakkhandho.
Ayaṃ khandhehi otaraṇā.

이 밝은 앎은 반야의 다발(慧蘊)이다. 이것은 다발에 따른 하강이다.

Sā yeva vijjā saṃkhārapariyāpannā.
Ye saṃkhārā anāsavā no ca bhavaṅgā, te saṃkhārā dhammadhātusaṃgahitā.
Ayaṃ dhātūhi otaraṇā.

이러한 밝은 앎은 지음에 속한다. 번뇌를 지니지 않은 것이며 존재의 고리가 아닌 이 지음은 법의 계에 포함된다. 이것은 계에 따른 하강이다.

Sā dhammadhātu dhammāyatanapariyāpannā. Yaṃ āyatanaṃ

anāsavaṃ no ca bhavaṅgaṃ. Ayaṃ āyatanehi otaraṇā.

그 법의 계는 법의 영역에 속한다. 이 영역은 번뇌를 지니지 않은 것이며 존재의 고리가 아니다. 이것은 영역에 따른 하강이다.

Sekhāya ca vimuttiyā asekhāya ca vimuttiyā vimutto udatāri oghaṃ atiṇṇapubbaṃ apunabbhavāya. [p.65]

Tenāha Bhagavā: Uddhaṃ adho ti.

배울 것이 남은 이의 해탈과 배울 것이 없는 이의 해탈로써 해탈한 자는 다음 존재를 갖지 않기 위해 이전에 건너보지 못한 거센 물을 건넜다. [65쪽]

그러므로 세존께서 [위의 게송을] 말씀하셨다. "위에, 아래에…"

Nissitassa calitaṃ anissitassa calitaṃ n'atthi, calite asati passaddhi, passaddhiyā sati nati na hoti, natiyā asati āyatigati na hoti, āyatigatiyā asati cutupapāto na hoti, cutupapāte asati nev'idha na huraṃ na ubhayamantarena, es'ev'anto dukkhassā ti.

> 의존하는 자에게는 흔들림이 [있다.] 의존하지 않는 자에게는 흔들림이 없다. 흔들림이 없을 때 홀가분함(輕安)이 있다. 홀가분함이 있을 때 기울어짐이 없다. 기울어짐이 없을 때 오고 감이 없다. 오고 감이 없을 때 죽음과 다시 태어남이 없다. 죽음과 다시 태어남이 없을 때 여기도 없고 저기도 없고 양쪽 사이에도 없다. 이것이야말로 괴로움의 끝이다.[209)]

Nissitassa calitan ti nissayo nāma duvidho: taṇhānissayo diṭṭhinissayo ca. Tattha yā rattassa cetanā ayaṃ taṇhānissayo, yā sammuḷhassa cetanā ayaṃ diṭṭhinissayo.

'의존하는 자에게는 흔들림이 있다.'에서 의존은 두 가지 이다. 즉 갈애에 대한 의존과 견해에 대한 의존이다. 이 둘 중에서 탐착하는 자의 의도는 갈애에 대한 의존에 해당하고 미혹한 자의 의도는 견해에 대한 의존에 해당한다.

Cetanā pana saṃkhārā, saṃkhārapaccayā viññāṇaṃ, viññāṇ-paccayā nāmarūpaṃ

Evaṃ sabbo paṭiccasamuppādo…

Ayaṃ paṭiccasamuppādhehi otaraṇā.

의도는 지음이다. 지음을 조건으로 의식이 있고 의식을 조건으로 정신·물질현상이 있다. 남은 연기도 이와 같다. 이것은 연기에 따른 하강이다.

Tattha yā rattassa vedanā ayaṃ sukhā vedanā, yā sammūḷhassa vedanā ayaṃ adukkhamasukhā vedanā.

Imā vedanā vedanākkhandho.

Ayaṃ khandhehi otaraṇā.

209) Udāna, 81쪽.

여기에서 탐착하는 자의 느낌이란 즐거운 느낌을 말한다. 미혹한 자의 느낌이란 괴롭지도 즐겁지도 않은 느낌을 말한다. 이러한 느낌이 느낌의 다발(受蘊)이다. 이것은 다발에 따른 하강이다.

Tattha sukhā vedanā dve indriyāni: sukhindriyaṃ somanassindriyañ ca. Adukkhamasukhā vedanā upekkhindriyaṃ.

Ayaṃ indriyehi otaraṇā.

그 중에서 즐거운 느낌은 즐거움의 기능과 유쾌함의 기능이라는 두 가지 기능에 해당한다. 괴롭지도 즐겁지도 않은 느낌은 평정(捨)의 기능에 해당한다. 이것은 기능에 따른 하강이다.

Tāni yeva indriyāni saṃkhārapariyāpannāni. Ye saṃkhārā sāsavā bhavaṅgā, te saṃkhārā dhammadhātusaṃgahitā.

Ayaṃ dhātūhi otaraṇā.

이러한 기능들은 지음에 속한다. 번뇌를 지닌 것이며 존재의 고리인 이 지음은 법의 계에 포함된다. 이것은 계에 따른 하강이다.

Sā dhammadhātu dhammāyatanapariyāpannā. Yaṃ āyatanaṃ sāsavaṃ bhavaṅgaṃ.

Ayaṃ āyatanehi otaraṇā.

이 법의 계는 법의 영역에 속한다. 이 영역은 번뇌를 지닌 것이며 존재의 고리이다. 이것은 영역에 따른 하강이다.

Anissitassa calitaṃ n'atthī ti samathavasena vā taṇhāya anissito vipassanāvasena vā diṭṭhiyā anissito.

Yā vipassanā ayaṃ vijjā. Vijjuppādā avijjānirodho. Avijjānirodhā saṃkhāranirodho. Saṃkhāranirodhā viññāṇanirodho. Evaṃ sabbo paṭiccasamuppādo. [p.66]

Ayaṃ paṭiccasamuppādehi otaraṇā.

'의존하지 않는 자에게는 흔들림이 없다.'란 사마타의 힘으로 갈애에 의존하지 않는 것 또는 위빠사나의 힘으로 견해에 의존하지 않는 것을 뜻한다. 위빠사나는 밝은 앎이다. 밝은 앎의 일어남으로부터 무명의 소멸이 있다. 무명의 소멸로부터 지음의 소멸이 있다. 지음의 소멸로부터 의식의 소멸이 있다. 남은 연기도 이와 같다. [66쪽] 이것은 연기에 따른 하강이다.

Sā yeva vipassanā paññakkhandho.

Ayaṃ khandhehi otaraṇā.

이 위빠사나는 반야의 다발(慧蘊)이다. 이것은 다발에 따른 하강이다.

Sā yeva vipassanā dve indriyāni: viriyindriyañ ca paññindriyañ ca.

Ayaṃ indriyehi otaraṇā.

이 위빠사나는 노력의 기능과 반야의 기능이라는 두 가지 기능에 해당한다. 이것은 기능에 따른 하강이다.

Sā yeva vipassanā saṃkhārapariyāpannā. Ye saṃkhārā anūsavā no ca bhavaṅgā, te saṃkhārā dhammadhātusaṃgahitā. Ayaṃ dhātūhi otaraṇā.

이러한 위빠사나는 지음에 속한다. 번뇌를 지니지 않은 것이며 존재의 고리가 아닌 이 지음은 법의 계에 포함된다. 이것은 계에 따른 하강이다.

Sā dhammadhātu dhammāyatanapariyāpannā. Yaṃ āyatanaṃ anāsavaṃ no ca bhavaṅgaṃ. Ayaṃ āyatanehi otaraṇā.

이 법의 계는 법의 영역에 속한다. 이 영역은 번뇌를 지니지 않은 것이며 존재의 고리가 아니다. 이것은 영역에 따른 하강이다.

Passaddhiyā satī ti duvidhā passaddhi: kāyikā ca cetasikā ca. Yaṃ kāyikaṃ sukhaṃ ayaṃ kayikā passaddhi. Yaṃ cetasikaṃ sukhaṃ ayaṃ cetasikā passaddhi. Passaddhākāyo sukhaṃ vedayati. Sukhino cittaṃ samādhiyati.

'홀가분함(輕安)이 있을 때'란 두 가지 경우의 홀가분함을 뜻한다. 즉 몸에 속한 것과 마음에 속한 것이다. 몸에 속하는 즐거움이 몸에 속한 홀가분함에 해당한다. 마음에 속하는 즐거움이 마음에 속한 홀가분함에 해당한다. 홀가분한 몸은 즐거움을 느낀다. 즐거운 이의 마음은 삼매에 든다.[210]

Samāhito yathābhūtaṃ pajānāti. Yathābhūtaṃ pajānanto nibbindati. Nibbindanto virajjati. Virāgā vimuccati. Vimuttasmiṃ vimutt'amhī ti ñāṇaṃ hoti, khīṇājāti vusitaṃ brahmacariyaṃ kataṃ karaṇīyaṃ nāparaṃ itthattāyā ti pajānāti.

삼매에 든 이는 있는 그대로 잘 안다. 있는 그대로 잘 아는 이는 싫어하여 떠난다. 싫어하여 떠나는 이는 탐냄을 여읜다. 탐냄을 여의기 때문에 해탈한다. 해탈했을 때 '나는 해탈했다.'라는 앎이 있다. '태어남은 끝났다. 고귀한 삶은 이루어졌으며 해야 할 일은 다했다. 더 이상 이런 상태는 없다.'라고 잘 안다.[211]

So na namati rūpesu na saddesu na gandhesu na rasesu na phoṭṭhabbesu na dhammesu khayā rāgassa khayā dosassa khayā mohassa. Yena rūpena Tathāgataṃ tiṭṭhantaṃ caraṃ paññāpa-

210) 삼매에 드는 과정에서 삼매의 선행조건(upanisā)은 즐거움(sukha)이다. 그리고 즐거움의 원인은 홀가분함이다. Majjhima Nikāya, 1권, 37쪽, Saṃyutta Nikāya, 2권, 30쪽, Aṅguttara Nikāya, 5권, 1쪽 참조.

211) 해탈에 이르는 과정에서 출발 동기가 무명(Saṃyutta Nikāya, 2권, 30쪽)이든 계행(Aṅguttara Nikāya, 5권, 1쪽)이든 행복(pāmujjia, 悅樂)에 이르게 되면 그 이후의 과정은 다음과 같이 동일하다. 즉 행복(pāmujjia)→희열(pīti)→홀가분함(passaddhi)→즐거움(sukha)→삼매(samādhi)→있는 그대로 앎(yathābhūtaṃ pajānāti)→싫어하여 떠남(nibbida)→탐냄의 여읨(virāga)→해탈(Vimutti)이다.

yamāno paññāpeyya, tassa rūpassa khayā virāgā nirodhā cāgā paṭinissaggā rūpasaṃkhaye vimutto Tathāgato atthī ti pi na upeti, n'atthī ti pi na upeti, atthi n'atthī ti pi na upeti, nev'atthi no n'atthī ti pi na upeti. Atha kho gambhīro appameyyo asaṃkheyyo nibbuto ti yeva saṃkhaṃ gacchati

그는 탐냄이 그쳤기 때문에, 성냄이 그쳤기 때문에, 어리석음이 그쳤기 때문에 물질현상에 대해, 소리에 대해, 냄새에 대해, 맛에 대해, 감촉에 대해, 법에 대해 기울어지지 않는다. 그는 머물러 있거나 움직이는 여래를 물질현상으로 묘사할 수도 있다. 그러나 물질현상이 그칠 때 그 물질현상의 그침, 탐냄의 여읨, 소멸, 포기, 버림으로 인해 해탈하여, 그는 '여래가 있다.'라고 보지 않는다. '[여래가] 없다.'라고도 보지 않는다. '[여래가] 있기도 하고 없기도 하다.'라고도 보지 않는다. '[여래가] 있는 것도 아니고 없는 것도 아니다.'라고도 보지 않는다.[212] 그는 오로지 [여래를] '심오한 이, 무한한 이, 헤아릴 수 없는 이, 불이 꺼진 이'라고 파악한다.

khaya rāgassa khayā dosassa khayā mohassa. Yāya vedanāya /pe/ yāya saññaya··· yehi saṃkhārehi··· yena viññāṇena [p.67] Tathāgataṃ tiṭṭhantaṃ carṃ paññapayamāno paññāpeyya, tassa viññāṇassa khayā virāgā nirodhā cāgā paṭinissaggā viññāṇa-

212) Majjhima Nikāya, 1권 486쪽; Saṃyutta Nikāya. 4권, 383쪽 참조.

saṃkhaye vimutto Tathāgato atthī ti pi na upeti, n'atthī ti pi na upeti, atthi n'atthī ti pi na upeti, nev'atthi no n'atthī ti pi na upeti. Atha kho gambhīro appameyyo asaṃkheyyo nibbuto ti yeva saṃkhaṃ gacchati.

그는 탐냄이 그쳤기 때문에, 성냄이 그쳤기 때문에, 어리석음이 그쳤기 때문에 …느낌으로. …[중략]… 지각으로 …[중략]… 지음으로 …[중략]… 그는 머물러 있거나 움직이는 여래를 의식으로 [67쪽] 묘사할 수도 있다. 그러나 의식이 그칠 때 그 의식의 그침, 탐냄의 여읨, 소멸, 포기, 버림으로 인해 해탈하여, 그는 '여래가 있다.'라고 보지 않는다. '[여래가] 없다.'라고도 보지 않는다. '[여래가] 있기도 하고 없기도 하다.'라고도 보지 않는다. '[여래가] 있는 것도 아니고 없는 것도 아니다.'라고도 보지도 않는다. 그는 오로지 [여래를] '심오한 이, 무한한 이, 헤아릴 수 없는 이, 불이 꺼진 이'라고 파악한다.

Āgatī ti idhāgati. Gatī ti peccabhavo. Āgati gati pi na bhavanti.

'옴'이란 여기에 옴을 가리킨다. '감'이란 죽은 후의 존재를 가리킨다. '옴'도 '감'도 존재하지 않는다.

Nev'idhā ti chasu ajjhattikesu āyatanesu. Na huran ti chasu bāhiresu āyatanesu. Na ubhayamantarenā ti phassasamuditesu dhmmesu attānaṃ na passati.

'여기에 없다.'란 안에 속하는 여섯 영역(六內入處)에 관련된 말이다. '저기에 없다.'란 밖에 속하는 여섯 영역(六外入處)에 관련된 말이다. '양쪽 사이에도 없다.'란 접촉으로부터 일어난 법에서 자아를 보지 않는다.'라는 말이다.

Es'ev'anto dukkhassā ti paṭiccasamuppādo. So duvidho: lokiyo ca lokuttaro ca.

Tattho lokiko: avijjāpaccayā saṃkhārā yāva jarāmaraṇā, lokuttaro: sīlavato avippaṭisāro jāyati yava nāparaṃ itthattāyā ti pajānāti.

'이것이야말로 괴로움의 끝이다.'란 연기를 말한다. 그 [연기는] '세간에 속하는 것'과 '세간을 넘어선 것'의 두 가지가 있다. 그 중에서 세간에 속하는 것은 '무명을 조건으로 지음이 있다'에서 시작하여 '노쇠와 죽음'까지의 [연기이다.] 세간을 넘어선 것은 '계행을 지키는 자에게 후회 없음이 생긴다'에서 '더 이상 이런 상태는 없다라고 분명히 안다.'까지의 [연기이다.][213)]

Tenāha Bhagava: Nissitassa calitaṃ anissitassa calitaṃ n'atthi /pe/ es'ev'anto dukkhassā ti.

그러므로 세존께서 [위의 게송을] 말씀하셨다. "의존하는 자에

213) Aṅguttara Nikāya, 5권, 1쪽.

게는 흔들림이 있다. 의존하지 않는 자에게는 흔들림이 없다. … [중략]… 이것이야말로 괴로움의 끝이다."

> *Ye keci sokā paridevitā vā, dukkhañ ca lokasmim anekarūpaṃ piyaṃ paṭicca ppabhavanti, ete piye asante na bhavanti ete. Tasmā hi te sukhino vītasokā, yesaṃ piyaṃ n'atthi kuhiñci loke tasmā asokaṃ virajaṃ patthayāno, piyaṃ na kayirātha kuhiñci loke ti.*

> 근심이나 슬픔 그리고 세간에 다양한 형태의 괴로움은 무엇이든,
> 이것은 사랑스러운 것을 조건으로 발생한다. 사랑스러운 것이 없을 때 이것도 없다.
> 사랑스러운 것이 세간 어디에도 없으므로 그는 기뻐하는 자, 근심을 다한 자가 된다.
> 따라서 근심 없고 먼지 없기를 바라는 자는 세간 어디에도 사랑스러운 것을 만들지 말라.[214)]

Ye keci sokā paridevitā vā dukkhañ ca lokasmiṃ anekarūpaṃ piyaṃ paṭicca ppabhavanti ete ti ayaṃ dukkhāvedanā.

Piye asante na bhavanti ete ti ayaṃ sukhāvedanā. [p.68]

Vedanā vedanākkhandho. Ayaṃ khandhehi otaraṇā.

'근심이나 슬픔 그리고 세간에 다양한 형태의 괴로움은 무엇이든 이것은 사랑스러운 것을 조건으로 발생한다.'라는 것은 괴로운 느낌을 말한다. '사랑스러운 것이 없을 때 이것도 없다.'라

214) Udāna, 92쪽.

는 것은 즐거운 느낌을 말한다. [68쪽] 느낌은 느낌의 다발을 뜻한다. 이것은 다발에 따른 하강이다.

Vedanāpaccayā taṇhā, taṇhāpaccayā upādānaṃ, upādānapaccayā bhavo, bhavapaccayā jāti, jātipaccayā jarāmaraṇaṃ. Evaṃ sabbaṃ.

Ayaṃ paṭiccasamuppādehi otaraṇā.

느낌을 조건으로 갈애가 있다. 갈애를 조건으로 집착이 있다. 집착을 조건으로 존재가 있다. 존재를 조건으로 태어남이 있다. 태어남을 조건으로 노쇠와 죽음이 있다. 남은 [연기도] 이와 같다. 이것은 연기에 따른 하강이다.

Tattha sukhā vedanā dve indriyāni: sukhindriyaṃ somanassindriyañ ca.

Dukkhā vedanā dve indriyāni: dukkhindriyaṃ domanassindriyañ ca.

Ayaṃ indriyehi otaraṇā.

그 중에서 즐거운 느낌은 즐거움의 기능과 유쾌함의 기능이라는 두 가지 기능에 해당한다. 괴로운 느낌은 괴로움의 기능과 불쾌함의 기능이라는 두 가지 기능에 해당한다. 이것은 기능에 따른 하강이다.

Tāni yeva indriyāni samkhārapariyāpannāni.

Ye saṃkhārā sāsavā bhavaṅgā, te saṃkhārā dhammadhātu-saṃgahitā.

Ayaṃ dhātūhi otaraṇā.

이러한 기능은 지음에 속한다. 번뇌를 지닌 것이며 존재의 고리인 이 지음은 법의 계에 포함된다. 이것은 계에 따른 하강이다.

Sā dhmmadhātu dhammāyatanapariyāpannā. Yaṃ āyatanaṃ sāsavaṃ bhavaṅgaṃ.

Ayaṃ āyatanehi otaraṇā.

이러한 법의 계는 법의 영역에 속한다. 이 영역은 번뇌를 지닌 것이며 존재의 고리이다. 이것은 영역에 따른 하강이다.

Tasmā hi te sukhino vītasokā, yesaṃ piyaṃ n'atthi kuhiñci loke

tasmā asokaṃ virajaṃ patthayāno, piyaṃ na kayirātha kuhiñci loke ti idaṃ taṇhāpahānaṃ.

'사랑스러운 것이 세간 어디에도 없으므로 그는 기뻐하는 자, 근심을 다한 자가 된다. 따라서 근심 없고 먼지 없기를 바라는 자는 세간 어디에도 사랑스러운 것을 만들지 말라.'라는 것은 갈애의 제거를 뜻한다.

Taṇhānirodhā upādānanirodho, upādānanirodhā bhavanirodho. Evaṃ sabbaṃ.

Ayaṃ paṭiccasamuppādehi otaraṇā.

갈애의 소멸로부터 집착의 소멸이 있다. 집착의 소멸로부터 태어남의 소멸이 있다. 남은 [연기도] 이와 같다. 이것은 연기에 따른 하강이다.

Taṃ yeva taṇhāpahānaṃ samatho. So samatho dve indriyāni: satindriyaṃ samādhindriyañ ca.

Ayaṃ indriyehi otaraṇā.

사마타는 그 갈애를 제거한다. 이 사마타는 사띠의 기능과 삼매의 기능이라는 두 가지 기능에 해당한다. 이것은 기능에 따른 하강이다.

So yeva samatho samādhikkhandho.

Ayaṃ khandhehi otaraṇā.

이러한 사마타는 삼매의 다발이다. 이것은 다발에 따른 하강이다.

So yeva samatho saṃkhārapariyāpanno.

Ye saṃkhārā anāsavā no ca bhavaṅgā, te saṃkhārā dhammadhātusaṃgahitā.

Ayaṃ dhātūhi otaraṇā.

이러한 사마타는 지음에 속한다. 번뇌를 지니지 않은 것이며 존재의 고리가 아닌 이 지음은 법의 계에 포함된다. 이것은 계에 따른 하강이다.

Sā dhammadhātu dhammāyatanapariyāpannā.
Yaṃ āyatanaṃ anāsavaṃ no ca bhavaṅgaṃ.
Ayaṃ āyatanehi otaraṇā.

이러한 법의 계는 법의 영역에 속한다. 이 영역은 번뇌를 지니지 않은 것이며 존재의 고리가 아니다. 이것은 영역에 따른 하강이다.

Tenāha Bhagavā: Ye keci sokā ti. [p.69]

그러므로 세존께서 [위의 게송을 말씀하셨다.] "근심이나…" [69쪽]

Kāmaṃ kāmayamānassa tassa ce taṃ samijjhati
addhā pītimano hoti laddhā macco yad icchati.
Tassa ce kāmayānassa chandajātassa jantuno
te kāmā parihāyanti sallaviddho va ruppati.
Yo kāme parivajjeti sappasseva padā siro
so'maṃ visattikaṃ loke sato samativattatī ti.

▌어떤 사람이 감각적 욕망을 간절히 원할 때

> 만약 그 욕망을 이룬다면 원하는 것을 얻었기 때문에 기뻐한다.
> 감각적 욕망을 위해 의욕을 낸 중생은 그 감각적 욕망들을
> 포기해야 할 때 화살에 맞은 사람처럼 괴로워한다.
> 두 발이 뱀의 머리를 피하듯, 감각적 욕망을 피하는 자는
> 사띠를 지니고서 세간에 대한 애착을 극복한다.[215]

Tattha yā pītimanatā ayaṃ anunayo.

Yadāha: sallaviddho va ruppatī ti idaṃ paṭighaṃ.

Anunayaṃ paṭighañ ca pana taṇhāpakkho.

Taṇhāya ca pana dasa rūpīni āyatanāni padaṭṭhānaṃ.

Ayaṃ āyatanehi otaraṇā.

여기에서 '기뻐함'이란 이끌림을 뜻한다. '화살에 맞은 사람처럼 괴로워한다.'란 거슬림을 뜻한다. 이끌림과 거슬림은 [모두] 갈애에 속한다. 갈애의 근접요인은 물질현상을 지닌 열 가지 영역이다. 이것은 영역에 따른 하강이다.

Tāni yeva dasa rūpīni āyatanāni rūpakāyo nāma sampayutto. Tadubhayaṃ nāmarūpaṃ. Nāmarūpapaccayā saḷāyatanaṃ, saḷāyatanapaccayā phasso, phassapaccayā vedanā, vedanapaccayā taṇhā. Evaṃ sabbaṃ.

Ayaṃ paṭiccasamuppādehi otaraṇā.

215) Sutta Nipāta, 게송 768, 열여섯 가지 전달 중 첫번째 전달인 '교설을 통한 전달(32-34쪽)'에서 인용된 게송이다.

이러한 물질현상을 지닌 열 가지 영역은 정신현상(名)과 연결된 물질현상의 더미(色身)이다. 그 두 가지가 정신·물질현상이다. 정신·물질현상을 조건으로 여섯 영역이 있다. 여섯 영역을 조건으로 접촉이 있다. 접촉을 조건으로 느낌이 있다. 느낌을 조건으로 갈애가 있다. 남은 [연기도] 이와 같다. 이것은 연기에 따른 하강이다.

Tad eva nāmarūpaṃ pañcakkhandho. Ayaṃ khandhehi otaraṇā.

이 정신·물질현상은 다섯 다발(五蘊)이다. 이것은 다발에 따른 하강이다.

Tad eva nāmarūpaṃ aṭṭhārasa dhātuyo. Ayaṃ dhātūhi otaraṇā.

이 정신·물질현상은 열여덟 가지 계(十八界)이다. 이것은 계에 따른 하강이다.

Tattha yo rūpakāyo imāni pañca rūpīni indriyāni, yo nāmakāyo imāni pañca arūpīni indriyāni. Imāni dasa indriyāni.
Ayaṃ indriyehi otaraṇā.

여기에서 물질현상의 더미(色身)는 물질현상을 지닌 다섯 기능이고, 정신현상의 더미(名身)는 물질현상을 지니지 않은 다섯 기능이다. 이것이 열 가지 기능이다. 이것이 기능에 따른 하강이다.

Tattha yadāha:

Yo kāme parivajjeti sappasseva padā siro so'maṃ visattikaṃ loke sato samativattatī ti ayaṃ sa-upādisesā nibbānadhātu.

Ayaṃ dhātūhi otaraṇā.

여기에서 '두 발이 뱀의 머리를 피하듯, 감각적 욕망을 피하는 자는 사띠를 지니고서 세간에 대한 애착을 극복한다.'란 생명의 연료가 남아 있는 열반계(有餘涅槃界)를 뜻한다. 이것은 계에 따른 하강이다.

Sā yeva sa-upādisesā nibbānadhātu vijjā.

Vijjuppādā avijjānirodho, avijjānirodhā saṃkhāranirodho. Evaṃ sabbaṃ. [p.70]

Ayaṃ paṭiccasamuppādehi otaraṇā.

이러한 생명의 연료가 남아 있는 열반계(有餘涅槃界)는 밝은 앎에 해당한다. 밝은 앎의 일어남으로부터 무명의 소멸이 있다. 무명의 소멸로부터 지음의 소멸이 있다. 남은 [연기도] 이와 같다. [70쪽] 이것은 연기에 따른 하강이다.

Sā yeva vijjā paññakkhandho. Ayaṃ khandhehi otaraṇā.

이 밝은 앎은 반야의 다발(慧蘊)이다. 이것은 다발에 따른 하강이다.

Sā yeva vijjā dve indriyāni: viriyindriyaṃ paññindriyñ ca. Ayaṃ indriyehi otaraṇā.

이 밝은 앎은 노력의 기능과 반야의 기능이라는 두 가지 기능에 해당한다. 이것은 기능에 따른 하강이다.

Sā yeva vijjā saṃkhārapariyāpannā.

Ye saṃkhārā anāsavā no ca bhavaṅgā, te saṃkhārā dhammadhātusaṃgahitā.

Ayaṃ dhātūhi otaraṇā.

이러한 밝은 앎은 지음에 속한다. 번뇌를 지니지 않은 것이며 존재의 고리가 아닌 이 지음은 법의 계에 포함된다. 이것은 계에 따른 하강이다.

Sā dhammadhātu dhammāyatanapariyāpannā.

Yaṃ āyatanaṃ anāsavaṃ no ca bhavaṅgaṃ. Ayaṃ āyatanehi otaraṇā.

이러한 법의 계는 법의 영역에 속한다. 이 영역은 번뇌를 지니지 않은 것이며 존재의 고리가 아니다. 이것은 영역에 따른 하강이다.

Tenāha Bhagavā:

Kāmaṃ kāmayamānassā ti.

그러므로 세존께서 [위의 게송을] 말씀하셨다. "어떤 사람이 감각적 욕망을 간절히 원할 때…"

Ettāvatā paṭicca-indriyakhandhadhātu-āyatanāni samosarṇotaraṇāni bhavanti.

Evaṃ paṭicca-indriyakhandha-dhātu-āyatanāni otāretabbāni.

이러한 범위 안에서 연기(緣起), 기능(根), 다발(蘊), 계(界), 영역(處)들이 만나고 내려간다. 이와 같이 연기, 기능, 다발, 계, 영역들을 내려가며 [해석해야] 한다.

Tenāha āyasmā Mahākaccāno:

Yo ca paṭiccuppādo ti.

그래서 마하깟짜나 존자는 말씀하셨다.

"연기(緣起), [기능(根), 다발(蘊), 계(界), 영역(處)에 따라 내려가며 해석한다. 이것을 하강을 통한 전달이라고 부른다.]"

Niyutto otaraṇo-hāro.

하강을 통한 전달이 끝남.

13. 해결을 통한 전달(Sodhana-hāra)

Tattha katamo sodhano-hāro?

Vissajjitamhi pañhe ti gāthā.

[제1부에서 열거한 열여섯 가지 전달] 중에서 해결을 통한 전달이란 무엇인가?

[제2부에서 언급한] '질문에 대해 대답할 때…'216) 라는 게송, [이것이 해결을 통한 전달에 해당한다.]

Yathā āyasmā Ajito Pārāyane Bhagavataṃ pañhaṃ pucchati:

파라야나경에서 아지따 존자가 세존께 여쭈었다.

Ken'assu nivuto loko
ken'assu na ppakāsati
kissābhilepanaṃ brūsi
kiṃ su tassa mahabbhayan ti?

Avijjāya nivuto loko (Ajitā ti Bhagavā)
vivicchā pamādā na ppakāsati
jappābhilepanaṃ brūmi
dukkhaṃ assa mahabbhayan ti.

216) 제2부(이 책 21쪽)에 나오는 이 게송의 전문은 다음과 같다. "게송에서 질문에 대답한 경우, 질문에 관련하여 해결된 점과 해결되지 않은 점을 점검한다. 이것을 해결을 통한 전달이라 부른다.(Vissajjitamhi pañhe, gāthāyaṃ pucchītāyaṃ ārabbha; suddhāsuddhaparikkhā, hāro so sodhano nāma'ti.)"

> 무엇으로 세간은 덮여 있습니까?
> 무엇 때문에 보이지 않습니까?
> 무엇이 그의 허물입니까? 말씀해주소서.
> 그것의 큰 두려움은 무엇입니까?
>
> ("아지따여!" 세존께서 말씀하셨다.)
> 세간은 무명으로 덮여 있다.
> 이리저리 원함(의심)[217]과 게으름 때문에 보이지 않는다.
> 열망이 허물이다. 나는 말하니,
> 괴로움(苦)이 그것의 큰 두려움이다.[218]

Ken'assu nivuto loko ti pañhe Avijjāya nivuto loko ti Bhagavā padaṃ sodheti no ca ārambhaṃ.

'무엇으로 세간은 덮여 있습니까?'라는 질문에 대해 '세간은 무명으로 덮여 있다.'라고 하심으로써 세존께서는 [질문받은] 말을 해결하신다. [그러나 이것은 질문의] 동기에 대한 것은 아니다.

Ken'assu na [p.71] ppakāsatī ti pañhe Vivicchā pamādā na ppakāsatī ti Bhavavā padaṃ sodheti no ca ārambhaṃ.

'무엇 때문에 [71쪽] 보이지 않습니까?'라는 질문에 대해 '이리저리 원함(의심)과 게으름 때문에 보이지 않는다.'라고 하심으로

217) 이리저리 원함 또는 의심의 두 가지로 번역하는 이유에 대해서는 각주 36 참조.
218) Sutta Nipāta, 게송 1032, 1033; 이 책 52쪽 참조.

써 세존께서는 [질문받은] 말을 해결하신다. [그러나 이것은 질문의] 동기에 대한 것은 아니다.

Kissābhilepanaṃ brūsī ti pañhe Jappābhilepanaṃ brūmī ti Bhagavā padaṃ sodheti no ca ārambhaṃ.

'무엇이 그것의 허물입니까? 말씀해 주소서.'라는 질문에 대해 '열망이 허물이다. 나는 말하니'라고 하심으로써 세존께서는 [질문받은] 말을 해결하신다. [그러나 이것은 질문의] 동기에 대한 것은 아니다.

Kim su tassa mahabbhayan ti pañhe Dukkham assa mahabbhayan ti Bhagavā padaṃ sodheti, suddho ārambho.

'무엇이 그것의 큰 두려움입니까?'라는 질문에 대해서는 '괴로움(苦)이 그것의 큰 두려움이다.'라고 하셨다. 이로써 세존께서는 [질문받은] 말도 해결하시고 또한 [질문의] 동기도 해결하신다.

Tenāha Bhagavā: Avijjāya nivuto loko ti.

그러므로 세존께서 [위의 게송을] 말씀하셨다. "세간은 무명으로 덮여 있다.…"

Savnti sabbahī sotā (icc āyasmā Ajito)
sotānaṃ kiṃ nivāraṇaṃ
sotānaṃ saṃvaraṃ brūhi

kena sotā pithiyyāre ti?
Yāni sotāni lokasmiṃ (Ajitā ti Bhagavā)
sati teasṃ nivāraṇaṃ
sotānaṃ saṃvaraṃ brūmi
paññāy' ete pithiyyare ti.

> (아지따 존자가 여쭈었다.)
> 흐름은 어느 곳이든 흐릅니까?
> 무엇이 흐름에 대한 제어입니까?
> 흐름에 대한 방어를 말씀해 주십시오.
> 무엇으로 흐름을 막습니까?
>
> ("아지따여", 세존께서 말씀하셨다.)
> 세간에서의 흐름들,
> 사띠가 그것을 제어한다.
> 흐름으로부터의 방어를 말하니,
> 반야로써 그것을 막는다.[219)]

Savanti sabbadhi sotā, sotānaṃ kiṃ nivāraṇan ti pañhe Yāni sotāni lokasmiṃ, sati teasṃ nivāraṇan ti Bhagavā padaṃ sodheti no ca ārambhaṃ.

'흐름은 어느 곳이든 흐릅니까? 무엇이 흐름에 대한 제어입니까?'라는 질문에 대해 '세간에서의 흐름들, 사띠가 그것을 제어한다.'라고 하심으로써 세존께서는 [질문받은] 말을 해결하신다. [그러나 이것은 질문의] 동기에 대한 것은 아니다.

219) 이 책 59-64쪽 참조.

Sotānaṃ saṃvaraṃ brūhi, kena sotā pithiyyare ti pañhe Sotānaṃ saṃvaraṃ brūmi, paññāy' ete pithiyyare ti suddho ārambho.

'흐름에 대한 방어를 말씀해 주십시오. 무엇으로 흐름을 막습니까?'라는 질문에 대해 '흐름으로부터의 방어를 말하니, 반야로써 그것을 막는다.'라고 하신다. 이로써 [질문의] 동기가 해결된다.

Tenāha Bhagavā: yāni sotāni lokasmin ti.

그러므로 세존께서 [위의 게송을] 말씀하셨다. "세간에서의 흐름들…"

Paññā c'eva satī ca (icc āyasmā Ajito)
nāmarūpañ ca mārisa
etaṃ me puṭṭho pabrūhi
katth' etaṃ uparujjhatī ti?.

pañhe

> (아지따 존자가 여쭈었다.)
> 반야와 사띠
> 그리고 정신·물질현상,
> 스승이시여, 이것이 저의 질문입니다. 말씀해 주소서.
> 그것은 언제 그칩니까?

이 질문에 대해

Yaṃ etaṃ pucchasi pañhaṃ
Ajita taṃ vadāmi te
yattha nāmañ ca rūpañ ca
asesaṃ uparujjhati
viññāṇssa nirodhena
etth' etaṃ uparujjhatī ti.

suddho ārambho.

> 그대가 물은 질문,
> 아지따여, 그것에 대해 말하노니,
> 의식이 소멸함으로써 정신현상과 물질현상이
> 남김 없이 그칠 때
> 그것이 소멸한다.220)

라고 하신다. [이로써 질문한] 동기가 해결된다.

Tenāha Bhagavā: Yam etaṃ pucchasi pañhan ti. [p.72]

그러므로 세존께서 [위의 게송을] 말씀하셨다. '그대가 물은 질문…' [72쪽]

Yattha evaṃ suddho ārambho, so pañho vissajjito bhavati, yattha pana ārambho asuddho, na tāva so pañho vissajjito bhavati.

이와 같이 [질문의] 동기가 해결될 때 그 질문은 답변된 것이

220) 이 책 65쪽 참조.

다. [질문의] 동기가 해결되지 않을 때 그 질문은 대답되지 않은 것이다.

Tenāha āyasmā Mahākaccāno:
Vissajjitamhi pañhe ti

그래서 마하깟짜나 존자께서 말씀하셨다.

"[게송에서] 질문에 대답한 경우, [질문에 관련하여 해결된 점과 해결되지 않은 점을 점검한다. 이것을 해결을 통한 전달이라고 부른다.]"

Niyutto sodhano-hāro.
해결을 통한 전달이 끝남.

14. 관점을 통한 전달(Adhiṭṭhāna-hāra)

Tattha katamo adhiṭṭhāno-hāro?

Ekattatāya dhammā ye pi ca vemattatāya niddiṭṭhā ti.

Ye tattha niddiṭṭhā, tathā te dhārayitabbā.

[제1부에서 열거한 열여섯 가지 전달] 중에서 관점을 통한 전달이란 무엇인가?

[제2부에서 언급한] '동일성과 다양성으로 설명되는 법들…'이라는 [게송,221) 이것이 관점을 통한 전달에 해당한다.]

여기에서 설명된 [법들은] 그런 식으로 적용해야 한다.

Dukkhan ti ekattatā.

'괴로움'이란 [괴로움의] 동일성[의 관점에서 말한 것이다.]

a) Tattha katamaṃ dukkhaṃ?

Jāti dukkhā, jarā dukkhā, vyādhi dukkho, maraṇaṃ dukkhaṃ, apiyehi sampayogo dukkho, piyehi vippayogo dukkho, yaṃ

221) 이 책 21쪽에 나오는 이 게송의 전문은 다음과 같다. "동일성[의 관점으로] 또는 다양성[의 관점으로] 법이 설명될 때 그 [동일성 또는 다양성의 관점에 따라] 정리해야 한다. 이것이 관점을 통한 전달이다 (Ekattatāya dhammā ye pi ca vemattatāya niddiṭṭhā tena vikappayitabbā eso hāro adhiṭṭhāno.)" 이 게송의 'te na'를 'tena'로 볼 것인지 'te na'로 할 것인지에 대한 구별이 필요하다. 'te na'가 되면 ye와 연관된 te(그것들)와 동사를 부정하는 na가 되므로 문맥과 동떨어진 전혀 다른 뜻이 된다. 여기에서는 tena(ta의 수단격)로 보고 '그것으로'라고, 즉 '동일성과 다양성의 관점에 따라'의 의미로 번역하였다.

p'iccham̩ na labhati tam̩ pi dukkham̩, sam̩khittena pañcupādānakkhandhā dukkhā: rūpā dukkhā, vedanā dukkhā, saññā dukkhā, sam̩khārā dukkhā, viññānam̩ dukkham̩.

Ayam̩ vemattatā.

a) 여기에서 무엇이 괴로움인가?

태어남이 괴로움이다. 노쇠가 괴로움이다. 병듦이 괴로움이다 죽음이 괴로움이다. 사랑스럽지 않은 것과의 만남이 괴로움이다. 사랑스러운 것과의 헤어짐이 괴로움이다. 바라는 것을 얻지 못하는 것도 괴로움이다. 요컨대 집착된 다섯 다발(五取蘊)이 괴로움이다. 즉 물질현상이 괴로움이다. 느낌이 괴로움이다. 지각이 괴로움이다. 지음이 괴로움이다. 의식이 괴로움이다.[222)]

이것은 다양성[의 관점에서 말한 것이다.]

Dukkhasamudayo ti ekattatā.

'괴로움의 일어남'이란 동일성[의 관점에서 말한 것이다.]

b) Tattha katamo dukkhasamudayo?

Yāyam̩ tan̩hā ponobhavikā nandirāgasahagatā tatra tatrābhinandinī, seyyathīdam̩ kāmatan̩hā bhavatan̩hā vibhavatan̩hā.

Ayam̩ vemattatā.

222) Sam̩yutta Nikāya, 5권, 42쪽.

b) 여기에서 무엇이 괴로움의 일어남인가?

그것은 갈애로서 다음 존재를 갖는 것이고 기쁨과 탐냄을 수반하는 것이며 여기 저기서 기뻐하는 것이다. 즉 감각적 욕망에 대한 갈애(慾愛), 존재에 대한 갈애(有愛), 존재하지 않음에 대한 갈애(無有愛)이다.

이것은 다양성[의 관점에서 말한 것이다.]

Dukkhanirodho ti ekattatā.

'괴로움의 소멸'이란 동일성[의 관점에서 말한 것이다.]

c) Tattha katamo dukkhanirodho?

Ye tassā yeva taṇhāya asesavirāganirodho cāgo paṭinissaggo mutti anālayo.

Ayaṃ vemattatā.

c) 여기에서 무엇이 괴로움의 소멸인가?

그 갈애에 대한 남김 없는 탐냄의 여읨, 소멸, 포기, 버림, 떠남, 집착 없음이다.

이것은 다양성[의 관점에서 말한 것이다.]

Dukkhanirodhagāminipaṭipadā ti ekattatā. [p.73]

'괴로움의 소멸로 가는 방법'이란 동일성[의 관점에서 말한 것이다.] [73쪽]

d) Tattha katamā dukkhanirodhagāminipaṭipadā?

Ayaṃ eva ariyo aṭṭhaṅgiko maggo, seyyathīdaṃ sammādiṭṭhi sammāsaṃkappo sammāvācā sammākammanto sammā-ājivo sammāvāyāmo sammāsati sammāsamādhi.

Ayaṃ vemattatā.

d) 무엇이 괴로움의 소멸로 가는 방법인가?

그것은 팔정도이다. 즉 바른 견해, 바른 의향, 바른 언어, 바른 행위, 바른 삶, 바른 정진, 바른 사띠, 바른 삼매이다.

이것은 다양성[의 관점에서 말한 것이다.]

Maggo ti ekattatā.

'길'이란 동일성[의 관점에서 말한 것이다.]

e) Tattha katamo maggo?

Nirayagāmimaggo tiracchānayonigāmimaggo pittivisayagāmimaggo asurayonigāminiyo maggo, saggagāminiyo maggo, manussagāmimaggo, nibbānagāmimaggo.

Ayaṃ vemattatā.

e) 여기에서 무엇이 길인가?

지옥으로 가는 길, 축생의 태로 가는 길, 아귀의 영역으로 가는 길, 아수라의 태로 가는 길, 천상으로 가는 길, 인간으로 가는 길, 열반으로 가는 길이 있다.

이것은 다양성[의 관점에서 말한 것이다.]

Nirodho ti ekattatā.

'소멸'이란 동일성[의 관점에서 말한 것이다.]

f) Tattha katamo nirodho?

Paṭisaṃkhānirodho, appaṭisaṃkhānirodho, anunayanirodho, paṭigahanirodho, mānanirodho, makkhanirodho, paḷāsanirodho, issānirodho, macchariyanirodho, sabbakilesanirodho.

Ayaṃ vemattatā.

f) 여기에서 무엇이 소멸인가?

판단의 소멸, 판단하지 않음의 소멸, 이끌림의 소멸, 거슬림의 소멸, 자만의 소멸, 위선의 소멸, 원한의 소멸, 질투의 소멸, 인색의 소멸, 모든 오염의 소멸이 있다.

이것은 다양성[의 관점에서 말한 것이다.]

Rūpan ti ekattatā.

'물질현상'이란 동일성[의 관점에서 말한 것이다.]

g) Tattha katamaṃ rūpaṃ?

Cātumahābhūtikaṃ rūpaṃ. Catunnañ ca mahābhūtānaṃ upādāya rūpassa paññatti.

g) 여기에서 무엇이 물질현상인가?

사대(四大)는 물질현상이다. 또한 [물질현상이라는 말은] '사대로 이루어진 물질현상(四大所造色)'에 대한 묘사이다.

g-aa) Tattha katamāni cattāri mahābhūtāni?

Paṭhavīdhātu āpodhātu tejodhātu vāyodhātu. Dvīhi ākārehi dhātuyo parigaṇhāti saṃkhepena ca vitthārena ca.

g-aa) 여기에서 무엇이 사대(四大)인가?

땅의 계(地界), 물의 계(水界), 불의 계(火界), 바람의 계(風界)이다. 간략함과 상세함의 두 가지 모습으로 계(界)를 파악한다.

g-bb) Kathaṃ vitthārena dhātuyo parigaṇhāti?

Vīsatiyā ākārehi paṭhavīdhātuṃ vitthārena parigaṇhāti. Dvā-dasahi ākārehi āpodhātuṃ vitthārena parigaṇhāti. Catūhi ākārehi tejodhātuṃ vitthārena parigaṇhāti. Chahi ākārehi vāyodhātuṃ vitthārena parigaṇhāti.

g-bb) 어떻게 상세함으로 계를 파악하는가?

스무 가지 모습으로 땅의 계를 상세하게 파악한다. 열두 가지 모습으로 물의 계를 상세하게 파악한다. 네 가지 모습으로 불의 계를 상세하게 파악한다. 여섯 가지 모습으로 바람의 계를 상세히 파악한다.

g-cc) Katmehi vīsatiyā ākārehi paṭhavīdhātuṃ vitthārena pariganhāti? [p.74]

Atthi imasmiṃ kāye kesā lomā nakhā dantā taco maṃsaṃ nahāru aṭṭhī aṭṭhimiñjā vakkaṃ hadayaṃ yakanaṃ kilomakaṃ pihakaṃ papphāsaṃ antaṃ antaguṇaṃ udariyaṃ karīsaṃ matthake matthaluṅgan ti.

Imehi vīsatiyā ākārehi paṭhavīdhātuṃ vitthārena pariganhāti.

g-cc) 어떤 스무 가지 모습으로 땅의 계를 상세하게 파악하는가? [74쪽]

이 몸에 머리카락, 털, 손톱, 치아, 피부, 살, 근육, 뼈, 골수, 신장, 심장, 간, 늑막, 비장, 폐, 장, 장간막, 위, 배설물, 두뇌의 뇌수가 있다. 이 스무 가지 모습으로 땅의 계를 상세하게 파악한다.

g-dd) Katamehi dvādasahi ākārehi āpodhātuṃ vitthārena pariganhāti?

Atthi imasmiṃ kāye pittaṃ semhaṃ pubbo lohitaṃ sedo medo assu vasā kheḷo siṃghāṇikā lasikā muttan ti.

Imehi dvādasahi ākārehi āpodhātuṃ vitthārena pariganhāti.

g-dd) 어떤 열두 가지 모습으로 물의 계를 상세하게 파악하는가?

이 몸에 담즙, 담, 고름, 피, 땀, 지방, 눈물, 림프액, 침, 콧물, 관절, 오줌이 있다. 이 열두 가지 모습으로 물의 계를 상세하게 파악한다.

g-ee) Katamehi catūhi ākārehi tejodhātuṃ vitthārena parigaṇhāti?

Yena ca santappati yena ca jīrīyati yena ca pariḍayhati yena ca asitapitakhāyitasāyitaṃ sammāpariṇāmaṃ gacchati.
Imehi catūhi ākārehi tejodhātuṃ vitthārena parigaṇhāti.

g-ee) 어떤 네 가지 모습으로 불의 계를 상세하게 파악하는가?
뜨겁게 만드는 것, 익도록 하는 것, 타도록 하는 것, 먹고 마시고 씹고 맛 본 것이 완전히 소화되도록 하는 것이 있다. 이 네 가지 모습으로 불의 계를 상세하게 파악한다.

g-ff) Katamehi chahi ākārehi vāyodhātuṃ vitthārena parigaṇhāti?

Uddhaṃgamā vātā adhogamā vātā kucchisayā vātā koṭṭhāsayā vātā aṅgamaṅgānusārino vātā assāso passāso.
Iti imehi chahi ākārehi vāyodhātuṃ vitthārena parigaṇhāti.

g-ff) 어떤 여섯 가지 모습으로 바람의 계를 상세하게 파악하는가?

위로 움직이는 공기, 아래로 움직이는 공기, 뱃속에 있는 공기, 위(胃)에 있는 공기, [몸의] 부분 부분을 따라 흐르는 공기, 들숨과 날숨이 있다. 이 여섯 가지 모습으로 바람의 계를 상세하게 파악한다.

Evaṃ imehi dvācattālīsāya ākārehi vitthārena dhātuyo sabhāvato upalakkhayanto tūlayanto pariyogāhanto parivīmaṃsanto paccavekkhanto na kiñci gayhūpagaṃ passati kāyaṃ vā kāyapadesaṃ vā.

이와 같이 계(界)들을 마흔 두 가지 모습으로 상세하게 고유한 속성에 따라 가까이 볼 때, 비교할 때, 세밀히 조사할 때, 두루 고찰할 때, 관찰할 때, '소유할만한 몸이나 몸의 부분은 아무것도 없다.'라고 본다.

Yathā candanikaṃ pavicinanto na kiñci gayhūpagaṃ passeyya, yathā saṃkāraṭṭhānaṃ pavicinanto na kiñci gayhūpagaṃ passeyya, yathā vaccakuṭiṃ pavicinanto na kiñci gayhūpagaṃ passeyya, yathā sīvathikaṃ pavicinanto na kiñci gayhūpagaṃ passeyya

마치 마을의 구정물을 조사할 때 소유할 만한 것은 아무것도 볼 수 없는 것과 같고, 쓰레기장을 조사할 때 소유할 만한 것은 아무것도 볼 수 없는 것과 같고, 변소를 조사할 때 소유할 만한 것은 아무것도 볼 수 없는 것과 같고, 무덤을 조사할 때 소유할 만한 것은 아무것도 볼 수 없는 것과 같다.

evam eva imehi dvācattālīsāya ākārehi evaṃ [p.75] vitthārena dhātuyo sabhāvato upalakkhayanto tūlayanto pariyogāhanto parivīmaṃsanto paccavekkhanto na kiñci gayhūpagaṃ passati kāyaṃ vā kāyapadesaṃ vā.

이와 같이 계들을 마흔 두 가지 모습으로 [75쪽] 상세하게 고유한 속성에 따라 가까이 볼 때, 비교할 때, 세밀히 조사할 때, 두루 고찰할 때, 관찰할 때, '소유할만한 몸이나 몸의 부분은 아무것도 없다.'라고 본다.

Tenāha Bhagavā:

> *Ye c'eva kho pana ajjhattikā paṭhavīdhātu yā ca bāhirā paṭhavīdhātu, nev'esāhaṃ n'etaṃ mama n'eso'haṃ asmi na m'eso attā ti. Evaṃ etaṃ yathābhūtaṃ sammāpaññāya daṭṭhabbaṃ. Evam etaṃ yathābhūtaṃ sammāpaññāya disvā paṭhavīdhātuyā nibbindati paṭhavīdhātuyā cittaṃ virājeti.*

따라서 세존께서 말씀하셨다.

> 안에 속하는 땅의 계와 밖에 속하는 땅에 대해 '이러한 나는 없다. 이것은 나의 것이 아니다. 이것은 내가 아니다. 이것은 나의 자아가 아니다.' 라고 [본다.] 이와 같이 이것을 바른 반야로써 있는 그대로 보아야 한다. 이와 같이 이것을 바른 반야로써 있는 그대로 보고서 땅의 계에 대해

싫어하여 떠난다. 그리고 땅의 계에 대해 마음을 두지 않는다.

Yā c'eva kho pana ajjhattikā āpodhātu yā ca bāhirā āpodhātu /pe/ Yā c'eva kho pana ajjhattikā tejodhātu yā ca bāhirā tejodhātu /pe/ Yā c'eva kho pana ajjhattikā vāyodhātu yā ca bāhirā vāyodhātu, nev'esāhaṃ n'etaṃ mama n'eso'ham asmi na m'eso attā ti. Evam etaṃ yathābhūtaṃ sammāpaññāya daṭṭhabbaṃ. Evam etaṃ yathābhūtaṃ sammāpaññāya disvā vāyodhātuyā nibbindati vāyodhātuyā cittaṃ virājeti…

안에 속하는 물의 계와 밖에 속하는 물의 계에 대해 …[중략]… 안에 속하는 불의 계와 밖에 속하는 불의 계에 대해…[중략]… 안에 속하는 바람의 계와 밖에 속하는 바람의 계에 대해 '이러한 나는 없다. 이것은 나의 것이 아니다. 이것은 내가 아니다. 이것은 나의 자아가 아니다.'라고 [본다.] 이와 같이 이것을 바른 반야로써 있는 그대로 보아야 한다. 이와 같이 이것을 바른 반야로써 있는 그대로 보고서 바람의 계에 대해 싫어하여 떠난다. 그리고 바람의 계에 대해 마음을 두지 않는다.

Ayaṃ vemattatā.

이것은 다양성[의 관점에서 말한 것이다.]

Avijjā ti ekattatā.

'무명'이란 동일성[의 관점에서 말한 것이다.]

h) Tattha katamā avijjā?

Dukkhe aññāṇaṃ dukkhasamudaye aññāṇaṃ dukkhanirodhe aññāṇaṃ dukkhanirodhagāminiyā paṭipadāya aññāṇaṃ pubbante aññāṇaṃ aparante aññāṇaṃ pubbantāparante aññāṇaṃ idappaccayatāpaṭiccasamuppannesu dhammesu aññāṇaṃ.

h) 여기에서 무엇이 무명인가?

괴로움에 대한 앎의 없음, 괴로움의 일어남에 대한 앎의 없음, 괴로움의 소멸에 대한 앎의 없음, 괴로움의 소멸로 가는 방법에 대한 앎의 없음, 과거에 대한 앎의 없음, 미래에 대한 앎의 없음, 과거와 미래에 대한 앎의 없음, '이것을 조건으로 하여 연기된 법'에 대한 앎의 없음이다.

Yaṃ evarūpaṃ aññāṇaṃ adassanaṃ anabhisamayo ananubodho asambodho appaṭivedho asallakkhaṇā anupalakkhaṇā apaccupalakkhaṇā asamapekkhaṇā [p.76] apaccakkhakammaṃ dummejjhaṃ bālyaṃ asampajaññāṃ moho pamoho sammoho avijjā avijjogho avijjāyogo avijjānusayo avijjāpariyuṭṭhanaṃ avijjālaṅgimoho akusalamūlaṃ.

Ayaṃ vemattatā.

이와 같은 종류의 '앎의 없음'은 봄이 없음, 충분히 알지 못함, 깨닫지 못함, 올바로 깨닫지 못함, 꿰뚫지 못함, 관찰하지 못함, 따라서 관찰하지 못함, 가까이 관찰하지 못함, 식별하지 못함, [76쪽] 불분명한 행위, 우둔, 약함, 알아차리지 못함, 어리석음,

당혹, 미혹, 무명, 무명의 거센 물, 무명에 의한 묶임, 무명의 잠재성향, 무명으로 인한 사로잡힘, 무명의 울타리인 어리석음, 옳지 않음의 뿌리이다.

이것은 다양성[의 관점에서 말한 것이다.]

Vijjā ti ekattatā.

'밝은 앎'이란 동일성[의 관점에서 말한 것이다.]

i) Tattha katamā vijjā?

Dukkhe ñāṇaṃ dukkhasamudaye ñāṇaṃ dukkhanirodhe ñāṇaṃ dukkhānirodhagāminiyā paṭipadāya ñāṇaṃ pubbante ñāṇaṃ aparanto ñāṇaṃ pubbantāparante ñāṇaṃ idhappacayatāpaṭiccasamuppannesu dhammeshu ñāṇaṃ

i) 여기에서 무엇이 밝은 앎인가?

괴로움에 대한 앎, 괴로움의 일어남에 대한 앎, 괴로움의 소멸에 대한 앎, 괴로움의 소멸로 가는 방법에 대한 앎, 과거에 대한 앎, 미래에 대한 앎, 과거와 미래에 대한 앎, '이것을 조건으로 하여 연기된 법'에 대한 앎이다.

Yā evarūpā paññā pajānanā vicayo pavicayo dhammavicayo sallakkhaṇā upalakkhaṇā paccupalakkhaṇā paṇḍiccaṃ kosallaṃ nepuññaṃ vebhabyā cintā upaparikkhā bhūri medhā pariṇāyikā vipassanā sampajaññaṃ patodo paññindriyaṃ paññābalaṃ paññāsatthaṃ paññāpāsādo paññā-āloko paññā-obhāso paññāpajjoto paññāratanaṃ amoho dhammavicayo sammādiṭṭhi dhammavicayasambojjhaṅgo maggaṅgaṃ maggapariyāpannaṃ.

Ayaṃ vemattatā.

이와 같은 종류의 반야는 잘 앎, 분간, 검토, 법의 분간, 관찰, 따라서 관찰함, 하나하나 관찰함, 현명함, 능숙, 슬기, 심사, 사유, 점검, 똑똑함, 총명, 영리, 위빠사나, 알아차림, 회초리, 반야의 기능, 반야의 힘, 반야의 칼, 반야의 궁전, 반야의 광명, 반야의 빛남, 반야의 빛, 반야의 보석, 어리석지 않음, 법의 분간, 바른 견해, 법의 분간이라는 깨달음의 요소, 길의 항목, 길에 속하는 것이다.

이것은 다양성[의 관점에서 말한 것이다.]

Samāpattī ti ekattatā.

'성취'란 동일성[의 관점에서 말한 것이다.]

k) Tattha katamā samāpatti?

Saññāsamāpatti asaññāsamāpatti nevasaññānāsaññāsamāpatti vibhūtasaññāsamāpatti nirodhasaññāsamāpatti.

Ayaṃ vemattatā.

k) 여기에서 무엇이 성취인가?

지각의 성취, 지각 없음의 성취, 지각이 없는 것도 없지 않는 것도 아닌 것의 성취, 있지 않음의 지각(無有想)의 성취, 소멸의 지각의 성취가 있다.

이것은 다양성[의 관점에서 말한 것이다.]

Jhāyī ti ekattatā.

'선정수행자'란 동일성[의 관점에서 말한 것이다.]

l) Tattha katamo jhāyī?

Atthi sekho jhāyī, atthi asekho jhāyī, atthi nevasekhonāsekho jhāyī, ājāniyo jhāyī, assakhaḷuṅko jhāyī, diṭṭhuttaro jhāyī, taṇhuttaro jhāyī, paññuttaro jhāyī. [p.77]

Ayaṃ vemattatā.

l) 여기에서 누가 선정수행자인가?

배울 것이 남은 선정수행자가 있다. 배울 것이 없는 선정수행자가 있다. 배울 것이 남아 있지도 않고 배울 것이 없지도 않은 선정수행자가 있다. 혈통 좋은 말과 같은 선정수행자, 훈련되지 않은 말과 같은 선정수행자,[223] 견해에 대해 뛰어난 선정수행자,

223) 이 책 163쪽 각주 133 참조.

갈애에 대해 뛰어난 선정수행자, 반야에 대해 뛰어난 선정수행자가 있다. [77쪽]

이것은 다양성[의 관점에서 말한 것이다.]

Samādhī ti ekattatā.

'삼매'란 동일성[의 관점에서 말한 것이다.]

m) Tattha katamo samādhi?

Saraṇo samādhi araṇo samādhi savero samādhi avero samādhi sabyāpajjho samādhi abyāpajjho samādhi sappītiko samādhi nippītiko samādhi sāmiso samādhi nirāmiso samādhi sasaṃkhāro samādhi asaṃkhāro samādhi ekaṃsabhāvito samādhi ubhayaṃsabhāvito samādhi ubhayatobhāvitabhāvano samādhi savitakkasavicāro samādhi avitakkavicāramatto samādhi avitakkaavicāro samādhi hānabhāgiyo samādhi ṭhitibhāgiyo samādhi visesabhāgiyo samādhi nibbedhabhāgiyo samādhi lokiyo samādhi lokuttaro samādhi micchāsamādhi sammāsamādhi.

Ayaṃ vemattatā.

m) 여기에서 무엇이 삼매인가?

다툼이 있는 삼매, 다툼이 없는 삼매, 원한이 있는 삼매, 원한이 없는 삼매, 악의가 있는 삼매, 악의가 없는 삼매, 희열이 있는 삼매, 희열이 없는 삼매, 물질적인 삼매, 비물질적인 삼매, 지음이 있는 삼매, 지음이 없는 삼매, 하나로 닦인 삼매, 양쪽으로 닦인 삼매, 둘에 의해 닦는 삼매,[224] 생각과 숙고가 있는 삼매, 생각은 없고 숙고만 있는 삼매, 생각도 없고 숙고도 없는 삼매, 퇴보와 관련된 삼매, 뿌리내림에 관련된 삼매, 탁월함에 관련된 삼매, 통찰에 관련된 삼매, 세간에 속하는 삼매, 세간을 넘어선 삼매, 그릇된 삼매, 바른 삼매가 있다.

이것은 다양성[의 관점에서 말한 것이다.]

Paṭipadā ti ekattatā.

'방법'이란 동일성[의 관점에서 말한 것이다.]

n) Tattha katamā paṭipadā?

Agāḷhā paṭipadā nijjhāmā paṭipadā majjhimā paṭipadā akkhamā paṭipadā khamā paṭipadā samā paṭipadā damā paṭipadā dukkhā paṭipadā dandhābhiññā dukkhā paṭipadā khippābhiññā sukhā paṭipadā dandhābhiññā sukhā paṭipadā khippābhiññā ti.

Ayaṃ vemattatā.

n) 여기에서 무엇이 방법인가?

거친 방법, 격렬한 방법, 중간의 방법, 감당할 수 없는 방법,

224) 주석서(134쪽)에 따르면, 이는 몸으로 체득한 이와 두 길로 해탈한 이의 삼매(kāyasakkhino ubhatobhāgavimuttassa ca samādhi)이다.

감당할 수 있는 방법, 동일함의 방법, 길들임의 방법, 더디게 얻는 뛰어난 앎의 괴로운 방법, 빠르게 얻는 뛰어난 앎의 괴로운 방법, 더디게 얻는 뛰어난 앎의 즐거운 방법, 빠르게 얻는 뛰어난 앎의 즐거운 방법이다.[225)]

이것은 다양성[의 관점에서 말한 것이다.]

Kāyo ti ekattatā.

'더미'란 동일성[의 관점에서 말한 것이다.]

o) Tattha katamo kāyo?

Nāmakāyo rūpakāyo ca.

o) 여기에서 무엇이 더미인가?

정신현상의 더미(名身)와 물질현상의 더미(色身)이다.

Tattha katamo rūpakāyo?

Kesā lomā nakhā dantā taco maṃsaṃ nahāru aṭṭhī aṭṭhimiñjā

225) 열여섯 가지 전달 중 두 번째에 해당하는 '분석을 통한 전달'에서는 네 가지 방법과 네 가지 부류의 사람을 서로 연결하여 설명하고 있다. 즉 '갈애에 따라 행동하면서 우둔한 자'는 '사띠의 기능에 의해, 더디게 얻는 뛰어난 앎의 괴로운 방법을 통해, 사띠의 확립에 의지하여' 벗어난다. '갈애에 따라 행동하지만 현명한 자'는 '삼매의 기능에 의해, 빠르게 얻는 뛰어난 앎의 괴로운 방법을 통해, 선정에 의지하여' 벗어난다. '견해에 따라 행동하면서 우둔한 자'는 '노력의 기능에 의해, 더디게 얻는 뛰어난 앎의 즐거운 방법을 통해, 바른 정근에 의지하여' 벗어난다. '견해에 따라 행동하지만 현명한 자'는 '반야의 기능에 의해, 빠르게 얻는 뛰어난 앎의 즐거운 방법을 통해, 진리에 의지하여' 벗어난다. 이 책 38-40쪽 참조.

vakkaṃ hadayaṃ yakanaṃ kilomakaṃ pihakaṃ papphāsaṃ antaṃ antaguṇaṃ udariyaṃ kaīsaṃ pittaṃ semhaṃ pubbo lohitaṃ sedo medo assu vasā kheḷo siṃghāṇikā lasikā muttaṃ matthaluṅgan ti. [p.78] Ayaṃ rūpakāyo.

Nāmakāyo nāma vedanā saññā cetanā cittaṃ phasso manasikāro ti. Ayaṃ nāmakāyo ti.

여기에서 무엇이 물질현상의 더미인가?

머리카락, 몸의 털, 손톱, 치아, 피부, 살, 근육, 뼈, 골수, 신장, 심장, 간, 늑막, 비장, 폐, 창자, 장간막, 위, 배설물, 담즙, 담, 고름, 피, 땀, 지방, 눈물, 림프액, 침, 콧물, 관절, 오줌, 뇌수가 있다. [78쪽] 이것이 물질현상의 더미다.

정신현상의 더미(名身)는 느낌, 지각, 의도, 마음, 접촉, 정신기울임이다. 이것이 정신현상의 더미이다.[226)]

Ayaṃ vemattatā.

이것은 다양성[의 관점에서 말한 것이다.]

Evaṃ yo dhammo yassa dhammassa samānabhāvo, so dhammo tassa dhammassa ekattatāya ekībhavati. Yena yena vā pana vilakkhaṇo, tena tena vemattataṃ gacchati.

....

226) 이 책 70쪽 각주 226 참조.

이와 같이 동일한 속성을 지닌 법은 그 법의 동일성 때문에 하나가 된다. 그러나 각각의 다른 특성 때문에 다양성이 나타난다.

Evaṃ sutte vā veyyākaraṇe vā gāthāyaṃ vā pucchitena vīmaṃsitabbaṃ:

Kiṃ ekattatāya pucchati udāhu vemattatāya?

Yadi ekattatāya pucchitaṃ, ekattatāya vissajjayitabbaṃ. Yadi vemattatāya pucchitaṃ vemattatāya vissajjayitabbaṃ. Yadi sattādhiṭṭhānena pucchitaṃ, sattādhiṭṭhānena vissajjayitabbaṃ. Yadi dhammādhiṭṭhānena pucchitaṃ dhammādhiṭṭhānena vissajjayitabbaṃ. Yathā yathā vā pana pucchitaṃ, tathā tathā vissajjayitabbaṃ.

이와 같이 경, 수기, 게송에서 질문에 따라 고찰해야 한다. 즉 동일성으로 묻는가 아니면 다양성으로 묻는가[를 고찰해야 한다.] 만약 동일성으로 묻는다면 동일성에 따라 대답해야 한다. 만약 다양성으로 묻는다면 다양성에 따라 대답해야 한다. 만약 중생이라는 관점으로 묻는다면 중생이라는 관점에 따라 대답해야 한다. 만약 법이라는 관점으로 묻는다면 법이라는 관점[227]에 따라 대답해야 한다. 각각의 묻는 방식에 따라 그렇게 대답해야 한다.

227) 중생이라는 관점과 법이라는 관점에 대해서는 이 책 597, 600쪽 참조.

Tenāha āyasmā Mahākaccāno:
Ekattatāya dhammā ti.

그래서 마하깟짜나 존자는 말씀하셨다.

"동일성[의 관점으로 또는 다양성의 관점으로] 법이 [설명될 때 그 동일성 또는 다양성의 관점에 따라 정리해야 한다. 이것이 관점을 통한 전달이다.]"

Niyutto adhiṭṭhāno-hāro.
관점을 통한 전달이 끝남.

15. 요건을 통한 전달(Parikkhāra-hāra)

Tattha katamo parikkhāro-hāro?

Ye dhammā yaṃ dhammaṃ janayantī ti.

Yo dhammo yaṃ dhammaṃ janayati, tassa so parikkhāro.

[제1부에서 열거한 열여섯 가지 전달] 중에서 요건을 통한 전달이란 무엇인가?

[제2부에서 언급한] '법을 발생시키는 법은…'228)라는 [게송,] 이것이 요건을 통한 전달[에 해당한다.]

어떤 법을 발생시키는 법은 그 [발생된 법의] 요건이다.

Kiṃ lakkhaṇo parikkhāro? Janakalakkhaṇo parikkhāro.

Dve dhammā janayanti: hetu ca paccayo ca.

요건은 무엇을 특징으로 하는가? 요건은 발생시킴을 특징으로 한다.

두 가지 법, 즉 원인과 조건은 [법을] 발생시킨다.

a) Tattha kiṃ lakkhaṇo hetu, kiṃ lakkhaṇo paccayo?

Asādhāraṇalakkhaṇo hetu, sādhāraṇalakkhano paccayo.

228) 이 책 22쪽에 나오는 이 게송의 전문은 다음과 같다. 서로 연결된 조건들 때문에 법은 법을 발생시킨다. [거기에서] 하나의 원인을 추출한다. 이것이 요건을 통한 전달이다(Ye dhammā yaṃ dhammaṃ janayanti ppaccayā paraṃ parato hetuṃ avakaḍḍhayitvā eso hāro parkkhāro)."

a) 그 중에서 원인은 무엇을 특징으로 하는가? 그리고 조건은 무엇을 특징으로 하는가?

원인은 공유되지 않음을 특징으로 하고 조건은 공유를 특징으로 한다.

b) Yathā kiṃ bhave?

b) 어떤 식인가?

Yathā aṅkurassa nibbattiyā bījaṃ asādhāraṇaṃ, paṭhavī [p.79] āpo ca sadhāraṇā. Aṅkurassa hi paṭhavī āpo ca paccayo, sabhāvo hetu.

마치 새싹이 움트는 데 씨앗은 공유되지 않지만 흙과 물은 [79쪽] 공유인 것과 같다. [79쪽] 새싹에게 흙과 물은 조건이고 고유한 속성을 지닌 것은 원인이다.229)

Yathā vā pana ghaṭe duddhaṃ pakkhittaṃ dadhi bhavati, na c'atthi ekakālasamavadhānaṃ duddhassa ca dadhissa ca, evam

229) 주석서(135쪽)는 '동일한 속성을 지닌 (처음의) 씨앗이 원인이다(samānabhāvo bījaṃ hetu)'로 설명한다. 여기에서 고유한 속성(sabhāva)은 '동일한 속성(samānabhāvo)'의 뜻이다. 즉 결과와 같은 성질을 지닌 것, 예를 들어 불로 불을 켤 때 불씨가 되는 불과 켜진 불은 같은 성질을 지니고 있는 것을 뜻한다. 한편 고유한 속성(sabhāva)이라는 용어는 빠알리 문헌에는 거의 나타나지 않지만 주석서에는 많이 언급된다. 그러나 '고유한 속성'을 원인(hetu)의 뜻으로 사용하는 이 책과 달리 주석서는 실제의 모습 또는 본성(pakati)의 의미로 사용한다. Bhikkhu Ñāṇamoli, The Guide, 1977, 110쪽, 각주 453/1 참조.

eva na'atthi ekakālasamavadhānaṃ hetussa ca paccayassa ca.

항아리에 담긴 우유가 응유(凝乳)로 되지만 우유와 응유는 같은 시간에 공존하지 않는다. 이처럼 원인과 조건에 대해 [결과는] 같은 시간에 공존하지 않는다.

Ayaṃ hi saṃsāro sahetu sapaccayo nibbatto. Vuttaṃ hi: avijjāpaccayā saṃkhārā, saṃkhārapaccaya viññāṇaṃ. Evaṃ sabbo paṭiccasamuppādo. Iti avijjā avijjāya hetu, ayonisomanasikāro paccayo.

이 윤회는 원인이 있기 때문에 그리고 조건이 있기 때문에 발생한다. [따라서 이렇게] 설해진다. "무명을 조건으로 지음이 있다. 지음을 조건으로 의식이 있다." 그리고 나머지 연기도 이와 같다. 이렇게 무명은 무명의 원인이다. 합당하지 않은 정신기울임(作意)은 조건이다.

Purimikā avijjā pacchimikāya avijjāya hetu.

처음의 무명은 다음에 오는 무명의 원인이다.

Tattha purimikā avijjā avijjānusayo, pacchimikā avijjā avijjāpariyuṭṭhānaṃ. Purimiko avijjānusayo pacchimikassa avijjāpariyuṭṭhānassa hetubhūto paribrūhanāya bījaṅkuro viya samanantarahetutāya. Yaṃ pana yattha phalaṃ nibbattati, idaṃ tassa paramparahetutāya hetubhūtaṃ.

여기에서 처음의 무명은 무명의 잠재성향을 뜻한다. 다음에 오는 무명은 무명으로 인한 사로잡힘을 뜻한다. 처음의 잠재성향은 다음의 '무명으로 인한 사로잡힘'의 원인이 된다. 이는 마치 씨앗에서 싹이 자랄 때 [씨앗은 싹에 대해] 동시적 원인(無等間因)이 되는 것과 같다. 또한 결실은 이 씨앗에서 생기고 이 [씨앗은] 그 [결실에 대해] 연속적 원인(相續原因)이 된다.

Duvidho hi hetu: samanantarahetu parṃparahetu ca. Evaṃ avijjāya pi duvidho hetu: samanantarahetu paramparahetu ca.

따라서 두 가지 원인이 있다. 즉 동시적 원인과 연속적 원인이다. 그처럼 무명의 원인도 두 가지이다. 즉 동시적 원인과 연속적 원인이다.

Yathā vā pana thālakañ ca vaṭṭi ca telañ ca dīpassa paccayabhūtaṃ, na sabhāvahetu. Na hi sakkā thālakañ ca vaṭṭiñ ca telañ ca anaggikaṃ dīpetuṃ dīpassa pccayabhūtaṃ. Dīpo viya sabhāvo hetu hoti.

잔, 심지, 기름은 등불의 조건이 되는 것이며, 원인이 되는 고유한 속성을 지닌 것은 아니다. 불이 없다면 등불의 조건인 잔, 심지, 기름만으로 등불을 켤 수는 없다. 등불의 예처럼 고유한 속성을 지닌 것이 원인이다.

Iti sabhāvo hetu, parabhāvo paccayo, ajjhattiko hetu, bāhiro paccayo, janako hetu, pariggāhako paccayo, asādhāraṇo hetu, sādhāraṇo paccayo.

이렇게 고유한 속성을 지닌 것이 원인이고 다른 속성을 지닌 것은 조건이다.[230] 안에 속하는 것은 원인이고 밖에 속하는 것은 조건이다. 발생시키는 것은 원인이고 지지하는 것은 조건이다. 공유되지 않는 것이 원인이고 공유되는 것은 조건이다.

Avūpacchedattho santati-attho, nibbatti-attho phalattho, paṭisandhi-attho punabbhavattho, samapalibodhattho pariyuṭṭhānattho, asamugghātattho anusayattho, asampaṭivedhattho avijjattho, apariññātattho viññāṇassa bījattho.

'끊어짐이 없음'의 의미, 이어짐(相續)의 의미, 발생의 의미, 결실의 의미, 연결(結生)의 의미, 다음 존재의 의미, 붙잡음(執持)의 의미, 사로잡힘의 의미, '근절하지 못함'의 의미, 잠재성향의 의미, '제대로 꿰뚫지 못함'의 의미, 무명의 의미, '두루한 앎의 없음'의 의미는 의식의 씨앗이라는 의미이다.[231]

230) 고유한 속성을 지닌 것(sabhāva)이란 앞의 각주에서 말한 바와 같이 '결과와 같은 속성을 지닌 것'을 의미한다. 다른 속성(parabhāva)이란 '결과와 다른 속성을 지닌 것'을 의미한다. 예를 들어 등불을 켜기 위한 잔, 심지, 기름은 불과 같은 성질을 지니지 않는다.

231) Aṅguttara Nikāya, 1권, 224쪽 참조.

Yattha avūpacchedo tattha santati, yattha santati tattha [p.80] nibbatti, yattha nibbatti tattha phalaṃ, yattha phalaṃ tattha paṭisandhi, yattha paṭisandhi tattha punabbhavo, yattha punabbhavo tattha palibodho, yattha palibodho tattha pariyuṭṭhānaṃ, yattha pariyuṭṭhānaṃ tattha asamugghāto, yattha asamugghāto tattha anusayo, yattha anusayo tattha asampaṭivedho, yattha asaṃpaṭivedho tattha avijjā, yattha avijjā tattha sāsavaṃ viññāṇaṃ apariññātaṃ, yattha sāsavaṃ viññāṇaṃ apriññātaṃ tattha bījattho.

끊어짐이 없는 곳에 이어짐이 있다. 이어짐이 있는 곳에 [80쪽] 발생이 있다. 발생이 있는 곳에 결실이 있다. 결실이 있는 곳에 연결이 있다. 연결이 있는 곳에 다음 존재가 있다. 다음 존재가 있는 곳에 붙잡음이 있다. 붙잡음이 있는 곳에 사로잡힘이 있다. 사로잡힘이 있는 곳에 근절하지 못함이 있다. 근절하지 못함이 있는 곳에 잠재성향이 있다. 잠재성향이 있는 곳에 제대로 꿰뚫지 못함이 있다. 제대로 꿰뚫지 못하는 곳에 무명이 있다. 무명이 있는 곳에 번뇌를 지닌, 두루한 앎이 없는 의식이 있다. 번뇌를 지닌, 두루한 앎이 없는 의식이 있는 곳에 씨앗의 의미를 지닌 것이 있다.[232]

Sīlakkhandho samādhikkhandhassa paccayo, samādhikkhandho paññakkhandhassa paccayo paññakkhandho vimuttikkhandhassa

232) 이 책 64쪽 참조.

paccayo, vimuttikkhandho vimuttiñāṇadassanakkhandhassa paccayo.

계의 다발(戒蘊)은 삼매의 다발(定蘊)의 조건이다. 삼매의 다발은 반야의 다발(慧蘊)의 조건이다. 반야의 다발은 해탈의 다발(解脫蘊)의 조건이다. 혜탈의 다발은 해탈지견의 다발(解脫知見蘊)의 조건이다.

Titthaññutā pītaññutāya paccayo, pītaññutā mattaññutāya paccayo, mattaññutā attaññutāya paccayo.

훌륭한 스승을 아는 것은 희열을 주는 스승을 아는 것의 조건이다. 희열을 주는 스승을 아는 것은 향상과 퇴보의 정도를 아는 것의 조건이다. 향상과 퇴보의 정도를 아는 것은 자신을 아는 것의 조건이다.[233]

Yathā vā pana cakkhuñ ca paṭicca rūpe ca uppajjati cakkhuviññāṇaṃ. Tattha cakkhu adhipateyyapaccayatāya paccayo, rūpā ārammaṇapaccayatāya paccayo.

Āloko sannissayatāya paccayo, manasikāro sabhāvo hetu.

눈과 물질현상을 조건으로 눈을 통한 의식(眼識)이 일어나는 경우에서 볼 때,[234] 거기에서 눈은 '지배적 조건'으로서의 조건

233) 이 책 126쪽 참조.

234) Majjhima Nikāya, 1권 3쪽, 3l권 285쪽 참조.

이고, 물질현상은 '대상으로서의 조건'인 조건이다.

빛은 의존적 조건이고 정신기울임은 고유한 속성을 지닌 것으로서 원인이다.

Saṃkhārā viññāṇassa paccayo sabhāvo hetu, viññāṇaṃ nāmarūpassa paccayo sabhāvo hetu, nāmarūpaṃ saḷāyatanassa paccayo sabhāvo hetu, saḷāyatanaṃ phassassa paccayo sabhāvo hetu, phasso vedanāya paccayo sabhāvo hetu, vedanā taṇhāya paccayo sabhāvo hetu, taṇhā upādānassa paccayo sabhāvo hetu, upādānaṃ bhavassa paccayo sabhāvo hetu, bhavo jātiyā paccayo sabhāvo hetu, jāti jarāmaraṇassa paccayo sabhāvo hetu, jarāmaraṇaṃ sokassa paccayo sabhāvo hetu, soko paridevassa paccayo sabhāvo hetu, paridevo dukkhassa paccayo sabhāvo hetu, dukkhaṃ domanassassa paccayo sabhāvo hetu, domanassaṃ upāyāsassa paccayo sabhāvo hetu.

지음은 의식의 조건이고 고유한 속성을 지닌 것이 [의식의] 원인이다. 의식은 정신·물질현상의 조건이고 고유한 속성을 지닌 것이 [정신·물질현상의] 원인이다. 정신·물질현상은 여섯 영역의 조건이고 고유한 속성을 지닌 것이 [여섯 영역의] 원인이다. 여섯 영역은 접촉의 조건이고 고유한 속성을 지닌 것이 [접촉의] 원인이다. 접촉은 느낌의 조건이고 고유한 속성을 지닌 것이 [느낌의] 원인이다. 느낌은 갈애의 조건이고 고유한 속성을 지닌 것이 [갈애의] 원인이다. 갈애는 집착의 조건이고 고유한 속성을 지닌 것이 [집착의] 원인이다. 집착은 존재의 조건이고 고유한 속성을 지닌 것이 원인이다. 존재는 태어남의 조건이고 고유한 속성을 지닌 것이 [태어남의] 원인이다. 태어남은 노쇠와 죽음의 조건이고 고유한 속성을 지닌 것이 [노쇠와 죽음의] 원인이다. 노쇠와 죽음은 근심의 조건이고 고유한 속성을 지닌 것이 [근심의] 원인이다. 근심은 슬픔의 조건이고 고유한 속성을 지닌 것이 [슬픔의] 원인이다. 슬픔은 괴로움의 조건이고 고유한 속성을 지닌 것이 [괴로움의] 원인이다. 괴로움은 불쾌함의 조건이고 고유한 속성을 지닌 것이 [불쾌함의] 원인이다. 불쾌함은 절망의 조건이고 고유한 속성을 지닌 것이 [절망의] 원인이다.

Evam yo koci upanissayo, sabbo so parikkhāro.

이와 같이 가까이 의존한 것은 무엇이든 모두 요건이다.

Tenāha āyasmā Mahākaccāno:
Ye dhammā yaṃ dhammaṃ janayantī ti

그래서 마하깟짜나 존자는 말씀하셨다.
"[서로 연결된 조건들 때문에] 법은 법을 발생시킨다. [거기에서 하나의 원인을 추출한다. 이것이 요건을 통한 전달이다.]"

Niyutto parikkhāro-hāro. [p.81]

요건을 통한 전달이 끝남. [81쪽]

16. 상승을 통한 전달(Samāropana-hāra)

Tattha katamo samāropano-hāro?

Ye dhammā yaṃ-mūlā ye c'ekatthā pakāsitā muninā ti.

[제1부에서 열거한 열여섯 가지 전달] 중에서 상승을 통한 전달이란 무엇인가?

[제 2 장에서 언급한] '뿌리가 되는 법들, 함께 서있다고 성인이 알려준 [법들]…'이라는 [게송, 이것이 상승을 통한 전달에 해당한다.]'235)

Ekasmiṃ padaṭṭhāne yattakāni padaṭṭhānāni otaranti, sabbāni tāni samāropayitabbāni. Yathā āvatte hāre bahukāni padaṭṭhānāni otaranti.

하나의 근접요인에서 근접요인들이 내려간 만큼 그만큼 모두 올라가야 한다. '전환을 통한 전달'에서 많은 근접요인들이 내려갔듯이 [그만큼 올라가야 한다.]

Tattha samāropanā catubbidhā: padaṭṭhānaṃ, vevacanaṃ, bhāvanā, pahānaṃ iti.

235) 제2부(이 책 22쪽)에 나오는 이 게송의 전문은 다음과 같다. "뿌리가 되는 법들, 함께 서있다고 성인이 알려준 [법들], 그 [법들을] 올라가며 [살펴보아야 한다.] 이것이 상승을 통한 전달이다. (Ye dhammā yaṃ-mūlā ye c'ekatthā pakāsitā muninā te samaropayitabbā esa samāropano hāro)"

여기에서 상승에는 네 가지가 있다. 즉 근접요인, 유의어, 닦음, 없앰[에 따른 상승이다.]

a) Tattha katamā padaṭṭhānena samāropanā?

a) 그 [네 가지] 중에서 근접요인에 따른 상승이란 무엇인가?

Sabbapāpass'akaraṇaṃ kusalass' ūpasampadā
sacittapariyodapanaṃ etaṃ buddhāna sāsanan ti.

> 모든 악함을 행하지 않는 것, 옳음을 구족하는 것,
> 자신의 마음을 깨끗이 하는 것, 이것이 붓다의 가르침이다.[236]

Tassa kim padaṭṭhānaṃ? Tīṇi sucaritāni: kāyasucaritaṃ, vacīsucaritaṃ, manosucaritaṃ.

Idaṃ padaṭṭhānaṃ.

무엇이 그것의 근접요인인가? 세 가지 좋은 행동이다. 즉 몸으로 하는 좋은 행동, 언어로 하는 좋은 행동, 정신으로 하는 좋은 행동이다. 이것이 근접요인[237]이다.

Tattha yaṃ kāyikañ ca vācasikañ ca sucaritaṃ, ayaṃ sīlakkhandho.

Manosucarite yā anabhijjhā abyāpādo ca, ayaṃ samādhikk-

236) Dhmmapada, 게송 183.
237) 주석서(138쪽)에 따르면, 이 세 가지 좋은 행위는 붓다에게 제자를 위한 가르침의 영역이며 바탕이기 때문에 근접요인이다.

handho.

Yā sammādiṭṭhi, ayaṃ paññākkhandho.

Idaṃ padaṭṭhānaṃ.

그 중에서 몸과 언어에 속하는 좋은 행동은 계의 다발(戒蘊)이다. 정신으로 좋은 행동을 할 때 욕심이 없고 악의가 없는 것은 삼매의 다발(定蘊)이다. 바른 견해는 반야의 다발(慧蘊)이다. 이것이 근접요인이다.

Tattha sīlakkhandho ca samadhikkhandho ca samatho, paññakkhandho vipassanā.

Idaṃ padaṭṭhānaṃ.

여기에서 계의 다발과 삼매의 다발은 사마타에 해당하고 반야의 다발은 위빠사나에 해당한다. 이것이 근접요인이다.

Tattha samathassa phalaṃ rāgavirāgā cetovimutti, vipassanāya phalaṃ avijjāvirāgā paññāvimutti.

Idaṃ padaṭṭhānaṃ.

여기에서 사마타는 탐냄에 대한 탐냄의 여읨을 통한 '마음의 해탈(心解脫)'을 결실로 하고, 위빠사나는 무명에 대한 탐냄의 여읨을 통한 '반야에 의한 해탈(慧解脫)'을 결실로 한다. 이것이 근접요인이다.

Vanaṃ vanathassa padaṭṭhānaṃ, kiñ ca vanaṃ ko ca vanatho? Vanaṃ nāma pañca kāmaguṇā, taṇhā vanatho. Idaṃ padaṭṭhānaṃ. [p.82]

초목은 덤불에 대해 근접요인이다. 무엇이 초목이고, 무엇이 덤불인가? 초목은 다섯 종류의 감각적 욕망(五種慾)을 뜻한다. 덤불은 갈애를 뜻한다. 이것이 근접요인이다. [82쪽]

Vanaṃ nāma nimittaggāho itthī ti vā puriso ti vā,
vanatho nāma teasṃ teasṃ aṅgapaccaṅgānaṃ anubyañjanaggāho:
aho cakkhuṃ aho sotaṃ aho ghānaṃ aho jivhā aho kāyo iti.
Idaṃ padaṭṭhānaṃ.

초목이란 여자 혹은 남자라는 겉모습을 취한다. 덤불은 그 [남녀의] 하나하나의 세부 특징을 취한다. '눈이다! 귀다! 코다! 혀다! 몸이다!' 라는. 이것이 근접요인이다.

Vanaṃ nāma cha ajjhattikabāhirāni āyatanāni apariññātāni. Yaṃ tadubhayaṃ paṭicca uppajjati saṃyojanaṃ, ayaṃ vanatho. Idaṃ padaṭṭhānaṃ.

초목이란 안에 속하는 것과 밖에 속하는 것의 여섯 영역(六內外入處)들을 '두루 알지 못함'을 뜻한다. 그 둘을 조건으로 결박이 일어나는 것이 덤불이다. 이것이 근접요인이다.

Vanaṃ nāma anusayo, vanatho nāma pariyuṭṭhānaṃ. Idaṃ padaṭṭhānaṃ.

Tenāha Bhagavā:

Chetvā vanañ ca vanathañ cā ti.

Ayaṃ padaṭṭhānena samāropanā.

초목은 잠재성향을 가리키고 덤불은 사로잡힘을 가리킨다. 이것이 근접요인이다.

따라서 세존께서 말씀하셨다.

> 초목과 덤불을 베어 버리고서…238)

이것이 근접요인에 따른 상승이다.

b) Tattha katamā vevacanena samāropanā?

b) 그 [네 가지] 중에서 유의어에 따른 상승이란 무엇인가?

Rāgavirāgā cetovimutti sekhaphalaṃ, avijjāvirāgā paññāvimutti asekhaphalaṃ.

Idaṃ vevacanaṃ.

탐냄에 대한 탐냄의 여읨을 통한 마음의 해탈이 배울 것이 남은 이의 결실이다. 무명에 대한 탐냄의 여읨을 통한 반야에 의한 해탈

238) Dhammapada, 게송 283.

이 배울 것이 없는 이의 결실이다. 이것은 유의어이다.

Rāgavirāga cetovimutti anāgāmiphalaṃ, avijjāvirāgā paññāvimutti aggaphalaṃ arahattaṃ. Idaṃ vevacanaṃ.

탐냄에 대한 탐냄의 여읨을 통한 마음의 해탈은 돌아오지 않는 이의 결실(不來果)이다. 무명에 대한 탐냄의 여읨을 통한 반야에 의한 해탈이 최상의 결실인 아라한이다. 이것은 유의어이다.

Rāgavirāgā cetovimutti kāmadhātusamatikkamanaṃ, avijjāvirāgā paññāvimutti te-dhātukasamatikkamanaṃ. Idaṃ vevacanaṃ.

탐냄에 대한 탐냄의 여읨을 통한 마음의 해탈은 욕계(慾界)를 초월하는 것이다. 무명에 대한 탐냄의 여읨을 통한 반야에 의한 해탈은 삼계(三界)를 초월하는 것이다. 이것은 유의어이다.

Paññindriyaṃ. Paññābalaṃ adhipaññā sikkhā paññakkhandho dhammavicayasambojjhaṅgo upekkhāsambojjhaṅgo ñāṇaṃ sammādiṭṭhi tīraṇā santīraṇā hiri vipassanā dhamme-ñāṇaṃ. Sabbaṃ idaṃ vevacanaṃ.

반야의 기능, 반야의 힘, 고양된 반야, 수련, 반야의 다발(慧蘊), 법의 분간이라는 깨달음의 요소, 평정이라는 깨달음의 요소, 앎, 바른 견해, 판단, 조사, 양심, 위빠사나, 법에 대한 앎,[239] 이 모든 것은 유의어이다.

Ayaṃ vevacanena samāropanā.

이것이 유의어에 따른 상승이다.

c) Tattha katamā bhāvanāya samāropanā?

c) 그 [네 가지] 중에서 닦음에 따른 상승이란 무엇인가?

Yathāha Bhagavā:

> *Tasmā ti ha tvaṃ bhikkhu kāye kāyānupassī viharāhi ātāpi sampajāno satimā vineyya loke abhijjhādomanassaṃ.* [p.83]

세존께서 이렇게 말씀하셨다.

> 그러므로 여기에서, 비구여, 그대는 세간에 대한 욕심과 불쾌함을 떠나, 열심히 하는 자, 알아차림을 지닌 자, 사띠를 지닌 자로서 몸에 대해 몸을 따라가며 보는(身隨觀) 자로 머물러야 한다.240) [83쪽]

Ātāpī ti viriyindriyaṃ. Sampajāno ti paññindriyaṃ. Satimā ti satindriyaṃ. Vineyya loke abhijjhādomanassan ti samādhindriyaṃ.

'열심히 함'이란 노력의 기능을 가리킨다. '알아차림'이란 반야의 기능을 가리킨다. '사띠를 지님'이란 사띠의 기능을 가리킨다. '세간에 대한 욕심과 불쾌함을 떠남'이란 삼매의 기능을 가

239) 이 책 218쪽 각주 173 참조.
240) 이 책 132쪽 참조.

리킨다.

Evaṃ kāye kāyānupassino viharato cattāro satipaṭṭhānā bhāvanāpāripūriṃ gacchanti.

이와 같이 몸에 대해 몸을 따라가며 보는 이로 머무를 때 사념처(四念處)는 닦음의 완성으로 간다.

Kena kāraṇena? Ekalakkhaṇattā catunnaṃ indriyānaṃ.

왜 그런가? 네 가지 기능이 같은 특징을 갖고 있기 때문이다.

Catūsu satipaṭṭhānesu bhāviyamānesu cattāro sammappadhānā bhāvanāpāripūriṃ gacchanti. Catūsu sammappadhānesu bhāviyamānesu cattāro iddhipādā bhāvanāpāripūriṃ gacchanti. Catūsu iddhipādesu bhāviyamānesu pañcindriyāni bhāvanāpāripūriṃ gacchanti. Evaṃ sabbe.

사념처를 닦을 때 네 가지 바른 정근(四正勤)은 닦음의 완성으로 간다. 네 가지 바른 정근을 닦을 때 네 가지 신통의 기반은 닦음의 완성으로 간다. 네 가지 신통의 기반을 닦을 때 다섯 가지 기능(五根)은 닦음의 완성으로 간다. [서른 일곱가지 깨달음을 구성하는 법의] 나머지도 이와 같다.

Kena kāraṇena? Sabbe hi bodhaṅgamā dhammā bodhipakkhiyā

niyyānikalakkhaṇena ekalakkhaṇā. Te ekalakkhaṇattā bhāvanāpāripūriṃ gacchanti.

왜 그런가? 깨달음의 요소(覺支)를 지닌, 깨달음을 구성하는 법(菩提分法)들은 모두 '벗어나게 하는 것'이라는 같은 특징을 지녔기 때문이다. 그들은 같은 특징을 지녔기 때문에 닦음의 완성으로 간다.[241]

Ayaṃ bhāvanāya samāropanā.

이것이 닦음에 따른 상승이다.

d) Tattha katamā pahānena samaropanā?

d) 그 [네 가지] 중에서 없앰에 따른 상승이란 무엇인가?

Kāye kāyānupassī viharanto asubhe subhan ti vipallāsaṃ pajahati. Kabaḷikāro c'assa āhāro pariññaṃ gacchati. Kāmupādānena ca anupādāno bhavati. Kāmayogena ca visaṃyutto bhavati. Abhijjhākāyagandhena ca vippayujjati. Kāmāsavena ca anāsavo bhavati. Kāmoghañ ca uttiṇṇo bhavati. Rāgasallena ca visallo bhavati. Rūpupikā c'assa viññāṇaṭṭhiti pariññaṃ gacchati. Rūpadhātuyaṃ c'assa rāgo pahīno bhavati. Na ca chandāgatiṃ gacchati.

241) 이 책 135쪽 참조.

몸에 대해 몸을 따라가며 보는(身隨觀) 이로 머무를 때 그는 '추함을 아름다움으로 [보는]' 거꾸로 봄을 없앤다. 그에게서 물질자양분은 두루한 앎으로 간다. 그는 감각적 욕망에 대한 집착으로부터 [벗어나] 집착하지 않게 된다. 감각적 욕망에 의한 묶임에서 풀려나게 된다. 욕심에 의한 몸의 매임에서 해방된다. 감각적 욕망으로 인한 번뇌가 [그쳐] 번뇌가 없게 된다. 감각적 욕망의 거센 물을 건너게 된다. 탐냄의 화살을 [뽑아내] 화살로부터 벗어나게 된다. 그에게 의식의 뿌리내림(識住)은 물질현상으로부터 두루한 앎으로 간다. 물질현상의 계(色界)에 대한 그의 탐냄은 없어진다. 그리고 의욕에서 비롯된 잘못된 길로 가지 않는다.

Vedanāsu vedanānupassī viharanto dukkhe sukhan ti vipllāsaṃ pajahati. Phasso c'assa āhāro pariññaṃ gācchati. Bhavupādānena ca anupādāno bhavati. Bhavayogena ca visaṃyutto bhavati. Byāpādakāyagandhena ca vippayujjati. Bhavāsavena ca anāsavo bhavati. Bhavogañ [p.84] ca uttiṇṇo bhavati. Dosasallena ca visallo bhavati. Vedanupikā c'assa viññāṇaṭṭhiti pariññaṃ gacchati. Vedanādhātuyaṃ c'assa rāgo pahīno bhavati. Na ca dosāgatiṃ gacchanti.

느낌에 대해 느낌을 따라가며 보는(受隨觀) 이로 머무를 때 그는 '괴로움을 즐거움으로 [보는]' 거꾸로 봄(顚倒)을 없앤다. 그에게서 접촉자양분은 두루한 앎으로 간다. 그는 존재에 대한 집착으로부터 [벗어나] 집착하지 않게 된다. 존재에 의한 묶임에서 풀려나게 된다. 악의에 의한 몸의 매임에서 해방된다. 존재로 인한 번뇌가 [그쳐] 번뇌가 없게 된다. 존재의 거센 물을 건너게 된다.[84쪽] 성냄의 화살을 [뽑아내] 화살로부터 벗어나게 된다. 그에게 의식의 뿌리내림은 느낌으로부터 두루한 앎으로 간다. 느낌의 계(受界)에 대한 그의 탐냄은 없어진다. 그리고 성냄에서 비롯된 잘못된 길로 가지 않는다.

Citte cittānupassī viharanto anicce niccan ti vipallāsaṃ pajahati. Viññāṇaṃ c'assa āhāro pariññaṃ gacchati. Diṭṭhupādānena ca anupādāno bhavati. Diṭṭhiyogena ca visaṃyutto bhavati. Sīlabbataparāmāsakāyagandhena ca vippayujjati. Diṭṭhāsavena ca anāsavo bhavati. Diṭṭhoghañ ca uttiṇṇo bhavati. Mānasallena ca visallo bhavati. Saññupikā c'assa viññāṇaṭṭhiti pariññaṃ gacchati. Saññādhātuyaṃ c'assa rāgo pahīno bhavati. Na ca bhayāgatiṃ gacchati.

마음에 대해 마음을 따라가며 보는(心隨觀) 이로 머무를 때 그는 '무상을 항상함으로 [보는]' 거꾸로 봄(顚倒)을 없앤다. 그에게서 의식자양분은 두루한 앎으로 간다. 그는 견해에 대한 집착으로부터 [벗어나] 집착하지 않게 된다. 견해에 의한 묶임에서 풀려나게 된다. 규범과 금기에 대한 취착(戒禁取)에 의한 몸의 매임에서 해방된다. 견해로 인한 번뇌가 [그쳐] 번뇌가 없게 된다. 견해의 거센 물을 건너게 된다. 자만의 화살을 [뽑아내] 화살로부터 벗어나게 된다. 그에게 의식의 뿌리내림은 지각으로부터 두루한 앎으로 간다. 지각의 계(想界)에 대한 그의 탐냄은 없어진다. 그리고 두려움에서 비롯된 잘못된 길로 가지 않는다.

Dhammesu dhammānupassī viharanto anattani attā ti vipallāsaṃ pajahati. Manosañcetanā c'assa āhāro pariññaṃ gacchati. Attavādupādānena ca anupādāno bhavati. Avijjāyogena ca visaṃyutto bhavati. Idaṃ saccābhinivesakāyagandhena ca vippayujjati. Avijjāsavena ca anāsavo bhavati. Avijjoghañ ca uttiṇṇo bhavati. Mohasallena ca visallo bhavati. Saṃkhārupikā c'assa viññāṇaṭṭhiti pariññaṃ gacchati. Saṃkhāradhātuyaṃ c'assa rāgo pahīno bhavati. Na ca mohāgatiṃ gacchati.

법에 대해 법을 따라가며 보는(法隨觀) 이로 머무를 때, '무아를 자아로 [보는]' 거꾸로 봄(顚倒)을 없앤다. 그에게서 정신의도 자양분은 두루한 앎으로 간다. 그는 자아에 대한 주장의 집착으로부터 [벗어나] 집착하지 않게 된다. 무명에 의한 묶임에서 풀려나게 된다. '진리에 대한 고집'에 의한 몸의 매임에서 해방된다. 무명으로 인한 번뇌가 [그쳐] 번뇌가 없게 된다. 무명의 거센 물을 건너게 된다. 어리석음의 화살을 [뽑아내] 화살로부터 벗어나게 된다. 그에게 의식의 뿌리내림은 지음으로부터 두루한 앎으로 간다. 지음의 계(行界)에 대한 그의 탐냄은 없어진다. 그리고 어리석음에서 비롯된 잘못된 길로 가지 않는다.

Ayaṃ pahānena samāropanā.
이것이 없앰에 따른 상승이다.

Tenāha āyasmā Mahākaccāno:
Ye dhammā yaṃ-mūlā ye c' ekatthā pakāsitā muninā te samaropayitabbā esa samāropano hāro ti.

그래서 마하깟짜나 존자는 말씀하셨다.
"뿌리가 되는 법들, 함께 서있다고 성인이 알려준 [법들], 그 [법들을] 올라가며 [살펴보아야 한다.] 이것이 상승을 통한 전달이다."

Niyutto samāropano-hāro.
상승을 통한 전달이 끝남.

Niṭṭhito ca hāravibhaṅgo.[p.85]
전달의 분석도 끝남.[85쪽]

02

전달의 적용
(Hārasampāta)

1. '교설을 통한 전달'의 적용

Soḷasa hārā paṭhamaṃ disalocanena disā viloketvā saṃkhipiya aṅkusena hi nayehi tihi niddise suttan ti vuttā.

"열여섯 가지 전달을 맨 처음으로 하고, 방향별로 갈래지음을 통해 방향을 검토한 뒤, 갈고리로 분류하여, 세 가지 방식으로 경을 설명한다."라고 [제2부에] 언급되어 있다.[1]

Tassā niddeso kuhiṃ daṭṭhabbo? Hārasampāte.

그것에 대한 설명은 어디에서 볼 수 있는가? 전달의 적용에서 [볼 수 있다.]

1) 이 책 25쪽 참조.

Tattha katamo desanā-hārasampāto?

그 [열여섯 가지 전달의 적용] 중에서 '교설을 통한 전달'의 적용이란 무엇인가?

Arakkhitena cittena micchādiṭṭhihatena ca
thīnamiddhābhibhutena vasaṃ Mārassa gacchatī ti.

> 수호되지 못한 마음과 그릇된 견해로 인한 손상 때문에
> 나태와 졸음에 정복됨으로써 마라의 영향 아래 들어간다.[2)]

Arakkhitena cittenā ti kiṃ desayati?
Pamādaṃ. Taṃ Maccuno padaṃ.

'수호되지 못한 마음 때문에'란 무엇을 드러내는가? 게으름이다. 그것은 마라의 구역이다.

Micchādiṭṭhihatena cā ti micchādiṭṭhihataṃ nāma vuccati, yadā anicce niccan ti passati.

'그릇된 견해로 인한 손상 때문에'란 무상을 항상함이라고 볼 때의 그 '그릇된 견해로 인한 손상'을 말한다

So vipallāso. So pana vipallāso kiṃlakkhaṇo? Viparītagāh-

2) Udāna, 38쪽. 본 'II. 전달의 적용'에서는 이 게송을 예로 경의 구절이나 문장이 어떻게 열여섯 가지 전달에 적용될 수 있는지를 보여 준다.

alakkhaṇo vipallāso.

그는 거꾸로 보는(顚倒) 자이다. 그 거꾸로 보는 자는 무엇을 특징으로 하는가? 거꾸로 보는 자는 왜곡된 이해를 특징으로 한다.

So kiṃ vipallāsayati? Tayo dhamme: saññaṃ, cittaṃ, diṭṭhim iti.

그는 무엇을 거꾸로 보는가? 지각, 마음, 견해라는 세 가지 법이다.

So khuhiṃ vipallāsayati? Catūsu attabhāvavatthūsu.

그는 어디에서 거꾸로 보는가? 자아에 관련된 네 가지 대상에서 [거꾸로 본다.]

Rūpaṃ attato samanupassati rūpavantaṃ vā attānaṃ attani vā rūpaṃ rūpasmiṃ vā attānaṃ. Evaṃ vedanaṃ /pe/ saññaṃ saṃkhāre viññāṇaṃ attato samanupassati viññāṇavantaṃ vā attānaṃ attani vā viññāṇaṃ viññāṇasmiṃ vā attānaṃ.

> 물질현상을 자아로 여긴다. 또는 물질현상을 지닌 것을 자아로 여긴다. 또는 자아에 물질현상이 있다고 여긴다. 또는 물질현상에 자아가 있다고 여긴다. 이와 같이, 느낌을…[중략]… 지각을…[중략]… 지음을…[중략]… 의식을 자아로 여긴다. 또는 의식을 지닌 것을 자아로 여긴다. 또는 자아에 의식이 있다고 여긴다. 또는 의식에 자아가 있다고 여긴다.[3]

Tattha rūpaṃ paṭhamaṃ vipallāsavatthu: asubhe subhan ti, vedanā dutiyaṃ vipallāsavatthu: dukkhe sukhan ti, saññā saṃkhārā ca tatiyaṃ vipallāsavatthu: anattani attā ti, viññāṇaṃ catutthaṃ vipallāsavatthu: anicce niccan ti. [p.86]

그 중에서 물질현상이 첫 번째 '거꾸로 봄'의 대상이다. 즉 '추함을 아름다움'으로 [본다.] 느낌이 두 번째 '거꾸로 봄'의 대상이다. 즉 '괴로움을 즐거움'으로 [본다.] 지각과 지음이 '거꾸로 봄'의 세 번째 대상이다. 즉 '무아를 자아'로 [본다.] 의식이 네 번째 '거꾸로 봄'의 대상이다. 즉 '무상을 항상함'으로 [본다.] [86쪽]

Dve dhammā cittassa saṃkilesā: taṇhā ca avijjā ca. Taṇhānivutaṃ cittaṃ dvīhi vipallāsehi viplläsīyati: asubhe subhan ti dukkhe sukhan ti. Diṭṭhinivutaṃ cittaṃ dvīhi vipallāsehi vipallāsīyati: anicce niccan ti anattani attā ti.

갈애와 무명, 이 두 가지 법은 마음의 오염이다. 갈애에 덮인 마음은 두 가지 방식으로 거꾸로 본다. 즉 추함을 아름다움으로, 괴로움을 즐거움으로 [본다.] 견해에 덮힌 마음도 두 가지 방식으로 거꾸로 본다. 즉 무상을 항상함으로, 무아를 자아로 [본다.]

Tattha yo diṭṭhivipallāso, so atītaṃ rūpaṃ attato samanupassati,

3) Majjhima Nikāya 1권, 300쪽; 3권 17쪽. 이는 스무 가지 현재의 몸에 대한 견해(有身見, sakkāyadiṭṭhi)이다.

atītaṃ vedanaṃ /pe/ atītaṃ saññaṃ atīte saṃkhāre atītaṃ viññāṇaṃ attato samanupassati. Tattha yo taṇhāvipallāso, so anāgataṃ rūpaṃ abhinandati anāgataṃ vedanaṃ /pe/ anāgataṃ saññaṃ anāgate saṃkhāre anāgataṃ viññāṇaṃ abhinandati.

그 중에서 견해 때문에 거꾸로 보는 자는 과거의 물질현상을 자아로 여긴다. 과거의 느낌을…[중략]… 과거의 지각을…[중략]… 과거의 지음을…[중략]… 과거의 의식을 자아로 여긴다. 갈애 때문에 거꾸로 보는 자는 미래의 물질현상을 기뻐한다. 그리고 미래의 느낌을…[중략]… 미래의 지각을…[중략]… 미래의 지음을…[중략]… 미래의 의식을 기뻐한다.

Dve dhammā cittassa upakkilesā: taṇhā ca avijjā ca. Tāhi visujjhantaṃ cittaṃ visujjhati.

갈애와 무명, 이 두 가지 법은 마음의 오염이다. 이들로부터 깨끗해 질 때 마음이 깨끗해진다.

Tesaṃ avijjānīvaraṇānaṃ taṇhāsaṃyojanānaṃ pubbā koṭi na paññāyati. Sandhāvantānaṃ saṃsarantānaṃ sakiṃ nirayaṃ sakiṃ tiracchānayoniṃ sakiṃ pettivisayaṃ sakiṃ asurakāyaṃ sakiṃ deve sakiṃ manusse.

한 때는 지옥에, 한 때는 축생으로, 한 때는 아귀의 영역에, 한 때는 아수라의 몸으로, 한 때는 신으로, 한 때는 인간으로 유전

하며 윤회하는, 무명에 덮이고 갈애에 결박된 자들의 최초의 시작은 알려지지 않는다.[4)]

Thīnamiddhābhibhūtenā ti thīnaṃ nāma yā cittassa akallatā akammaniyatā, middhaṃ nāma yaṃ kayassa līnattaṃ.

'나태와 졸음에 정복됨으로써'에서 나태는 마음이 내키지 않는 상태, 잘 다루어지지 않는 상태를 말한다. 졸음은 몸이 둔한 상태이다.

Vasaṃ Mārassa gacchatī ti kilesamārassa ca sattamārassa ca vasaṃ gacchati. So hi nivuto saṃsārābhimukho hoti.

'마라의 영향 아래 들어간다.'란 오염이라는 마라의 영향 아래로 들어감을 뜻한다. 그렇게 덮인 자는 윤회에 직면하게 된다.

Imāni Bhagavatā dve saccāni desitāni: dukkhaṃ samudayo ca. Tesaṃ Bhagavā pariññāya ca pahānāya ca dhammaṃ deseti dukkhassa pariññaya samudayassa pahānāya. Yena ca parijānāti yena ca pajahati, ayaṃ maggo.

Yaṃ taṇhāya avijjāya ca pahānaṃ, ayaṃ nirodho.

Imāni cattāri saccāni.

괴로움과 [괴로움의] 일어남, 이 두 가지 진리는 세존에 의해

4) Saṃyutta Nikāya, 2권, 178쪽.

설해졌다. 세존께서는 그것에 대한 두루한 앎과 없앰을 위해 법을 설하셨다. 즉 괴로움에 대한 두루한 앎을 위해 그리고 [괴로움의] 일어남을 없애기 위해 [법을 설하셨다.]

두루 알게 하고 없어지게 만드는 것, 이것은 길이다. 갈애와 무명의 없앰, 이것은 [괴로움의] 소멸이다. 이것은 사성제이다.

Tenāha Bhagavā: Arakkhitena cittenā ti.

따라서 세존께서 [위의 게송을] 말씀하셨다. "수호되지 못한 마음 때문에…"

Tenahāyasmā Mahākaccāno:
Assādādīnavatā ti.

그래서 마하깟짜나 존자는 말씀하셨다.

"맛, 걱정거리, [떠남, 결실, 방편, 교훈은 세존께서 수행자들을 위해 하신 교설을 통한 전달이다.]"5)

Niyutto desanā-hārasampāto. [p.87]

'교설을 통한 전달'의 적용이 끝남. [87쪽]

5) 이 책 17쪽 참조.

2. '분석을 통한 전달'의 적용

Tattha katamo vicayo-hārasampāto?

그 [열여섯 가지 전달의 적용] 중에서 '분석을 통한 전달'의 적용이란 무엇인가?

Tattha taṇhā duvidhā: kusalā pi akusalā pi.
Akusalā saṃsāragāminī, kusalā apacayagāminī pahānataṇhā.

그 ['분석을 통한 전달'의 적용에서 볼 때] 갈애는 옳은 것과 옳지 않은 것의 두 가지가 있다. 옳지 않은 것이란 윤회로 가는 것이다. 옳은 것이란 쌓지 않음으로 가는 것이며 제거를 위한 갈애를 가리킨다.6)

Māno pi duvidho: kusalo pi akusalo pi.
Yaṃ mānaṃ nissāya mānaṃ pajahati, ayaṃ māno kusalo. Yo pana māno dukkhaṃ nibbattayati, ayaṃ māno akusalo.

자만도 옳은 것과 옳지 않은 것의 두 가지가 있다. 자만을 통하여 자만을 버리는 것, 그 [자만은] 옳은 자만이다. 그러나 괴로

6) Dīgha Nikāya, 3권, 216쪽은 세 가지 갈애를 다음과 같은 세 종류로 분류하고 있다. 첫째, 감각적 욕망에 대한 갈애, 존재에 대한 갈애, 존재하지 않음에 대한 갈애, 둘째, 감각적 욕망에 대한 갈애, 물질현상에 대한 갈애, 물질현상을 지니지 않은 것에 대한 갈애, 셋째, 물질현상에 대한 갈애, 물질현상을 지니지 않은 것에 대한 갈애, 소멸에 대한 갈애이다. 본문에서 제거를 위한 갈애는 소멸에 대한 갈애에 해당한다고 본다.

움을 발생시키는 자만은 옳지 않은 자만이다.

Tattha yaṃ nekkhamasitaṃ domanassaṃ 'kudassu nāmāhaṃ taṃ āyatanaṃ sacchikatvā upasampajja viharissaṃ, yaṃ ariyā santaṃ āyatanaṃ sacchikatvā upasampajja viharantī' ti, tassa uppajjati pihā pihāpaccayā domanassaṃ, ayaṃ taṇhā kusalā. Rāgavirāgā cetovimutti, tadārammaṇā kusalā.

그와 관련하여 세속을 떠남에 의거한 불쾌함이 있다. 즉 "'거룩한 이들은 고요한 영역(處)을 실현하고서 도달하여 머문다. 나는 언제 그 영역을[7] 확실하게 실현하고서 도달하여 머물것인가?'라는 열망과 그 열망을 조건으로 불쾌함이 그에게 일어난다."[8] 이러한 갈애는 옳은 것이다. 탐냄에 대한 탐냄의 여읨을 통해 마음의 해탈이 있다. 그 [갈애]는 옳은 대상을 지닌 까닭에 옳음이 되는 것이다.[9]

7) Majjhima Nikāya의 주석서(5권, 23쪽)에 따르면, 이 영역은 아라한의 영역(arahattāyatana)이다.

8) Majjhima Nikāya, 3권, 217-218쪽에는 '세속에 의거한' 여섯 가지 유쾌함, '세속에 의거한' 여섯 가지 불쾌함, '세속을 떠남에 의거한' 여섯 가지 불쾌함, '세속을 떠남'에 의거한 여섯 가지 유쾌함, '세속에 의거한' 여섯 가지 평정, '세속을 떠남에 의거한' 여섯 가지 평정에 대한 설명이 있다. 이 중 '세속을 떠남에 의거한' 불쾌함이란, 눈에 의해 의식되는 물질현상들, 귀에 의해 의식되는 소리들, 코에 의해 의식되는 냄새들, 혀에 의해 의식되는 맛들, 몸에 의해 의식되는 감촉들, 정신에 의해 의식되는 법들이 모두 무상하고 변하고 소멸하는 것임을 알고서, 과거와 현재의 이 여섯 가지 모두가 무상하고 괴로운 것이며 변하는 법이라고 올바른 반야로써 있는 그대로 본 후, '거룩한 이들이 도달하여 머무는 영역(處)에 나도 도달하여 머무리라.'는 위없는 해탈에 대한 열망을 일으킬 때, 이 열망을 조건으로 일어나는 불쾌함을 가리킨다. 이 책 216쪽 각주 170 참조.

Avijjāvirāgā paññāvimutti. Tassā ko pavicayo? Aṭṭhamaggaṅgāni: sammādiṭṭhi sammāsaṃkappo sammāvācā sammākammanto sammā-ājīvo sammāvāyāmo sammāsati sammāsamādhi.

무명에 대한 탐냄의 여읨을 통해 반야에 의한 해탈이 있다. 무엇이 그것[10]을 위한 간택(簡擇)인가? 길의 여덟 가지 요소이다. 즉 바른 견해, 바른 의향, 바른 언어, 바른 행위, 바른 삶, 바른 정진, 바른 사띠, 바른 삼매이다.

So kattha daṭṭhabbo? Catutthe jhāne pāramitāya. Catutthe hi jhāne aṭṭhaṅgasamannāgataṃ cittaṃ bhāvayati: parisuddhaṃ pariyodātaṃ anaṅgaṇaṃ vigatūpakkhilesaṃ mudu kammaniyaṃ ṭhitaṃ āneñjapattaṃ.

어디에서 그것을 볼 수 있는가? 네 번째 선정이 완성되었을 때 이다. 네 번째 선정에서 여덟 요소를 갖춘 마음을 닦는다. 즉 청정한, 깨끗한, 때없는, 오염이 사라진, 유연한, 다루기 쉬운, 확립된, 동요없음을 이룬 [마음을 닦는다.][11]

So tattha aṭṭhavidhaṃ adhigacchati: cha-abhiññā dve ca visese.

9) 주석서(147쪽)에 따르면, [갈애] 그 자체가 옳음이 아니라 옳은 대상을 지닌 까닭에 '허물 없음'의 의미로 옳음이 된다.
10) 주석서(147쪽)에 따르면, '그것'이란 반야에 의한 해탈(paññāvimutti)을 가리킨다.
11) Majjhima Nikāya, 1권, 22쪽.

그는 거기에서 여덟 가지에 도달한다. 즉 여섯 가지 뛰어난 앎(六神通)과[12] 두 가지 탁월함[13][에 도달한다.]

Taṃ cittaṃ yato parisuddhaṃ tato pariyodātaṃ, yato pariyodātaṃ tato anaṅgaṇaṃ, yato anaṅgaṇaṃ tato vigatūpakkilesaṃ, yato vigatūpakkilesaṃ tato mudu, yato mudu tato kammaniyaṃ, yato kammaniyaṃ tato ṭhitaṃ, yato ṭhitaṃ tato āneñjapattaṃ. [p.88]

그 마음은 청정하기 때문에 깨끗하다. 깨끗하기 때문에 때가 없다. 때가 없으므로 오염이 사라진다. 오염이 사라졌으므로 유연하다. 유연하므로 다루기 쉽다. 다루기 쉬우므로 확립된다. 확립되므로 동요없음을 이룬다. [88쪽]

Tattha aṅgaṇā ca upakkilesā ca, tadubhayaṃ taṇhāpakkho, yā ca iñjanā yā ca cittassa aṭṭhiti, ayaṃ diṭṭhipakkho. Cattāri indriyāni: dukkhindriyaṃ domanassindriyaṃ sukhindriyaṃ somanassindriyañ ca catutthajjhāne nirujjhanti.

여기에서 때와 오염, 그 둘은 갈애에 속한다. 동요와 마음의 불안, 이것은 견해에 속한다. 네 가지 기능, 즉 괴로움이라는 기능, 불쾌함이라는 기능, 즐거움이라는 기능, 유쾌함이라는 기능

12) Majjhima Nikāya, 1권, 34-35쪽.
13) Majjhima Nikāya, 2권, 27쪽. 두 가지 탁월함은 마음의 해탈(cetovimutti)과 반야에 의한 해탈(paññāvimutti)을 말한다.

은 네 번째 선정에서 소멸한다.

Tassa upekkhindriyaṃ avasiṭṭhaṃ bhavati. So uparimaṃ samāpattiṃ santato manasikaroti. Tassa uparimaṃ samāpattiṃ santato manasikaroto catutthajjhāne oḷārikā saññā saṇṭhahati ukkaṇṭhā ca paṭighasaññā.

그에게 평정이라는 기능이 남는다. 그는 고요히 최상의 성취(等至)에 마음을 기울인다. 그가 네 번째 선정에서 고요히 최상의 성취에 마음을 기울일 때 그에게 거친 지각과 만족하지 못하는 거슬림의 지각이 멈춘다.

So sabbaso rūpasaññānaṃ samatikkamā paṭighasaññānaṃ atthaṅgamā nānattasaññānaṃ amanasikārā anantaṃ ākāsaṃ iti ākāsānañcāyatanasamāpattiṃ sacchikatvā upasampajja viharati.

그는 물질현상에 대한 모든 지각을 초월하고 거슬림의 지각을 버리고 다양한 지각에 마음을 기울이지 않고서, '공간의 한계가 없다.'라고 하는 공간의 한계가 없는 영역(空無邊處)의 성취를 실현하고서 도달하여 머문다.[14)]

Abhiññābhinīhāro rūpasaññāvokāro. Nānattasaññā samatikkamati paṭighasaññā c'assa abbhatthaṃ gacchati.

14) Majjhima Nikāya 1권, 41쪽.

뛰어난 앎으로의 나아감은 물질현상에 대한 지각으로부터 분리된다. 그는 다양한 지각을 초월한다. 그리고 그에게 거슬림의 지각은 사라져간다.

Evaṃ samādhi. Tassa samāhitassa obhāso antaradhāyati dassanañ ca rūpānaṃ.

이와 같은 삼매가 있다. 그 삼매에 들 때 빛깔과 물질현상에 대한 봄은 끝난다.[15]

So samādhi chaḷaṅgasamannāgato paccavekkhitabbo: anabhijjhāsahagataṃ me mānasaṃ sabbaloke, abyāpannaṃ me cittaṃ sabbasattesu, āraddhaṃ me viriyaṃ paggahitaṃ, passaddho me kāyo asāraddho, samāhitaṃ me cittaṃ avikkhittaṃ, upaṭṭhitā me sati asammuṭṭhā.

그 삼매는 여섯 가지 요소를 갖추었다. 그것은 '모든 세간에 대해 나의 정신활동은 탐욕을 수반하지 않는다. 모든 중생들에 대해 나의 마음은 악의가 없다. 나의 노력은 시작되었고 다잡아졌다. 나의 몸은 홀가분하고 격정이 없다. 나의 마음은 삼매에 들었고 산란하지 않다. 나의 사띠는 확립되었고 얼빠짐이 없다.'[16] 라고 개별적으로 관찰되어야 한다.

15) Majjhima Nikāya, 3권, 158쪽.
16) Majjhima Nikāya, 1권, 21쪽.

Tattha yañ ca anabhijjhāsahagataṃ mānasaṃ sabbaloke yañ ca abyāpannaṃ cittaṃ sabbasattesu yañ ca āraddhaṃ viriyaṃ paggahitaṃ yañ ca samāhitaṃ cittaṃ avikkhittaṃ ayaṃ samatho, yo passaddho kāyo asāraddho ayaṃ samādhiparikkhāro, yā upaṭṭhitā sati asammuṭṭhā ayaṃ vipassanā.

그 중에서 모든 세간에 대해 나의 정신활동이 탐욕을 수반하지 않는 것, 모든 중생들에 대해 마음의 악의가 없는 것, 노력이 시작되어 다잡아진 것, 마음이 삼매에 들어 산란하지 않은 것, 이것은 사마타(止)이다. 몸이 홀가분하고 격정이 없는 것, 이것은 삼매의 요건이다. 사띠가 확립되고 얼빠짐이 없는 것, 이것은 위빠사나이다.

So samādhi pañcavidhena veditabbo. Ayaṃ samādhi paccupānnasukho ti. Iti'ssa paccattaṃ eva ñāṇadassanaṃ paccupaṭṭhitaṃ bhavati. Ayaṃ sāmadhi āyatisukhavipāko ti. Iti'ssa paccattaṃ eva ñāṇadassanaṃ paccupaṭṭhitaṃ bhavati. Ayaṃ samādhi ariyo nirāmiso ti. [p.89] Iti'ssa paccattam eva ñāṇadassanaṃ paccupaṭṭhitaṃ bhavati. Ayaṃ samādhi akāpurisasevito ti. Iti'ssa paccattaṃ eva ñāṇadassanaṃ paccupaṭṭhitaṃ bhavati. Ayaṃ samādhi santo c'eva paṇīto ca paṭipassaddhiladdho ca ekodibhāvādhigato ca na sasaṃkhāraniggayha-vārivāvaṭo cā ti. Iti'ssa paccattaṃ eva ñāṇadassanaṃ paccupaṭṭhitaṃ bhavati.

이 삼매는 다섯 가지로 알게 된다. 즉 '이 삼매는 현재의 즐거움이다.'라고 각자에게 앎과 봄이 나타나고, '이 삼매는 미래에 즐거움의 과보를 지닌 것이다.'라고 [89쪽] 각자에게 앎과 봄이 나타나고, '이 삼매는 거룩하며 비물질적인 것이다.'라고 각자에게 앎과 봄이 나타나고, '이 삼매는 악한 사람은 익힐 수 없는 것이다.'라고 각자에게 앎과 봄이 나타나고, '이 삼매는 고요함과 훌륭함과 홀가분함을 얻고 하나로 집중된 상태에 도달한다. 그리고 지음(行)이 없고 비난받지 않고 저지당하지 않는다.'라고 각자에게 앎과 봄이 나타나는 [다섯 가지이다.]

Taṃ kho pan'imaṃ samādhiṃ sato samāpajjāmi sato vuṭṭhahāmī ti. Iti'ssa paccattam eva ñāṇadassanaṃ paccupaṭṭhitaṃ bhavati.

나아가 '사띠를 지니고 내가 이 삼매에 들어간다. 사띠를 지니고 내가 [이 삼매에서] 나온다.'라고 각자에게 앎과 봄이 나타난다.[17)]

Tattha yo ca samādhi paccuppannasukho yo ca samādhi āyatisukhavipāko ayaṃ samatho, yo ca samādhi ariyo nirāmiso yo ca samādhi akāpurisasevito yo ca samādhi santo c'eva paṇīto ca paṭipassaddhiladdho ca ekodibhāvādhigato ca na sasaṃkhāraniggayha-vārivāvaṭo ca yañ cāhaṃ taṃ kho pan'imaṃ samādhiṃ

17) Dīgha Nikāya 3권, 278-279쪽; Aṅguttara Nikāya 3권, 24쪽.

sato samāpajjāmi sato vuṭṭhahāmī ti ayaṃ vipassanā.

그 중에서 현재의 즐거움인 삼매, 미래에 즐거움의 과보를 지닌 삼매, 이것은 사마타이다. 거룩하고 비물질적인 삼매, 악한 사람은 익힐 수 없는 삼매, 고요함과 훌륭함과 홀가분함을 얻고 하나로 집중된 상태에 도달하고, 지음(行)이 없고 비난받지 않고 저지당하지 않는 삼매, 바로 그것에 대해 '내가 사띠를 지니고 이 삼매에 들어가고 사띠를 지니고 [이 삼매에서] 나온다.'라는 것은 위빠사나이다.

So samādhi pañcavidhena veditabbo: pītipharaṇatā, sukhapharaṇatā, cetopharaṇatā, ālokapharaṇatā, paccavekkhaṇānimittaṃ.

[또한] 그 삼매는 다섯 가지로 알게 된다. 즉 희열이 가득한 상태, 즐거움이 가득한 상태, 마음이 가득한 상태, 빛이 가득한 상태, 관찰되는 이미지(相)를 지닌 것[의 다섯 가지이다.]

Tattha yo ca pītipharaṇo yo ca sukhapharaṇo yo ca cetopharaṇo ayaṃ samatho, yo ca ālokapharaṇo yañ ca paccavekkhaṇānimittaṃ ayaṃ vipassanā.

그 중에서 희열의 가득함, 즐거움의 가득함, 마음의 가득함, 이것은 사마타이다. 빛의 가득함, 관찰되는 이미지, 이것은 위빠사나이다.

Dasa kasiṇāyatanāni: paṭhavīkasiṇaṃ, āpokasiṇaṃ, tejokasiṇaṃ, vāyokasiṇaṃ, nīlakasiṇaṃ, pītakasiṇaṃ, lohitakasiṇaṃ, odātakasiṇaṃ, ākāsakasiṇaṃ, viññāṇakasiṇaṃ. Tattha yañ ca paṭhavīkasiṇaṃ, yañ ca āpokasiṇaṃ, evaṃ sabbaṃ, yañ ca odātakasiṇaṃ, imāni aṭṭha kasiṇāni samatho, yañ ca ākāsakasiṇaṃ yañ ca viññāṇakasiṇaṃ, ayaṃ vipassanā.

열 가지 까시나[18]의 영역(十遍處)이 있다. 즉 땅의 까시나, 물의 까시나, 불의 까시나, 바람의 까시나, 푸른 까시나, 노란 까시나, 빨간 까시나, 하얀 까시나, 허공의 까시나, 의식의 까시나가 있다.

그 중에서 땅의 까시나, 물의 까시나와 그외 하얀 까시나까지 모두 여덟 까시나는 사마타이다. 허공의 까시나와 의식의 까시나, 이것은 위빠사나이다.

Evaṃ sabbo ariyo maggo. Yena yena ākārena vutto, tena tena samathavipassanena yojayitabbo. [p.90]

이러한 모든 것은 거룩한 길이다. 언급된 각각의 모습으로 사마타와 위빠사나에 적용해야 한다. [90쪽]

18) Aṅguttara Nikāya 5권 46쪽; Majjhima Nikāya 2권, 14쪽. 까시나(kasiṇa)는 의식을 몰입시키기 위한 도구로써, '두루 채우는 명상수행의 토대'로도 번역된다(빠알리 한글 사전, 전재성, 2005). 본 번역에서는 까시나를 원어 그대로 사용한다.

Te thīhi dhammehi saṃgahitā: aniccatāya, dukkhatāya, anattatāya.

그것은 무상성(無我性) · 고성(苦性) · 무아성(無我性)이라는 세 가지 법에 포함된다.

So samathavipassanaṃ bhāvayamāno tīṇi vimokkhamukhāni bhāvayati, tīṇi vimokkhamukhāni bhāvayanto tayo khandhe bhāvayati, tayo khandhe bhāvayanto ariyaṃ aṭṭhaṅgikaṃ maggaṃ bhāvayati.

사마타와 위빠사나를 닦는 이는 세 가지 해탈(vimokkha)의 문[19]을 닦는다. 세 가지 해탈의 문을 닦는 이는 세 가지 다발(三蘊)을 닦는다. 세 가지 다발을 닦는 이는 팔정도를 닦는다.

Rāgacarito puggalo animittena vimokkhamukhena niyyāti, adhicittasikkhāya sikkhanto lobhaṃ akusalamūlaṃ pajahanto sukhavedaniyaṃ phassaṃ anupagacchanto sukhaṃ vedanaṃ parijānanto rāgamalaṃ pavāhanto rāgarajaṃ nidhunanto rāgavisaṃ vamanto rāgaggiṃ nibbāpento rāgasallaṃ uppāṭento rāgajaṭaṃ vijaṭento.

탐냄에 따라 행동하는 사람은 이미지를 취하지 않음(無相)의 해탈의 문[20]을 통해 벗어난다. 그는 고양된 마음(增上心)의 수련

19) 주석서(153쪽)에 따르면, 거룩한 길을 지닌 마음(ariyamaggacitta)이다.

을 위해 수행하고, 옳지 않음의 뿌리인 탐욕을 버리고, 즐거움을 느끼게 하는 접촉에 가까이 가지 않고, 즐거운 느낌을 두루 알고, 탐냄의 때를 없애고, 탐냄의 먼지를 털어내고, 탐냄의 독을 토해버리고, 탐냄의 불을 끄고, 탐냄의 화살을 뽑고, 탐냄의 엉킴을 푼다.

Dosacarito puggalo appaṇihitena vimokkhamukhena niyyāti, adhisīlasikkhāya sikkhanto dosaṃ akusalamūlaṃ pajahanto dukkhavedaniyaṃ phassaṃ anupagacchanto dukkhavedanaṃ parijānanto dosamalaṃ pavāhanto dosarajaṃ nidhunanto dosavisaṃ vamanto dosaggiṃ nibbāpento dosasallaṃ uppāṭento dosajaṭaṃ vijaṭento.

성냄에 따라 행동하는 사람은 바람 없음(無願)의 해탈의 문을 통해 벗어난다. 그는 고양된 계(增上戒)의 수련을 위해 수행하고, 옳지 않음의 뿌리인 성냄을 버리고, 괴로움을 느끼게 하는 접촉에 가까이 가지 않고, 괴로움의 느낌을 두루 알고, 성냄의 때를 없애고, 성냄의 먼지를 털어내고, 성냄의 독을 토해버리고, 성냄의 불을 끄고, 성냄의 화살을 뽑고, 성냄의 엉킴을 푼다.

Mohacarito puggalo suññatavimokkhamukhena niyyāti, adhipaññāsikkhāya sikkhanto mohaṃ akusalamūlaṃ pajahanto adu-

20) 이 책 443-445쪽 참조.

kkhamasukhavedaniyaṃ phassaṃ anupagacchanto adukkhamasukhaṃ vedanaṃ parijānato mohamalaṃ pavāhanto moharajaṃ nidhunanto mohavisaṃ vamanto mohaggiṃ nibbāpento mohasallaṃ uppāṭento mohajaṭaṃ vijaṭento.

어리석음에 따라 행동하는 사람은 공성(空性)으로서의 해탈의 문을 통해 벗어난다. 그는 고양된 반야(增上慧)의 수련을 위해 수행하고, 옳지 않음의 뿌리인 어리석음을 버리고, 괴롭지도 즐겁지도 않음을 느끼게 하는 접촉에 가까이 가지 않고, 괴롭지도 즐겁지도 않은 느낌을 두루 알고, 어리석음의 때를 없애고, 어리석음의 먼지를 털어내고, 어리석음의 독을 토해버리고, 어리석음의 불을 끄고, 어리석음의 화살을 뽑고, 어리석음의 엉킴을 푼다.

Tattha suññatavimokkhamukhaṃ paññakkhandho, animittavimokkhamukhaṃ samādhikkhandho, appaṇihitavimokkhamukhaṃ sīlakkhandho. So tīṇi vimokkhamukhāni bhāvayanto tayo khandhe bhāvayati, tayo khandhe bhāvayanto ariyaṃ aṭṭhaṅgikaṃ maggaṃ bhāvayati. [p.91]

그 중에서 공성으로서의 해탈의 문은 반야의 다발이다. 이미지를 취하지 않음의 해탈의 문은 삼매의 다발이다. 바람 없음의 해탈의 문은 계의 다발이다.[21] 이러한 세 가지 해탈의 문을 닦을

21) 주석서(153쪽)에 따르면, 무상을 따라가며 봄(無常隨觀, aniccānupassanā)에 의해 '이미지를 취하지 않음의 해탈'에, 무아를 따라가며 봄(無我隨觀, anattānupassanā)

때 그는 세 가지 다발을 닦는다. 세 가지 다발을 닦을 때 그는 팔정도를 닦는다. [91쪽]

Tattha yā ca sammāvācā yo ca sammākammanto yo ca sammāājīvo ayaṃ sīlakkhandho, yo ca sammāvāyāmo yā ca sammāsati yo ca sammāsamādhi ayaṃ samādhikkhandho, yā ca sammādiṭṭhi yo ca sammāsaṃkappo ayaṃ paññakkhandho.

Tattha sīlakkhandho ca samādhikkhandho ca samatho, paññakkhandho vipassanā.

여기에서 바른 언어, 바른 행위, 바른 삶, 이것은 계의 다발이다. 바른 정진, 바른 사띠, 바른 삼매, 이것은 삼매의 다발이다. 바른 견해, 바른 의향, 이것은 반야의 다발이다.[22] 그 중에서 계의 다발과 삼매의 다발은 사마타이다. 반야의 다발은 위빠사나이다.

Yo samathavipassanaṃ bhāveti, tassa dve bhavaṅgāni bhāvanaṃ gacchanti: kāyo cittañ ca, bhavanirodhagāminī paṭipadā dve padāni: sīlaṃ samādhi ca. So hoti bhikkhu bhāvitakāyo bhāvitasīlo bhāvitacitto bhāvitapañño.

사마타와 위빠사나를 닦는 이에게 두 가지 '존재의 고리(bhavaṅga, 有分)'인 몸과 마음은 닦음으로 간다. 존재의 소멸로 가는

에 의해 '공성으로서의 해탈'에, 괴로움을 따라가며 봄(苦隨觀, dukkhānupassanā)에 의해 '바람 없음의 해탈'에 이른다.

22) Majjhima Nikāya, 1권, 301쪽.

방법은 계와 삼매의 두 가지이다. 그 비구는 몸의 닦음, 계의 닦음, 마음의 닦음, 반야의 닦음을 지닌다.[23)]

Kāye bhāviyamāne dve dhammā bhāvanaṃ gacchanti: sammākammanto sammāvāyāmo ca, sīle bhāviyamāne dve dhammā bhāvanaṃ gacchanti: sammāvācā sammā-ājīvo ca, cite bhāviyamāne dve dhammā bhāvanaṃ gacchanti: sammāsati sammāsamādhi ca, paññāya bhāviyamānāya dve dhammā bhāvanaṃ gacchanti: sammādiṭṭhi sammāsaṃkappo ca.

몸을 닦을 때 '바른 행위과 바른 정진'의 두 법은 닦음으로 간다. 계를 닦을 때 '바른 언어와 바른 삶'의 두 법은 닦음으로 간다. 마음을 닦을 때 '바른 사띠와 바른 삼매'의 두 법은 닦음으로 간다. 반야를 닦을 때 '바른 견해와 바른 의향'의 두 법은 닦음으로 간다.

Tattha yo ca sammākammanto yo ca sammāvāyāmo siyā kāyiko siyā cetasiko.

Tattha yo kāyasaṃgaho so kāye bhāvite bhāvanaṃ gacchati, yo cittasaṃgaho so citte bhāvite bhāvanaṃ gacchati.

그 중에서 바른 행동과 바른 정진은 몸에 속한 것일 수도 있고 마음에 속한 것일 수도 있다. 여기에서 몸을 제어하는 이는 몸을

23) Aṅguttara Nikāya, 1권, 249쪽; Saṃyutta Nikāya, 4권, 111쪽.

닦을 때 닦음으로 간다. 마음을 제어하는 이는 마음을 닦을 때 닦음으로 간다.

So samathavipassanaṃ bhāvayanto pañcavidhaṃ adhigamaṃ adhigacchati: khippādhigamo ca hoti vimuttādhigamo ca hoti mahādhigamo ca hoti vipulādhigamo ca hoti anavasesādhigamo ca hoti.

사마타와 위빠사나를 닦는 이는 다섯 종류의 도달에 이른다. 즉 빠른 도달, 해탈의 도달, 큰 도달, 풍부한 도달, 남김 없는 도달[에 이른다.]

Tattha samathena khippādhigamo ca mahādhigamo ca vipulādhigamo ca hoti, vipassanāya vimuttādhigamo ca anavasesādhigamo ca hoti.

그 중에서 빠른 도달과 큰 도달과 풍부한 도달은 사마타에 의한 것이다. 해탈의 도달과 남김 없는 도달은 위빠사나에 의한 것이다.

Tattha yo desayati, so dasabalasamannāgato Satthā ovādena sāvake na visaṃvādayati. So tividhaṃ: idaṃ [p.92] karotha, iminā upāyena karotha, idaṃ vo kurumānānaṃ hitāya sukhāya bhavissati.

이러한 것에 대하여 가르치는 이는 [아래와 같은] 열 가지 힘[24]을 갖춘 이다. 그 스승은 제자들을 가르침으로 속이지 않는다. 그는 '이것을 하라. 이러한 방편으로 하라. [92쪽] 이것을 하면 그대들에게 이익과 즐거움이 있을 것이다.'[25]라는 세 가지로 [가르친다.]

1. So tathā ovadito tathānusiṭṭho tathā karonto tathā paṭipajjanto taṃ bhumiṃ na pāpuṇissatī ti n'etaṃ thānaṃ vijjati.

1. '이와 같이 배우고 이와 같이 교육받은 자가 이와 같이 행하고 이와 같이 실천하고도 그 경지에 이르지 못할 것이다.'라고 말하는 것은 경우에 맞지 않다.

So tathā ovadito tathānusiṭṭho sīlakkhandhaṃ aparipūrayanto taṃ bhūmiṃ anupāpuṇissatī ti n'etaṃ ṭhānaṃ vijjati.

'이와 같이 배우고 이와 같이 교육받은 자가 계의 다발을 완성하지 못하고도 그 경지에 이를 것이다.'라고 말하는 것은 경우에 맞지 않다.

So tathā ovadito tathānusiṭṭho sīlakkhandhaṃ paripūrayanto taṃ bhūmiṃ anupāpuṇissatī ti ṭhānam etaṃ vijjati.

---

24) 열 가지 힘에 대해서는 Majjhima Nikāya, 1권, Mahāsihanāda sutta(68~83쪽) 참조.
25) 이 책 678쪽 참조.

'이와 같이 배우고 이와 같이 교육받은 자가 계의 다발을 완성하였을 때 그 경지에 이를 것이다.'라고 말하는 것은 경우에 맞다.

Sammāsambuddhassa te sato ime dhammā anabhisambuddhā ti n'etaṃ ṭhānaṃ vijjati. Sabbāsavaparikkhīṇassa te sato ime āsavā aparikkhīṇā ti n'etaṃ ṭhānaṃ vijjati.

'올바로 깨닫고도 그대에게 완전히 깨닫지 못한 법들이 있다.' 라고 말하는 것은 경우에 맞지 않다.
'모든 번뇌의 그침을 이루고도 그대에게 그치지 않은 번뇌가 있다.'라고 말하는 것은 경우에 맞지 않다.

Yassa te atthāya dhammo desito so na niyyāti takkarassa sammādukkhakkhayāya ti n'etaṃ ṭhānaṃ vijjati.

'그대가 누군가의 이익을 위해 법을 설했을 때 그 법은 그것을 행한 이들을 괴로움의 올바른 그침으로 이끌지 못한다.'라고 말하는 것은 경우에 맞지 않다.

'Sāvako kho pana te dhammānudhammapaṭipanno sāmīcipaṭipanno anudhammacārī so pubbena aparaṃ uḷāraṃ visesādhigammaṃ na sacchikarissatī ti n'etaṃ ṭhānaṃ vijjati.

'법에 따라 법을 실천하고 올바로 실천하고 법에 따라 행동하는 그대의 제자가 과거에도 혹은 미래에도 위대하고 탁월한 도달을 실현하지 못할 것이다.'라고 말하는 것은 경우에 맞지 않다.

Ye kho pana dhammā antarāyikā te paṭisevato nālaṃ antarāyāyā ti n'etaṃ ṭhānaṃ vijjati.

'걸림돌이 되는 법들 조차도 그것을 따르는 자에게는 걸림돌이 될 수 없다.'라고 말하는 것은 경우에 맞지 않다.[26)]

Ye kho pana dhammā aniyyānikā te niyyanti takkarassa sammādukkhakkhayāyā ti n'etaṃ ṭhānaṃ vijjati. Ye kho pana dhammā niyyānikā te niyyanti takkarassa sammādukkhakkhayāyā ti ṭhānam etaṃ vijjati.

'벗어나게 하지 못하는 법들이 그것을 행한 이들을 괴로움의 올바른 그침으로 이끈다.'라고 말하는 것은 경우에 맞지 않다.

'벗어나게 하는 법들은 그것을 행한 이들을 괴로움의 올바른 그침으로 이끈다.'라고 말하는 것은 경우에 맞다.

Sāvako kho pana te sa-upādiseso anupādisesaṃ nibbānadhātum anupāpuṇissatī ti n'etaṃ ṭhānaṃ vijjati.

'남은 것이 있는(有餘) 그대의 제자가 생명의 연료가 남아 있지 않은 열반계(無餘涅槃界)에 이를 것이다.'라고 말하는 것은 경우

26) Majjhima Nikāya 1권, 130쪽에 따르면, '세존께서 걸림돌이라고 설하신 법이라도 그 법을 따르는 자에게는 걸림돌이 될 수 없다'라고 말하는 것은 악한 견해이다.

에 맞지 않다.

Diṭṭhisampanno mātaraṃ jīvitā voropeyya hatthehi vā pādehi vā suhataṃ kareyyā ti n'etaṃ ṭhānaṃ vijjati. Puthujjano mātaraṃ jīvitā voropeyya hatthehi vā pādehi vā suhataṃ kareyyā ti ṭhānam etaṃ vijjati. Evaṃ pitaraṃ, arahantam bhikkhuṃ.

'견해를 갖춘 자가 어머니의 생명을 앗아가거나 손이나 발로 죽일 수 있다.'라고 말하는 것은 경우에 맞지 않다. '범부가 어머니의 생명을 앗아가거나 손이나 발로 죽일 수 있다.'라고 말하는 것은 경우에 맞다. 아버지, 아라한, 비구에 대해서도 마찬가지이다.

Diṭṭhisampanno puggalo saṃghaṃ bhindeyya saṃghe vā saṃgharājiṃ janeyyā ti n'etaṃ ṭhānaṃ vijjati. Puthujjano [p.93] saṃghaṃ bhindeyya saṃghe vā saṃgharājiṃ janeyyā ti ṭhānam etaṃ vijjati.

'견해를 갖춘 자가 상가(僧伽)에서 상가를 분열시키거나 상가에 분쟁을 일으킬 수 있다.'라고 말하는 것은 경우에 맞지 않다. '범부가 [93쪽] 상가에서 상가를 분열시키거나 상가에 분쟁을 일으킬 수 있다.'라고 말하는 것은 경우에 맞다.

Diṭṭhisampanno Tathāgatassa duṭṭhacitto lohitaṃ uppādeyya, parinibbutassa vā Tathāgatassa duṭṭhacitto thūpaṃ bhindeyyā ti n'etaṃ ṭhānaṃ vijjati. Puthujjano Tathāgatassa duṭṭhacitto lohitaṃ uppādeyya parinibbutassa vā Tathāgatassa duṭṭhacitto thūpaṃ bhindeyyā ti ṭhānam etaṃ vijjati.

'견해를 갖춘 자가 나쁜 마음을 지니고서 여래에게 피가 나도록 하거나 완전한 열반에 든 여래의 탑묘를 파괴할 수 있다.'라고 말하는 것은 경우에 맞지 않다. '범부가 나쁜 마음을 지니고서 여래에게 피가 나도록 하거나 완전한 열반에 든 여래의 탑묘를 파괴할 수 있다.'라고 말하는 것은 경우에 맞다.

Diṭṭhisampanno aññaṃ Satthāraṃ apadiseyya api jīvitahetū ti n'etaṃ ṭhānaṃ vijjati. Puthujjano aññaṃ Satthāraṃ apadiseyyā ti ṭhānam etaṃ vijjati.

'견해를 갖춘 자가 목숨 때문에 다른 스승을 언급할 수 있다.'라고 말하는 것은 경우에 맞지 않다. '범부가 목숨 때문에 다른 스승을 언급할 수 있다.'라고 말하는 것은 경우에 맞다.

Diṭṭhisampanno ito bahiddhā aññaṃ dakkhiṇeyyaṃ pariyeseyyā ti n'etaṃ ṭhānaṃ vijjati. Puthujjano ito bahiddhā aññaṃ dakkhiṇeyyaṃ pariyeseyyā ti ṭhānam etaṃ vijjati.

'견해를 갖춘 자가 공양받을 만한 다른 이를 여기의 밖에서 찾을 수 있다.'라고 말하는 것은 경우에 맞지 않다. '범부가 공양받을 만한 다른 이를 여기의 밖에서 찾을 수 있다.'라고 말하는 것은 경우에 맞다.

Diṭṭhisampanno kutūhalamaṅgalena suddhiṃ pacceyyā ti n'etaṃ ṭhānaṃ vijjati. Puthujjano kutūhalamaṅgalena suddhiṃ pacceyyā ti ṭhānam etaṃ vijjati.

'견해를 갖춘 자가 화려한 의례를 통해 청정해지기를 바랄 수 있다.'라고 말하는 것은 경우에 맞지 않다. '범부가 화려한 의례를 통해 청정해지기를 바랄 수 있다.'라고 말하는 것은 경우에 맞다.

Itthi rājā cakkavattī siyā ti n'etaṃ ṭhānaṃ vijjati. Puriso rājā cakkavattī siyā ti ṭhānam etaṃ vijjati.

'여자가 전륜왕이 될 수 있다.'라고 말하는 것은 경우에 맞지 않다. '남자가 전륜왕이 될 수 있다.'라고 말하는 것은 경우에 맞다.

Itthi Sakko devānam indo siyā ti n'etaṃ ṭhānaṃ vijjati. Puriso Sakko devānaṃ indo siyā ti ṭhānam etaṃ vijjati.

'여자가 천신들의 제왕인 삭까가 될 수 있다.'라고 말하는 것은 경우에 맞지 않다. '남자가 천신들의 제왕인 삭까가 될 수 있다.'라고 말하는 것은 경우에 맞다.

Itthi Māro pāpimā siyā ti n'etaṃ ṭhānaṃ vijjati. Puriso Māro pāpimā siyā ti ṭhānam etaṃ vijjati.

'여자가 마라 빠삐만이 될 수 있다.'라고 말하는 것은 경우에 맞지 않다. '남자가 마라 빠삐만이 될 수 있다.'라고 말하는 것은 경우에 맞다.

Itthi Mahābrahmā siyā ti n'etaṃ ṭhānaṃ vijjati. Puriso Mahābrahmā siyā ti ṭhānam etaṃ vijjati.

'여자가 대범천이 될 수 있다.'라고 말하는 것은 경우에 맞지 않다. '남자가 대범천이 될 수 있다.'라고 말하는 것은 경우에 맞다.

Itthi Tathāgato arahaṃ sammāsambuddho siyā ti ṭhānaṃ n'etaṃ vijjati. Puriso Tathāgato arahaṃ sammāsambuddho siyā ti ṭhānam etaṃ vijjati.

'여자가 여래나 아라한이나 정등각이 될 수 있다.'라고 말하는 것은 경우에 맞지 않다. '남자가 여래나 아라한이나 정등각이 될 수 있다.'라고 말하는 것은 경우에 맞다.

Dve Tathāgatā arahanto sambuddhā apubbaṃ acarimaṃ eikssā lokadhātuyā uppajjeyyuṃ dhammaṃ vā deseyyun ti n'etaṃ ṭhānaṃ vijjati. Eko'va Tathāgato arahaṃ sammāsambuddho ekissā lokadhātuyā uppajjissati dhammaṃ vā desissatī ti ṭhānam etaṃ vijjati.

‘하나의 세간계에 두 명의 여래나 아라한이나 정등각이 동시에 나타나고 또한 법을 가르칠 수 있다.’라고 말하는 것은 경우에 맞지 않다. ‘하나의 세간계에는 단지 한 명의 여래나 아라한이나 정등각이 나타나고 또한 법을 가르칠 수 있다.’라고 말하는 것은 경우에 맞다.

Tiṇṇaṃ duccaritānaṃ iṭṭho kanto piyo manāpo vipāko bhavissatī ti n’etaṃ ṭhānaṃ vijjati. Tiṇṇaṃ duccaritānaṃ aniṭṭho akanto apiyo amanāpo vipāko bhavissatī ti ṭhānam etaṃ [p.94] vijjati.

‘세 가지 나쁜 행동에 대해 내키고 즐겁고 사랑스럽고 마음에 드는 과보가 있을 것이다.’라고 말하는 것은 경우에 맞지 않다. ‘세 가지 나쁜 행동에 대해 내키지 않고 즐겁지 않고 사랑스럽지 않으며 마음에 들지 않은 과보가 있을 것이다.’라고 말하는 것은 [94쪽] 경우에 맞다.

Tiṇṇaṃ sucaritānaṃ aniṭṭho akanto apiyo amanāpo vipāko bhavissatī ti n’etaṃ ṭhānaṃ vijjati. Tiṇṇaṃ sucaritānaṃ iṭṭho kanto piyo manāpo vipāko bhavissatī ti ṭhānam etaṃ vijjati.

‘세 가지 좋은 행동에 대해 내키지 않고 즐겁지 않고 사랑스럽지 않으며 마음에 들지 않은 과보가 있을 것이다.’라고 말하는 것은 경우에 맞지 않다. ‘세 가지 좋은 행동에 대해 내키고 즐겁고 사랑스럽고 마음에 드는 과보가 있을 것이다.’라고 말하는 것은 경우에 맞다.

Aññataro samaṇo vā brāhmaṇo vā kuhako lapako nemittako kuhanalapananemittakattaṃ pubbaṅgamaṃ katvā pañca nīvaraṇe appahāya cetaso upakkhilese paññāya dubbalikaraṇe catūsu satipaṭṭhānesu anupaṭṭhitasati viharanto satta bojjhaṅge abhāvayitvā anuttaraṃ sammāsambodhiṃ abhisambujjhissatī ti n'etaṃ ṭhānaṃ vijjati.

'사기꾼이거나 수다쟁이거나 점쟁이인 사문이나 바라문이 위선과 수다와 점을 앞세우고, 마음의 오염이면서[27] 반야를 약하게 만드는 것인 다섯 가지 덮개[28]를 없애지 않고서, 사념처에 관련하여 확립된 사띠를 지니지 않고 머무면서, 깨달음의 일곱 가지 요소(七覺支)를 닦지 않고도, 위없이 완전한 깨달음을 얻을 것이다.'라고 말하는 것은 경우에 맞지 않다.

Aññataro samaṇo vā brāhmaṇo vā sabbadosāpagato pañca nīvaraṇe pahāya cetaso upakkilese paññāya dubbalikaraṇe catūsu

27) Majjhima Nikāya, 1권, 347쪽; Saṃyutta Nikāya; 5권, 121쪽, 115쪽 참조.
28) 다섯 가지 덮개(五蓋, 五障)는 첫째, 감각적 욕망에 대한 의욕(kāmacchanda)으로서 '오염된 물'에 비유된다. 이는 욕심(abhijjhā)으로 대신 설해지는 경우도 있다(Dīgha Nikāya, 1권, 71쪽). 둘째, 악의(byāpāda)로서 '부글부글 끓는 물'에 비유된다. 셋째, 나태와 졸음(thīna-middha)으로서 '이끼로 덮인 물'에 비유된다. 넷째, 들뜸과 후회(uddhacca-kukkucca)로서 '바람에 파도치는 물'에 비유된다. 다섯째, 의심(vicikicchā)으로서 '어둠속의 흙탕물'에 비유된다. Saṃyutta Nikāya, 5권, 121쪽; Aṅguttara Nikāya, 3권, 230쪽 참조.

satipaṭṭhānesu upaṭṭhitasati viharanto satta bojjhaṅge bhāvayitvā anuttaraṃ sammāsombodhiṃ abhisambujjhissatī ti ṭhānam etaṃ vijjati.

'모든 성냄이 없어진 사문이나 바라문이 마음의 오염이면서 반야를 약하게 만드는 것인 다섯 가지 덮개를 없애고서, 사념처에 관련하여 확립된 사띠를 지니고 머무면서, 깨달음의 일곱 가지 요소를 닦은 후, 위없는 완전한 깨달음을 얻을 것이다.'라고 말하는 것은 경우에 맞다.

Yaṃ ettha ñāṇaṃ hetuso ṭhānaso anodhiso, idaṃ vuccati ṭhānāṭhāna-ñāṇaṃ paṭhamaṃ Tathāgatabalaṃ iti.

이와 관련하여 원인과 경우에 대한 제한없는 앎, 이것은 여래의 첫 번째 힘이라고 일컬어지는 것으로 '경우와 경우가 아닌 것'에 관한 앎이다.

2. Ṭhānāṭhānagatā sabbe khayadhammā vayadhammā virāgadhammā nirodhadhammā, keci saggūpagā keci appāyūpagā keci nibbānūpagā. Evaṃ Bhagavā āha:

2. 경우에 맞는 것과 경우에 맞지 않는 것으로 드러난 모든 것은 그치는 법, 사라지는 법, 탐냄을 여의어야 할 법, 소멸하는 법이다. 어떤 [법은] 좋은 곳에 이르게 하고 어떤 법은 나쁜 곳에 이르게 하고 어떤 법은 열반에 이르게 한다.

이와 같이 세존께서 말씀하셨다.

Sabbe sattā marissanti, maraṇaṃ taṃ hi jīvitaṃ
yathākammaṃ gamissanti puññapāpaphalūpagā
nirayaṃ pāpakammantā puññakammā ca suggatiṃ.
Apare ca maggaṃ bhāvetvā parinibbanti anāsavā ti.

> 모든 존재는 죽을 것이다. 생명은 죽음에서 끝나므로.
> 행한 대로 갈 것이다. 복덕과 악함의 결과가 무르익은 자들.
> 악업을 지닌 자는 지옥으로, 복덕업을 지닌 자는 좋은 곳으로.[29)]
> 다른 이들은 길을 닦아 번뇌 없는 완전한 열반에 든다.[30)]

Sabbe sattā ti ariyā ca anariyā ca, sakkāyapariyāpannā ca sakkāyavītivattā ca.

[위의 게송에서] '모든 존재'란 거룩한 자들과 거룩하지 않은 자들, 현재의 몸(有身)에 구속된 자들과[31)] 현재의 몸을 극복한 자들을 가리킨다.[32)]

Marissantī ti dvīhi maraṇehi: dandhamaraṇena ca adandhamaraṇena ca. Sakkāyapariyāpannānaṃ adandhamaraṇaṃ, sakkāyavītivattānaṃ dandhamaraṇaṃ.

29) Saṃyutta Nikāya, 1권, 97쪽.
30) Dhammapada, 게송 126.
31) Paṭisambhidāmagga, 2권, 131쪽.
32) Majjhima Nikāya, 2권, 265쪽.

‘죽을 것이다.’란 더딘 죽음과 빠른 죽음의 두 가지로 나뉜다. 현재의 몸에 구속된 자에게 빠른 죽음이 있고 현재의 몸을 극복한 자에게 더딘 죽음이 있다.

Maraṇantaṃ hi jīvitan ti khayā āyussa indriyānaṃ uparodhā jīvitapariyanto maraṇapariyanto.

‘생명은 죽음에서 끝나므로’란 ‘수명의 그침과 감각기능의 파괴로부터 생명은 끝나고 죽음으로 끝난다.’라는 뜻이다.[33]

Yathākammaṃ gamissantī ti kamma-ssakatā.

Puññapāpaphalūpagā ti kammānaṃ phaladassāvitā ca avippavāso ca.

‘행한 대로 갈 것이다.’란 업의 특성을 말한다.

‘복덕과 악함의 결과가 무르익은 자들’이란 ‘업의 결과를 보는 자 또는 [업의 결과가] 가까이 있는 자’를 나타낸다.

Nirayaṃ pāpakammantā ti apuññasaṃkhārā. Puññakammā ca suggatin ti [p.95] puññasaṃkhārā sugatiṃ gamissanti. Apare ca maggaṃ bhāvetvā prinibbanti anāsavā ti sabbasaṃkhārānaṃ samatikkamanaṃ.

‘악업을 지닌 자는 지옥으로’란 ‘복덕 없는 지음(行)을 지닌

33) Majjhima Nikāya 1권, 295쪽.

자'를 가리킨다. '복덕업을 지닌 자는 좋은 곳으로'란 [95쪽] '복덕 있는 지음(行)을 지닌 자는 좋은 곳으로 갈 것이다.'를 가리킨다. '다른 이들은 길을 닦아 번뇌 없는 완전한 열반에 든다.'란 모든의 지음을 초월함을 가리킨다.

Tenāha Bhagavā: Sabbe /pe/ anāsavā ti.

그러므로 세존께서 [위의 게송을] 말씀하셨다. "모든 존재는 …[중략]… 번뇌 없는 …."

Sabbe sattā marissanti, maraṇaṃ taṃ hi jīvitaṃ
yathākammaṃ gamissanti puññapāpaphalupagā.

Nirayaṃ pāpakammantā ti āgāḷhā ca nijjhāmā ca paṭipadā. Apare ca maggaṃ bhāvetvā parinibbanti anāsavā ti majjhimā paṭipadā.

> 모든 존재는 죽을 것이다. 생명은 죽음에서 끝나므로.
> 행한 대로 갈 것이다. 복덕과 악함의 결과가 무르익은 자들.

'악업을 지닌 자는 지옥으로'란 과격하고 격렬한 방법을 가리킨다. '다른 이들은 길을 닦아 번뇌 없는 완전한 열반에 든다.'란 중도를 가리킨다.

Sabbe sattā marissanti, maraṇaṃ taṃ hi jīvitaṃ
yathākammaṃ gamissanti puññapāpaphalūpagā.

Nirayaṃ pāpakammantā ti ayaṃ saṃkileso.
Evaṃ saṃsāraṃ nibbattayati.

> 모든 존재는 죽을 것이다. 생명은 죽음에서 끝나므로.
> 행한 대로 갈 것이다. 복덕과 악함의 결과가 무르익은 자들.

'악업을 지닌 자는 지옥으로'란 오염을 가리킨다.
이와 같이 윤회가 발생한다.

Sabbe sattā marissanti /pe/

nirayaṃ pāpakammantā ti ime tayo vaṭṭā: dukkhavaṭṭo, kammavaṭṭo, kilesavaṭṭo. Apare ca maggaṃ bhāvetvā paribibbanti anāsavā ti tiṇṇaṃ vaṭṭānaṃ vivaṭṭanā.

> 모든 존재는 죽을 것이다. …[중략]…

'악업을 지닌 자는 지옥으로'란 세 가지 굴러감을 가리킨다. 즉 괴로움의 굴러감, 업의 굴러감, 오염의 굴러감이다. '다른 이들은 길을 닦아 번뇌 없는 완전한 열반에 든다.'란 세 가지 굴러감의 환멸(還滅)을 가리킨다.

Sabbe sattā marissanti /pe/

nirayaṃ pāpakammantā ti ādīnavo. Puññakammā ca suggatin ti assādo. Apare ca maggaṃ bhāvetvā paribibbanti anāsavā ti nissaraṇaṃ.

▌모든 존재는 죽을 것이다. …[중략]…

'악업을 지닌 자는 지옥으로'란 '걱정거리(患)'에 해당한다. '복덕업을 지닌 자는 좋은 곳으로'란 '맛(味)'에 해당한다. '다른 이들은 길을 닦아 번뇌 없는 완전한 열반에 든다.'란 '떠남(離)'에 해당한다.[34)]

Sabbe sattā marissanti /pe/

nirayaṃ pāpakammantā ti hetu ca phalañ ca. Pañcakkhandhā phalalm, taṇhā hetu. Apare ca maggaṃ bhāvetvā parinibbanti anāsavā ti maggo ca phalañ ca.

▌모든 존재는 죽을 것이다. …[중략]…

'악업을 지닌 자는 지옥으로'란 원인과 결과이다. 오온은 결과이고 갈애는 원인이다. '다른 이들은 길을 닦아 번뇌 없는 완전한 열반에 든다.'란 길과 결과이다.

Sabbe sattā marissanti /pe/

nirayaṃ pāpa kammantā ti ayaṃ saṃkileso. So saṃkileso tividho: taṇhāsaṃkileso, diṭṭhisaṃkileso, duccaritasaṃkileso ti.

34) 이 책 32-35쪽 참조.

▌모든 존재는 죽을 것이다. …[중략]…

'악업을 지닌 자는 지옥으로'란 오염을 가리킨다. 이 오염은 세 가지로 나뉜다. 즉 갈애에 의한 오염, 견해에 의한 오염, 나쁜 행동에 의한 오염이다.

Tattha taṇhāsaṃkileso tīhi taṇhāhi niddisitabbo: kāmataṇhāya, bhavataṇhāya, vibhavataṇhāya. Yena yena vā pana vatthunā ajjhosito, tena ten'eva niddisitabbo. Tassā vitthāro: chattiṃsāya taṇhāya jāliniyā vicaritāni.

그 중에서 갈애에 의한 오염은 세 가지 갈애로 설명되어야 한다. 즉 감각적 욕망에 대한 갈애, 존재에 대한 갈애, 존재하지 않음에 대한 갈애이다.[35] 그 매달림은 각각의 [그 매달림의] 대상에 따라 설명되어야 한다. 그것에 대한 상세한 [설명은] '서른 여섯 가지 갈애의 그물에서 맴돔'[36]이다.

Tattha diṭṭhisaṃkileso uccheda-sassatena niddisitabbo. Yena yena vā pana vatthunā diṭṭhivasena abhinivisati. [p.96] 'idaṃ eva saccaṃ, moghaṃ aññan' ti, tena ten'eva niddhisitabbo. Tassā vitthāro: dvāsaṭṭhi diṭṭhigatāni.

35) 이 책 583쪽 참조.
36) 이 책 156쪽; Aṅguttara Nikāya, 1권, 134쪽; Aṅguttara Nikāya, 2권, 211쪽 참조.

또한 그 중에서 견해에 의한 오염은 단절[의 견해](斷見)와 영원함[의 견해](常見)에 의해 설명되어야 한다. 각각의 근거에 따라 견해를 고집하여 [96쪽] '이것만이 진리이다. 다른 것은 헛된 것이다.'[37]라고 하는 [견해는] 각각 그것에 따라 설명되어야 한다. 그것에 대한 상세한 [설명은] 예순 두 가지 견해이다.[38]

Tattha duccaritasaṃkileso cetanācetasikakammena niddisitabbo, tīhi duccaritehi: kāyaduccaritena, vacīduccaritena, manoduccaritena. Tassa vitthāro: dasa akusalakammapathā.

또한 그 중에서 나쁜 행동에 의한 오염은 세 가지 나쁜 행동, 즉 몸으로 하는 나쁜 행동, 언어로 하는 나쁜 행동, 정신으로 하는 나쁜 행동으로서, 의도와 마음에 속하는 업으로 설명되어야 한다.[39] 그것에 대한 상세한 [설명은] '열 가지 옳지 않은 업의 통로'이다.[40]

Apare ca maggaṃ bhāvetvā parinibbanti anāsavā ti idaṃ vodānaṃ. Tayidaṃ vodānaṃ. tividhaṃ: taṇhāsaṃkileso samathena visujjhati, so samatho samādhikkhandho, diṭṭhisaṃkileso vipassanāya visujjhati, sā vipassanā paññakkhandho, duccaritasa-

37) Majjhima Nikāya, 2권, 233쪽.

38) Dīgha Nikāya, 1권, 1-46쪽, Brahmajāla Sutta; Majjhima Nikāya, 2권, 228-238쪽 Pañcattaya Sutta 참조.

39) 이 책 179-181쪽.

40) 이 책 179쪽 참조.

ṃkileso sucaritena visujjhati, taṃ sucaritaṃ sīlakkhandho.

'다른 이들은 길을 닦아 번뇌 없는 완전한 열반에 든다.'란 정화를 가리킨다. 이 정화는 세 가지로 나뉜다. 즉 갈애에 의한 오염은 사마타에 의해 청정해진다. 그러한 사마타는 삼매의 다발(定蘊)에 해당한다. 견해에 의한 오염은 위빠사나에 의해 청정해진다. 그러한 위빠사나는 반야의 다발(慧蘊)에 해당한다. 나쁜 행동에 의한 오염은 좋은 행동에 의해 깨끗해진다. 그러한 좋은 행동은 계의 다발(戒蘊)에 해당한다.

Sabbe sattā marissanti, maraṇaṃ taṃ hi jīvitaṃ
yathākammaṃ gamissanti puññapāpaphalūpagā

nirayaṃ pāpakammantā ti apuññapaṭipadā. Puññakammā ca suggatin ti puññapaṭipadā. Apare ca maggaṃ bhāvetvā parinibbanti anāsavā ti puññapāpasamatikkamapaṭipadā.

> 모든 존재는 죽을 것이다. 생명은 죽음에서 끝나므로,
> 행한 대로 갈 것이다. 복덕과 악함의 결과가 무르익은 자들.

'악업을 지닌 자는 지옥으로'란 악덕의 방법에 해당한다. '복덕업을 지닌 자는 좋은 곳으로'란 복덕의 방법에 해당한다. '다른 이들은 길을 닦아 번뇌 없는 완전한 열반에 든다.'란 복덕과 악함을 초월한 방법에 해당한다.

Tattha yā ca puññapaṭipadā yā ca apuññapaṭipadā, ayaṃ ekā paṭipadā sabbatthagāminī, ekā apāyesu ekā devesu. Yā ca puññapāpasamatikkamapaṭipadā, ayaṃ tattha-tattha-gāminipaṭipdā.

여기에서 복덕의 방법과 악덕의 방법, 이것은 [각 방법에 따라] 어느 곳으로든 통하는 일정한 방법이다. 즉 하나는 괴로운 곳으로, 하나는 천신으로 [통하는 방법이다.] 복덕과 악함을 초월한 방법은 [정해진] 그곳 [열반으로] 통하는 방법이다.

Tayo rāsi: micchattaniyato rāsi, sammattaniyato rāsi, aniyato rāsi.

세 가지 더미가 있다. 즉 그릇됨에 의해 확정된 더미, 올바름에 의해 확정된 더미, 확정되지 않은 더미이다.[41)]

Tattha yo ca micchattaniyato rāsi yo ca sammattaniyato rāsi ekā paṭipadā: tattha-tattha-gāminī. Tattha yo aniyato rāsi, ayaṃ sabbatthagāminipaṭipadā.

그 중에서 그릇됨에 의해 확정된 더미와 올바름에 의해 확정된 더미는 [확정된 것에 따른] 그곳으로 통하는 일정한 방법이다. 확정되지 않은 더미는 어느 곳으로든 통하는 방법이다.[42)]

---

41) Dīgha Nikāya, 3권, 217쪽. Saṃyutta Nikāya, 3권, 225쪽 참조.
42) 이 책 198, 422쪽 참조.

Kena kāraṇena?

Paccayaṃ labhanto niraye upapajjeyya, paccayaṃ labhanto tiracchānayonīsu upapajjeyya, paccayaṃ labhanto [p.97] pettivisayesu upapajjeyya, paccayaṃ labhanto asuresu upapajjeyya, paccayaṃ labhanto devesu upapajjeyya, paccayaṃ labhanto manussesu upapajjeyya, paccayaṃ labhanto parinibbāyeyya. Tasmāyaṃ sabbatthagāminipaṭipadā.

왜 그런가?

조건을 갖출 때 지옥에 태어난다. 조건을 갖출 때 동물의 모태에 태어난다. 조건을 갖출 때 [97쪽] 아귀의 영역에 태어난다. 조건을 갖출 때 아수라에 태어난다. 조건을 갖출 때 신으로 태어난다. 조건을 갖출 때 인간으로 태어난다. 조건을 갖출 때 완전한 열반에 든다. 따라서 이것은 어느 곳으로든 가는 방법이 된다.

Yaṃ ettha ñāṇaṃ hetuso ṭhānaso anodhiso, idaṃ vuccati sabbatthagāminipaṭipadā-ñāṇaṃ dutiyaṃ Tathāgatabalaṃ iti.

이와 관련하여 원인과 경우에 대한 제한없는 앎, 이것은 여래의 두 번째 힘이라고 일컬어지는 것으로 '어느 곳으로든 통하는 방법'에 관한 앎이다.

3. Sabbatthagāminipaṭipadā anekadhātu-loko. Tattha-tattha-gāminipaṭipadā nānādhātu-loko.

3. 어느 곳으로든 통하는 방법이란 다수의 계(多界)의 세간[에 해당한다.] [정해진] 그 곳으로 통하는 방법이란 다양한 계의 세간[에 해당한다.]

Tattha katamo anekadhātu-loko?

Cakkhudhātu rūpadhātu cakkhuviññāṇadhātu, sotadhātu saddadhātu sotaviññāṇadhātu, ghānadhātu gandhadhātu ghānaviññāṇadhātu, jivhādhātu rasadhātu jivhāviññāṇadhātu, kāyadhātu phoṭṭhabbadhātu kāyaviññāṇadhātu, manodhātu dhammadhātu manoviññāṇadhātu, paṭhavīdhātu āpodhātu tejodhātu vāyodhātu ākādadhātu viññāṇadhātu, kāmadhātu byāpādadhātu vihiṃsādhātu, nekkhammadhātu abyāpādadhātu avihiṃsādhātu, dukkhadhātu domanassadhātu avijjādhātu, sukhadhātu somanassadhātu upekkhādhātu, rūpadhātu arūpadhātu, nirodhadhātu saṃkhāradhātu nibbānadhātu: ayaṃ anekadhātu-loko.

여기에서 무엇이 다수의 계(界)의 세간인가?

눈의 계(眼界), 물질현상의 계(色界), 눈을 통한 의식의 계(眼識界), 귀의 계(耳界), 소리의 계(聲界), 귀를 통한 의식의 계(耳識界), 코의 계(鼻界), 냄새의 계(香界), 코를 통한 의식의 계(鼻識界), 혀의 계(舌界), 맛의 계(味界), 혀를 통한 의식의 계(舌識界), 몸의 계(身界), 감촉의 계(觸界), 몸을 통한 의식의 계(身識界), 정신의 계(意界), 법의 계(法界), 정신을 통한 의식의 계(意識界), 물의 계(水界), 불의 계(火界), 바람의 계(風界), 허공의 계(空界), 의식의 계(意識界), 감각적 욕망의 계, 악의의 계, 해침의 계, 세속을 떠남의 계, 악의 없음의 계, 해침 없음의 계, 괴로움의 계, 불쾌함의 계, 무명의 계, 즐거움의 계, 유쾌함의 계, 평정의 계, 물질현상의 계, 물질현상을 지니지 않은 것의 계, 소멸의 계, 지음의 계, 열반의 계[43]가 있다. 이것이 다수의 계의 세간이다.

Tattha katamo nānādhātu-loko?
Aññā cakkhudhātu aññā rūpadhātu aññā cakkhuviññāṇadhātu. Evaṃ sabbā. Aññā nibbānadhātu.

여기에서 무엇이 다양한 계(界)의 세간인가?
눈의 계가 다르고, 물질현상의 계가 다르고, 눈을 통한 의식의 계가 다르다. 나머지도 이와 같다. 열반의 계 또한 다르다.

Yaṃ ettha ñāṇaṃ hetuso ṭhānaso anodhiso, idaṃ vuccati anekadhātu-nānādhātu-ñāṇaṃ tatiyaṃ Tathāgatabalaṃ iti.

이와 관련하여 원인과 경우에 대한 제한없는 앎, 이것은 여래의 세 번째 힘이라고 일컬어지는 것으로 '다수의 계와 다양한 계'에 관한 앎이다.

4. Anekadhātu-nānādhatu kassa lokassa:

43) Majjhima Nikāya, 3권, 623쪽.

4. 다수의 계와 다양한 계란 어떤 세간과 관련된 것인가?

Yaṃ yad eva dhātuṃ sattā adhimuccanti, taṃ tad eva adhiṭṭhahanti abhinivisanti,

keci rūpādhimuttā keci saddādhimuttā keci gandhādhimuttā keci rasādhimuttā keci phoṭṭhabbādhimuttā keci dhammādhimuttā keci itthādhimuttā keci purisādhimuttā keci cāgādhimutta keci hīnādhimutta [p.98] keci paṇītādhimuttā keci devādhimuttā keci manussādhimuttā keci nibbānādhimuttā.

중생들은 [자신이] 확신하는 계를 확립하고 고집한다.

어떤 이들은 물질현상에 대한 확신을 지닌다. 어떤 이들은 소리에 대한 확신을 지닌다. 어떤 이들은 냄새에 대한 확신을 지닌다. 어떤 이들은 맛에 대한 확신을 지닌다. 어떤 이들은 감촉에 대한 확신을 지닌다. 어떤 이들은 법에 대한 확신을 지닌다. 어떤 이들은 여성에 대한 확신을 지닌다. 어떤 이들은 남성에 대한 확신을 지닌다. 어떤 이들은 베풂에 대한 확신을 지닌다. 어떤 이들은 열등함에 대한 확신을 지닌다. [98쪽] 어떤 이들은 훌륭함에 대한 확신을 지닌다. 어떤 이들은 천신에 대한 확신을 지닌다. 어떤 이들은 인간에 대한 확신을 지닌다. 어떤 이들은 열반에 대한 확신을 지닌다.[44]

44) '열반을 믿는다.'에 대해서는 Dīgha Nikāya 1권, 36쪽, Majjhima Nikāya 1권, 509쪽, Majjhima Nikāya, 1권, 4쪽 참조.

Yaṃ ettha ñāṇaṃ hetuso ṭhānaso anodhiso 'ayaṃ veneyyo ayaṃ na veneyyo ayaṃ saggagāmī ayaṃ duggatigāmī ti, idaṃ vuccati sattanaṃ nānādhimuttikatā-ñāṇaṃ catutthaṃ Tathāgatabalaṃ iti.

이와 관련하여 '이것은 가르쳐야 한다. 이것은 가르치지 않아야 한다. 이것은 천상으로 통하는 것이다. 이것은 나쁜 곳으로 통하는 것이다.'라는 원인과 경우에 관한 제한없는 앎, 이것은 여래의 네 번째 힘이라고 일컬어지는 것으로 '중생들의 다양한 확신'에 관한 앎이다.

5. Te yathādhimuttā ca bhavanti.

Taṃ taṃ kammasamādānaṃ samādiyanti, te chabbidhaṃ kammaṃ samādiyanti: keci lobhavasena, keci dosavasena, keci mohavasena, keci saddhāvasena, keci viriyavasena, keci paññāvasena.

5. 그들은 확신했던 그대로 된다.

그들은 각 업보를 받는다. 그들은 여섯 종류의 업을 받는다. 즉 어떤 이들은 탐욕에 의한, 어떤 이들은 성냄에 의한, 어떤 이들은 어리석음에 의한, 어떤 이들은 믿음에 의한, 어떤 이들은 노력에 의한, 어떤 이들은 반야에 의한 [업을 받는다.]

Taṃ vibhajamānaṃ duvidhaṃ: saṃsāragāmī ca nibbānagāmī ca. Tattha yaṃ lobhavasena dosavasena mohavasena ca kammaṃ karoti, idaṃ kammaṃ kaṇhaṃ kaṇhavipākaṃ. Tattha yaṃ saddhāvasena viriyavasena ca kammaṃ karoti, idaṃ kammaṃ sukkaṃ sukkavipākaṃ. Tattha yaṃ lobhavasena dosavasena ca mohavasena saddhāvasena ca kammaṃ karoti, idaṃ kammaṃ kaṇhasukkaṃ kaṇhasukkavipākaṃ. Tattha yaṃ viriyavasena paññāvasena ca kammaṃ karoti, idaṃ kammaṃ akaṇhaṃ asukkaṃ akaṇhasukkavipākaṃ kammuttamaṃ kammaseṭṭhaṃ kammakkhayāya saṃvattati.

그것은 윤회로 가는 [업]과 열반으로 가는 [업의] 두 가지로 나뉜다. 그 중에서 탐냄·성냄·어리석음에 의해 만들어진 업은 검은 것이고 검은 과보를 가졌다. 거기에서 믿음과 노력에 의해 만들어진 업은 흰 것이고 흰 과보를 가졌다.

그 중에서 탐냄·성냄·어리석음·믿음에 의해 만들어진 업은 검고도 흰 것이고 검고도 흰 과보를 가졌다.

그 중에서 노력과 반야에 의해 만들어진 업은 검지도 희지도 않고, 검지도 희지도 않은 과보를 가졌으며, 최상의 업이고 뛰어난 업이며, 업의 그침으로 이끄는 것이다.[45)]

Cattāri kammasamādānāni: atthi kammasamādānaṃ paccuppannasukhaṃ āyatiñ ca dukkhavipākaṃ, atthi kammasamādānaṃ paccuppannadukkhaṃ āyatiñ ca sukhavipākaṃ, atthi kamma-

45) Majjhima Nikāya, 1권, 389쪽.

samādānaṃ paccuppannadukkhañ c'eva āyatiñ ca dukkhavipākaṃ, atthi kammasamādānaṃ paccuppannasukhañc'eva āyatiñ ca sukhavipākaṃ, yaṃ evaṃ jātiyakaṃ kammasamādānaṃ.

네 가지 업보가 있다. 현재에 즐거움과 미래에 괴로움의 과보를 가진 업보가 있다. 현재에 괴로움과 미래에 즐거움의 과보를 가진 업보가 있다. 현재에 괴로움과 미래에 괴로움의 과보를 가진 업보가 있다. 현재에 즐거움과 미래에 즐거움의 과보를 가진 업보가 있다.[46] 이와 같은 종류의 업보가 있다.

Iminā puggalena akusalakammasamādānaṃ upacitaṃ avipakkaṃ vipākāya paccupaṭṭhitaṃ, na ca bhabbo abhinibbidhāgantun ti. [p.99]

Taṃ Bhagavā na ovadati, yathā Devadattaṃ Kokālikaṃ Sunakkhattaṃ Licchaviputtaṃ, ye vā pan'aññe pi sattā micchattaniyatā.

'이 사람에 의해 쌓인 옳지 않은 업보는 아직 성숙하지 않았지만 과보가 거의 확립되어 부수는 것이 불가능하다.'라는 [경우가 있다.][47] [99쪽] 세존께서는 데와닷따,[48] 꼬까리까,[49] 릿차위의 아들 수낙캇따와 같이 그릇됨에 의해 확정된 중생들은 가르치지

46) Majjhima Nikāya, 1권, 305쪽.
47) Majjhima Nikāya, 1권, 104쪽.
48) Vinaya, 2권, 197쪽.
49) Suttanipāta, 게송 123; 전재성 역, 숫타니파타, 343쪽, 각주 1580 참조.

않으신다.[50]

Imesañ ca puggalānaṃ upacitaṃ akusalaṃ na ca tāva pāripūrigataṃ, purā pāripūriṃ gacchati, purā phalaṃ nibbattayati, purā maggam āvārayati, purā veneyyattaṃ samatikkamatī ti.

Te Bhagavā asamatte ovadati, yathā Puṇṇañ ca govatikaṃ Acelañ ca kukkuravatikaṃ.

'이 사람에 의해 쌓인, 아직 완성되지 않은 옳지 않은 [업은] 완성되기 이전이고 결과를 발생하기 이전이며, 길을 막기 이전이고, 손쓸 수 있는 상태를 지나기 이전이다.'라는 [경우가 있다.] 세존께서는 소처럼 행동하는 뿐나와 개처럼 행동하는 아쩰라와 같이 [옳지 않은 업이] 완료되지 않은 자들은 가르치신다.[51]

Imassa ca puggalassa akusalakammasamādānaṃ paripūramānaṃ maggaṃ āvārayissati, purā pāripuriṃ gacchati, purā phalaṃ nibbattayati, purā maggam āvārayati, purā veneyyattaṃ samatikkamatī ti.

Taṃ Bhagavā asamattaṃ ovadati, yathā āyasmantaṃ Aṅgulimālaṃ.

'이 사람의 옳지 않은 업보가 완성될 때 [그 옳지 않은 업보는]

50) Majjhima Nikāya, 2권, 252쪽; Dīgha Nikāya, 1권, 153쪽.
51) Majjhima Nikāya, 1권, Kukkuravatika Sutta(387~400쪽) 참조.

그의 길을 막을 것이다. [그러나 그 옳지 않은 업은 아직] 완성되기 전이고 결과를 발생하기 전으로 길을 막기 전이고 손쓸 수 있는 상태를 지나기 이전이다.'라는 [경우가 있다.] 세존께서는 앙굴리말라 존자와 같이 [옳지 않은 업이] 완성되지 않은 자는 가르치신다.[52]

Sabbesaṃ mudumajjhādhimattatā. Tattha mudu āneñjābhisaṃkhārā, majjhaṃ avasesakusalasaṃkhārā, adhimattaṃ akusalasaṃkhārā.

모든 것에는 유연함·중간·극단의 상태가 있다. 그 중에서 동요없는 지음(行)은 유연함에 해당하고, 남김이 있는 옳은 지음은 중간에 해당하며, 옳지 않은 지음은 극단에 해당한다.

Yaṃ ettha ñāṇaṃ hetuso ṭhānaso anodhiso 'idaṃ diṭṭhadhammavedaniyaṃ, idaṃ upapajjavedaniyaṃ, idaṃ aparāpariyavedaniyaṃ, idaṃ nirayavedaniyaṃ, idaṃ tiracchānavedaniyaṃ, idaṃ pettivisayavedaniyaṃ, idaṃ asuravedaniyaṃ, idaṃ devavedaniyaṃ, idaṃ manussavedaniyan' ti, idaṃ vuccati atītānāgatapaccuppannānaṃ kammasamādānānaṃ hetuso ṭhānaso anodhiso vipākavemattatā-ñāṇaṃ pañcamaṃ Tathāgatabalaṃ iti.

이와 관련하여 '이것은 현재의 법(見法)에서 경험하는 것이다.

52) Majjhima Nikāya, 2권, 106-112쪽, Aṅgulimāla Sutta 참조.

이것은 내생에서 경험할 것이다. 이것은 그 다음 생에서 경험할 것이다. 이것은 지옥에서 경험할 것이다. 이것은 축생에서 경험할 것이다. 이것은 아귀의 영역에서 경험할 것이다. 이것은 아수라에서 경험할 것이다. 이것은 천신으로 경험할 것이다. 이것은 인간으로 경험할 것이다.'라는 원인과 경우에 관한 제한없는 앎, 이것은 여래의 다섯 번째 힘이라고 일컬어지는 것으로 '과거·미래·현재의 업보가 지닌 과보의 다양성'의 원인과 경우에 관한 제한없는 앎이다.

6. Tathā samādinnānaṃ kammānaṃ samādinnānaṃ jhānānaṃ vimokkhānaṃ samādhīnaṃ samāpattīnaṃ ayaṃ saṃkileso idaṃ vodānaṃ idaṃ vuṭṭhānaṃ, evaṃ saṃkilissati evaṃ vodāyati evaṃ vuṭṭhāhatī ti ñāṇaṃ anāvaraṇaṃ.

6. 그와 같이 업을 받을 때, 선정과 해탈을 이룰 때, 삼매와 성취를 이룰 때, '이것은 오염이다. 이것은 정화다. 이것은 [선정으로부터] 나옴이다. 이와 같이 오염된다. 이와 같이 맑아진다. 이와 같이 나간다.'라는 장애 없는 앎이 있다.

Tattha kati jhānāni? [p.100] Cattāri jhānāni.
Kati vimokkhā? Ekādasa ca aṭṭha ca satta ca tayo ca dve ca.

거기에 몇 가지 선정이 있는가? [100쪽] 네 가지 선정이 있다. 몇 가지 해탈이 있는가? 열 한 가지, 여덟 가지, 일곱 가지, 세 가지, 두 가지 [해탈이][53] 있다.

Kati samādhī? Tayo samādhī: savitakko-savicāro-samādhi, avitakko-vicāramatto-samādhi, avitakko-avicāro-samādhi.

몇 가지 삼매가 있는가? 세 가지 삼매가 있다. 즉 생각과 숙고가 있는 삼매, 생각은 없고 숙고만 있는 삼매, 생각도 없고 숙고도 없는 삼매이다.

Kati samāpattiyo? Pañca samāpattiyo: saññāsamāpatti, asaññāsamāpatti, nevasaññānāsaññāsamāpatti, vibhūtasamāpatti, nirodhasamāpatti.

몇 가지 성취가 있는가? 다섯 가지 성취가 있다. 즉 지각의 성취, 지각 없음의 성취, 지각이 없는 것도 없지 않는 것도 아닌 것의 성취, 있지 않음의 성취, 소멸의 성취이다.[54]

---

53) 주석서(166쪽)는 본문의 열 한 가지 해탈을 여덟 가지 해탈(Majjhima Nikāya, 2권, 12-13쪽)과 세 가지 해탈(Paṭisambhidāmagga, 2권, 35쪽; 이 책 342쪽)로 나누어 설명한다. 한편 여덟 가지 해탈이란 세간에서의 해탈로 열 한 가지 중 앞서의 여덟 가지를 가리킨다. 또한 일곱 가지란 여덟 가지 중 소멸의 성취를 제외한 것이다. 세 가지란 열 한 가지 중에서 세 가지, 즉 공성으로서의 해탈(suññatavimokkhā, 空解脫), 이미지를 취하지 않음의 해탈(animitavimokkhā, 無相解脫), 바람 없음의 해탈(appaṇihitavimokkhā, 無願解脫)을 가리킨다. 두 가지란 이 세 가지에서 이미지를 취하지 않음의 해탈을 제외한 것이다.

54) 이 책 293쪽에 같은 문장이 나온다. 그러나 거기에는 다음의 밑줄친 부분이 추가되어 있다(saññāsamāpatti asaññāsamāpatti nevasaññānāsaññāsamāpatti vibhūtasaññāsamāpatti nirodhasaññāsamāpatti). 즉 본문의 '있지 않음의 성취와 소멸의 성취'가 '있지 않음의 지각의 성취와 소멸의 지각의 성취'로 되어 있다.

Tattha katamo saṃkileso? Paṭhamassa jhānassa kāmarāgabyāpādā saṃkileso ye ca kukkuṭajhāyī dve paṭhamakā yo vā pana koci hānabhāgiyo samādhi, ayaṃ saṃkileso.

여기에서[55] 무엇이 오염인가? 첫 번째 선정에 관련하여 감각적 욕망에 대한 탐냄, 악의는 오염이다. 그리고 만족한 선정수행자들에게 처음의 두 가지 [선정이나][56] 혹은 퇴보로 향하는[57] 삼매는 무엇이든 오염이다.

Tattha katamṃ vodānaṃ? Nīvaraṇapārisuddhi paṭhamassa jhānassa ye ca kukkuṭajhāyī dve pacchimakā yo vā pana koci visesabhāgiyo samādhi, idaṃ vodānaṃ.

여기에서 무엇이 정화인가? 첫 번째 선정에 관련하여 덮개의 완전한 청정[이 정화이다.] 만족한 선정수행자들에게 뒤에 오는 두 가지 [선정이나][58] 혹은 탁월함으로 향하는 삼매는 무엇이든 정화이다.

---

55) 주석서(167쪽)에 따르면, 오염(saṃkilesa)이란 반대되는 법에 의해 오염되는 것, 정화(vodāna)란 반대되는 법으로부터 정화되는 것, 나옴(vuṭṭhāna)은 일정한 상태를 발전시키기 위한 부단한 훈련이다.

56) 만족한 선정수행자란 자신의 위치에 안주하여 더 나아가려고 하지 않는 선정수행자의 상태를 말한다. 처음의 두 가지란 첫 번째 선정과 두 번째 선정을 가리킨다 (Netti-A, 167쪽). 즉 첫 번째 선정과 두 번째 선정에 안주하여 더 나아가려고 하지 않을 때 그 첫 번째와 두 번째 선정은 그 자체가 오염이 된다.

57) '퇴보와 향하는(hānabhāgiyo)'이란 지금의 선정을 유지하지 못하고 아래 단계로 떨어지는 것을 말한다. Netti-A, 167쪽.

58) 뒤에 오는 두 가지란 세 번째 선정과 네 번째 선정을 가리킨다. Netti-A, 167쪽.

Tattha katamaṃ vuṭṭhānaṃ? Yaṃ samāpattivuṭṭhānakosallaṃ, idaṃ vuṭṭhānaṃ.

여기에서 무엇이 나옴인가? 성취로부터 나오는 것에 능숙함이 나옴이다.59)

Yaṃ ettha ñāṇaṃ hetuso ṭhānaso anodhiso, idaṃ vuccati sabbesaṃ jhānavimokkhasamādhisamāpattīnaṃ samkilesavodāna-vuṭṭhāna-ñāṇaṃ chaṭṭhaṃ Tathāgatabalaṃ iti.

이와 관련하여 원인과 경우에 대한 제한없는 앎, 이것은 여래의 여섯 번째 힘이라고 일컬어지는 것으로 '선정, 해탈, 삼매, 성취, 오염, 정화, 나옴이라는 모든 것'에 관한 앎이다

7. Tass'eva samādhissa tayo dhammā parivārā: indriyāni, balāni, viriyam iti. Tāni yeva indriyāni viriyavasena balāni bhavanti, adhipateyyaṭṭhena indriyāni, akampiyaṭṭhena balāni.

7. 기능, 힘, 노력이라는 세 가지 법은 바로 그 삼매와 한 무리이다. 노력에 의해 그 [다섯] 기능은 [다섯] 힘이 된다. 위력이라는 의미에서는 기능이며 확고함이라는 의미에서는 힘이다.60)

Iti teasṃ mudumajjhādhimattatā: ayaṃ mudindriyo, ayaṃ

59) Paṭisambhidāmagga, 1권, 48쪽.
60) Paṭisambhidāmagga, 1권, 21쪽.

majjhindriyo, ayaṃ tikkhindriyo ti.

이렇게 그 [다섯 기능에는] '이것은 약한 기능이다. 이것은 중간 기능이다. 이것은 강한 기능이다.'라고 하는 약한 상태, 중간 상태, 뛰어난 상태가 있다.

Tattha Bhagavā tikkhindriyaṃ saṃkhittena ovādena ovadati, majjhindriyaṃ Bhagavā saṃkhitta-vitthārena ovadati, mudindriyaṃ Bhagavā vitthārena ovadati.

그 중에서 세존께서는 강한 기능을 가진 자는 간략한 가르침으로 가르치신다. 세존께서는 중간 기능을 가진 자는 간략하고도 상세한 [가르침으로] 가르치신다. 세존께서는 약한 기능을 가진 자는 상세한 [가르침으로] 가르치신다.

Tattha Bhagavā tikkhindriyassa mudukaṃ dhammadesanaṃ upadissati, majjhindriyassa Bhagavā mudutikkhadhammadesanaṃ [p.101] upadissati, mudindriyassa Bhagavā tikkhaṃ dhammadesanaṃ upadissati.

그 중에서 세존께서는 강한 기능을 가진 자에게 유연한 법의 교설을 보여주신다. 세존께서는 중간 기능을 가진 자에게 유연하고도 예리한 법의 교설을 [101쪽] 보여주신다. 약한 기능을 가진 자에게 세존께서는 예리한 법의 교설을 보여주신다.

Tattha Bhagavā tikkhindriyassa samathaṃ upadissati, majjhindriyassa Bhagavā samathavipassanaṃ upadissati, mudindriyassa Bhagavā vipassanaṃ upadissati.

그 중에서 강한 기능을 가진 자에게 세존께서는 사마타를 보여주신다. 중간 기능을 가진 자에게 세존께서는 사마타와 위빠사나를 보여주신다. 약한 기능을 가진 자에게 세존께서는 위빠사나를 보여주신다.

Tattha Bhagavā tikkhindriyassa nissaraṇaṃ upadissati, majjhindriyassa Bhagavā ādīnavañ ca nissaraṇañ ca upadissati, mudindriyassa Bhagavā assādañ ca ādīnavañ ca nissaraṇañ ca upadissati.

그 중에서 강한 기능을 가진 자에게 세존께서는 떠남(離)을 보여주신다. 중간 기능을 가진 자에게 세존께서는 걱정거리(患)와 떠남을 보여주신다. 약한 기능을 가진 자에게 세존께서는 맛(味)과 걱정거리와 떠남을 보여주신다.

Tattha Bhagavā tikkhindriyassa adhipaññāsikkhāya paññāpayati, majjhindriyassa Bhagavā adhicittasikkhāya paññapayati, mudindriyassa Bhagavā adhisīlasikkhāya paññāpayati.

그 중에서 세존께서는 강한 기능을 가진 자에게 고양된 반야(增上慧)를 위한 수련에 대해 알게 하신다. 세존께서는 중간 기능을 가진 자에게 고양된 마음(增上心)을 위한 수련에 대해 알게 하신다. 세존께서는 약한 기능을 가진 자에게 고양된 계(增上戒)를 위한 수련에 대해 알게 하신다.

Yaṃ ettha ñāṇaṃ hetuso ṭhānaso anodhiso 'ayaṃ imaṃ bhūmibhāvanañ ca gato imāya ca velāya imāya ca anusāsaniyā evaṃdhātuko cāyaṃ ayañ c'assa āsayo ayañ ca anusayo' iti, idaṃ vuccati parasattānaṃ parāpuggalānaṃ indriyaparopariyattivemattatā-ñāṇaṃ sattamaṃ Tathāgatabalaṃ iti.

이와 관련하여 '이 사람은 이러한 경지의 닦음에 이르렀다. 그는 이러한 한계를 가진, 이러한 가르침이 필요한 그와 같은 부류의 사람이다. 그의 경향은 이러하다. 이것이 그의 잠재성향이다.'라는 원인과 경우에 대한 제한 없는 앎, 이것은 여래의 일곱 번째 힘이라고 일컬어지는 것으로 '서로 다른 중생들, 서로 다른 인간이 지닌 기능의 높고 낮음의 다양성'에 관한 앎이다.

8. Tattha yaṃ anekavihitaṃ pubbenivāsaṃ anussarati,

seyyathīdaṃ 'ekaṃ pi jātiṃ dve pi jātiyo tisso pi jātiyo catasso pi jātiyo pañca pi jātiyo dasa pi jātiyo vīsaṃ pi jātiyo tiṃsaṃ pi jatiyo cattārīsaṃ pi jātiyo paññasaṃ pi jātiyo jātisataṃ pi jātisahassaṃ pi jātisatasahassaṃ anekāni pi jātisatāni anekāni pi jātisahassāni anekāni pi jātisatasahassāni aneke pi saṃvaṭṭakappe aneke pi vivaṭṭakappe aneke pi saṃvaṭṭavivaṭṭakappe

8. 여기에서 그는 여러가지 전생을 기억한다.

즉 한 번의 태어남, 두 번의 태어남, 세 번의 태어남, 네 번의 태어남, 다섯 번의 태어남, 열 번의 태어남, 스무 번의 태어남, 서른 번의 태어남, 마흔 번의 태어남, 쉰 번의 태어남, 백 번의 태어남, 천 번의 태어남, 십만 번의 태어남, 수백 번의 태어남, 수천 번의 태어남, 수십 만 번의 태어남, 여러 무너지는 겁, 여러 성립하는 겁, 여러 무너지는 겁과 성립하는 겁(壞成劫)을 기억한다.

amutrāsiṃ evaṃnāmo evaṃgotto evaṃvaṇṇo evaṃāhāro evaṃ sukhadukkhapaṭisaṃvedī evamāyupariyanto,

그러한 이름으로, 그러한 가문으로, 그러한 외모로, 그러한 자양분으로, 그러한 즐거움과 괴로움을 경험하는 자로서, 그렇게 수명을 다한 자로서 거기에 내가 있었다.

so tato cuto amutra udapādi, tatrāpāsiṃ evaṇnāmo evaṃgotto evaṃvaṇṇo evamāhāro evaṃsukhadukkhapaṭisaṃvedī evaṃāyupariyanto, [p.102] so tato cuto idhūpapanno' ti. Iti sākāraṃ sauddesaṃ anekavihitaṃ pubbenivāsaṃ anussarati.

그 후 죽어서 다른 곳에 태어났다. 거기에도 내가 있었다. 그러한 이름으로, 그러한 가문으로, 그러한 외모로, 그러한 자양분으로, 그러한 즐거움과 괴로움을 경험하는 자로서, 그렇게 수명을 다한 자로서 있었다. [102쪽] 그 후 죽어서 여기에 태어났다.

이러한 모습을 지니고 내력을 지닌 여러가지 전생을 기억한다.[61]

Tattha saggūpagesu ca sattesu manussūpagesu ca sattesu apāyūpagesu ca sattesu 'imassa puggalassa lobhādayo ussannā alobhādayo mandā, imassa puggalassa alobhādayo ussannā lobhādayo mandā, ye ye vā pana ussannā ye vā pana mandā, imassa puggalassa imāni indriyāni upacitāni, imassa puggalassa imāni indriyāni anupacitāni, amukāyaṃ vā kappakoṭiyaṃ kappasatasahasse vā kappasahasse vā kappasate vā kappe vā antarakappe vā upaḍḍhakappe vā saṃvacchare vā upaḍḍhasaṃvacchare vā māse vā pakkhe vā divase vā muhutte vā, iminā pamādena vā pasādena vā' ti, taṃ taṃ bhavaṃ Bhagavā anussaranto asesaṃ jānāti.

그 중에서 천상에 이른 중생들, 인간에 이른 중생들, 괴로운 곳에 이른 중생들에 대해 '이 사람의 탐욕 등은 강하고 탐욕 없음 등은 약하다. 이 사람의 탐욕 없음 등은 강하고 탐욕 등은 약하다. 강한 사람들 또는 약한 사람들 마다의 그 기능들은 그와 같이 천만 겁, 십만 겁, 천 겁, 백 겁, 한 겁, 중간 겁, 절반의 겁, 일 년, 반 년, 한 달, 보름, 하루, 순간 동안 이런 게으름 혹은 믿음으로 인해 쌓이기도 하고, 이 사람의 그 기능들은 쌓이지 않기도 한다.' 라고 각각의 존재를 세존께서는 기억하시고 남김 없이 아신다.

61) Majjhima Nikāya, 1권 22쪽, 70쪽.

9. Tattha yaṃ dibbena cakkhunā visuddhena atikkantamānusakena satte passati cavamāne upapajjamāne hīne paṇīte suvaṇṇe dubbaṇṇe sugate duggate yathākammūpage satte pajānāti:

9. 이와 관련하여 [세존께서는] 인간을 초월한 청정한 천안으로 중생들을 보신다. 죽어가는, 태어나는, 열등한, 훌륭한, 좋은 외모의, 흉한 외모의, 행복한, 불행한 중생들을 업이 가는 대로 잘 아신다.

ime vata bhonto sattā kāyaduccaritena samannāgatā vacīduccaritena samannāgatā manoduccaritena samnnāgatā ariyānaṃ upavādakā micchādiṭṭhikā micchādiṭṭhikammasamādānā, te kāyassa bhedā parammaraṇā apāyaṃ duggatiṃ vinipātaṃ nirayaṃ upapannā,

이와 같이 존재하는 중생들, 즉 몸으로 나쁜 행동을 하는, 언어로 나쁜 행동을 하는, 정신으로 나쁜 행동을 하는, 거룩한 이를 비난하는, 그릇된 견해를 지닌, 그릇된 견해의 업보를 지닌 그들은 몸이 무너져 죽은 후 괴로운 곳, 나쁜 곳, 험난한 곳(險難處), 지옥에 태어난다.

ime vā pana bhonto sattā kāyasucaritena samannāgatā vacī-manosucaritena samannāgatā ariyānaṃ anupavādakā sammādiṭṭhikā sammādiṭṭhikammasamādānā, te kāyassa bhedā parammaraṇā sugatiṃ saggaṃ lokaṃ upapannā.

[그러나] 이와 같이 존재하는 중생들, 즉 몸으로 좋은 행동을 하는, 언어와 정신으로 좋은 행동을 하는, 거룩한 이를 비난하지 않는, 바른 견해를 지닌, 바른 견해의 업보를 지닌 그들은 몸이 무너져 죽은 후 좋은 곳, 천상의 세간에 태어난다.'62)

Tattha saggūpagesu ca sattesu/pe/ apāyūpagesu ca sattesu iminā puggalena evarūpaṃ kammaṃ amukāyaṃ kappakoṭiyaṃ upacitaṃ kappasatasahasse vā kappasahasse [p.103] vā kappasate vā kappe vā antarakappe vā upaḍḍhakappe vā saṃvacchare vā upaḍḍhasaṃvacchare vā māse vā pakkhe vā divase vā muhutte vā, iminā pamādena vā pasādena vā ti. Imāni Bhagavato dve ñaṇāni pubbenivāsānussati-ñāṇañ ca dibbacakkhu ca aṭṭhamaṃ navamaṃ Tathāgatabalaṃ iti.

거기에서 천상에 이른 중생들, 인간에 이른 중생들, 괴로운 곳에 이른 중생들에 대해 '이 사람들에 의해 이와 같은 업이 이런 게으름 혹은 믿음으로 인해 그와 같이 천만 겁, 십만 겁, 천 겁, [103쪽] 백 겁, 한 겁, 중간 겁, 절반의 겁, 일 년, 반년, 한 달, 보름, 하루, 순간 동안 쌓인다.'라고 [아는] 전생을 기억하는 앎(宿命通智)과 [앞에서 언급한] 천안이라는 것, 여래의 이 두 가지 앎이 여

62) Majjhima Nikāya, 1권 22-23쪽, 70-71쪽.

래의 여덟 번째와 아홉 번째 힘이다.

10. Tattha yaṃ sabbaññutā pattā, viditā sabbadhammā, virajaṃ vītamalaṃ uppannaṃ sabbaññutañāṇaṃ, nihato Māro bodhimūle, idaṃ Bhagavato dasamaṃ balaṃ sabbāsavaparikkhaya-ñāṇaṃ.

10. 이와 관련하여 모든 것에 대한 앎이 획득되고, 모든 법들이 알려지고, 먼지가 다하고 때가 다한 모든 것에 관해 아는 앎이 일어나, 깨달음 아래에서 마라는 파괴되었다. 이것이 세존의 열 번째 힘으로서 모든 번뇌의 완전한 그침에 관한 앎이다.

Dasabalasamannāgatā hi buddhā bhagavanto ti.

[이러한] 열 가지 힘을 갖춘 깨달은 이가 바로 세존이시다.

Niyutto vicayo-hārasampāto.

'분석을 통한 전달'의 적용이 끝남.

3. '타당성을 통한 전달'의 적용

Tattha katamo yutti-hārasampāto?

그 [열여섯 가지 전달의 적용] 중에서 '타당성을 통한 전달'의 적용이란 무엇인가?

Tasmā rakkhitacittassa sammāsaṃkappagocaro
sammādiṭṭhipurekkhāro ñatvāna udayabbayaṃ
thīnamiddhābhibhū bhikkhu sabbā duggatiyo jahe ti.

> 그러므로 마음을 수호하고서 바른 의향의 활동영역(gocara, 行境)을 지닌 자,
> 바른 견해를 앞에 둔 자, 나태와 졸음을 이겨낸 그 비구는
> 생겨남과 사라짐을 알았으므로
> 모든 나쁜 곳을 뒤로 하고 [떠난다.][63]

Tasmā rakkhitacittassa sammāsaṃkappagocaro ti rakkhitacittassa sammāsaṃkappagocaro bhavissatī ti yujjati, sammāsaṃkappagocaro sammādiṭṭhi bhavissatī paṭivijjhissatī ti yujjati, sammādiṭṭhipurekkhāro viharanto udayabbayaṃ paṭivijjhissatī ti yujjhati, udayabbayaṃ paṭivijjhanto sabbā duggatiyo jahissatī ti yujjati, sabbā duggatiyo jahanto sabbāni duggativinipātabhayāni samatikkamissatī ti yujjati.

63) Uādna, 38쪽; 이 책 191쪽 참조.

‘그러므로 마음을 수호하고서 바른 의향의 활동영역을 지닌 자’[라는 위의 게송에서] ‘마음을 수호한 자는 바른 의향의 활동영역을 지닌 자가 될 것이다.’라고 [말하는 것은] 타당하다. ‘바른 의향의 활동영역을 지닌 자는 바른 견해를 지닌 자가 될 것이고 꿰뚫어 볼 것이다.’라고 [말하는 것은] 타당하다. ‘바른 견해를 앞에 둔 자로 머물 때 그는 생겨남과 사라짐을 꿰뚫어 볼 것이다.’라고 [말하는] 것은 타당하다. ‘생겨남과 사라짐을 꿰뚫어 보는 자는 모든 나쁜 곳을 뒤로 하고 [떠난다.]’라고 [말하는 것은] 타당하다. ‘모든 나쁜 곳을 뒤로 하고 떠난 자는 모든 나쁜 곳과 험난한 곳에 대한 두려움을 초월할 것이다.’라고 [말하는 것은] 타당하다.

Niyutto yutti-hārasampāto [p.104]

‘타당성을 통한 전달’의 적용이 끝남. [104쪽]

4. '근접요인을 통한 전달'의 적용

Tattha katamo padaṭṭhāno-hārasampāto?

그 [열여섯 가지 전달의 적용] 중에서 '근접요인을 통한 전달'의 적용이란 무엇인가?

Tasmā rakkhitacittassa sammāsaṃkappagocaro ti gāthā. Tasmā rakkhitacittassa ti tiṇṇaṃ sucaritānaṃ padaṭṭhānaṃ, sammāsaṃkappagocaro ti samathassa padaṭṭhānaṃ, sammādiṭṭhipurekkhāro ti vipassanāya padaṭṭhānaṃ, ñatvāna udayabbayan ti dassanabhūmiyā padaṭṭhānaṃ, thīnamiddhābhibhū bhikkhū ti viriyassa padaṭṭhānaṃ., sabbā duggatiyo jahe ti bhāvanāya padaṭṭhānaṃ.

'그러므로 마음을 수호하고서 바른 의향의 활동영역을 지닌 자…'라는 게송에서, '그러므로 마음을 수호함'이란 세 가지 좋은 행동의 근접요인이다. '바른 의향의 활동영역을 지님'이란 사마타의 근접요인이다. '바른 견해를 앞에 둠'이란 위빠사나의 근접요인이다. '생겨남과 사라짐을 아는 것'이란 봄의 경지의 근접요인이다. '나태와 졸음을 이겨낸 비구'란 노력의 근접요인이다. '모든 나쁜 곳을 뒤로 하고 떠남'이란 닦음의 근접요인이다.

Niyutto padaṭṭhāno-hārasampāto.

'근접요인을 통한 전달'의 적용이 끝남.

5. '특징을 통한 전달'의 적용

Tattha katamo lakkhaṇo-hārasampāto?

그 [열여섯 가지 전달의 적용] 중에서 '특징을 통한 전달'의 적용이란 무엇인가?

Tasmā rakkhitacittassa sammāsaṃkappagocaro ti gāthā.

Tasamā rakkhitacittassa sammāsaṃkappagocaro ti idaṃ satindriyaṃ, satindriye gahite gahitāni bhavanti pañcindriyāni. Sammādiṭṭhipurekkhāro ti sammādiṭṭhiyā gahitāya gahito bhavati ariyo aṭṭhaṅgiko maggo.

'그러므로 마음을 수호하고서 바른 의향의 활동영역을 지닌 자…'라는 게송에서, '그러므로 마음을 수호하고서 바른 의향의 활동영역을 지님'이란 사띠의 기능이다. 사띠의 기능이 파악될 때 다섯 기능이 파악된다. '바른 견해를 앞에 둠'이란 바른 견해가 파악됨으로써 팔정도가 파악됨을 뜻한다.

Taṃ kissa hetu? Sammādiṭṭhito hi sammāsaṃkappo pabhavati, sammāsaṃkappato sammāvācā pabhvati, sammāvācato sammākammanto pabhavati, sammākammantato sammā-ājīvo pabhavati, sammā-ājīvato sammāvāyāmo pabhavati, sammāvāyāmato sammāsati pabhavati, sammāsatito sammāsamādhi pabhavati, sammāsamādhito sammāvimutti pabhavati, sammāvimuttito sammāvimuttiñāṇadassanaṃ pabhavati.

왜 그런가? 바른 견해로부터 바른 의향이 발생하기 때문이다. 바른 의향으로부터 바른 언어가 발생하기 때문이다. 바른 언어로부터 바른 행위가 발생하기 때문이다. 바른 행위로부터 바른 삶이 발생하기 때문이다. 바른 삶으로부터 바른 정진이 발생하기 때문이다. 바른 정진으로부터 바른 사띠가 발생하기 때문이다. 바른 사띠로부터 바른 삼매가 발생하기 때문이다. 바른 삼매로부터 바른 해탈이 발생하기 때문이다. 바른 해탈로부터 바른 해탈지견이 발생하기 때문이다.[64]

Niyutto lakkhaṇo-hārasampāto. [p.105]

'특징을 통한 전달'의 적용이 끝남. [105쪽]

64) Majjhima Nikāya 3권, 76쪽.

6. '네 가지 정리를 통한 전달'의 적용

Tattha katamo catubyūho-hārasampāto?

그 [열여섯 가지 전달의 적용] 중에서' 네 가지 정리를 통한 전달'의 적용'이란 무엇인가?

Tasamā rakkhitacittassa sammasaṃkappagocaro ti gāthā. Tasmā rakkhitacittassā ti rakkhitaṃ paripāliyatī ti esā nirutti.

'그러므로 마음을 수호하고서 바른 의향의 활동영역을 지닌 자…'라는 게송에서, '그러므로 마음을 수호하고서'를 '수호함이 지속되고 있다.'라고 [분석하는] 것, 이것은 어원분석이다.

Idha Bhagavato ko adhippāyo?

이 [경구에서] 세존께서 말씀하시는 취지는 무엇인가?

Ye duggatīhi parimuccitukāmā bhavissanti, te dhammacārino bhavissantī ti ayaṃ ettha Bhagavato adhippāyo.

'나쁜 곳에서 벗어나고 싶은 자들은 법을 따를 것이다.'라는 것이 여기에서 세존께서 말씀하시는 취지이다.[65)]

Kokāliko hi Sāriputta-Moggallānesu theresu cittaṃ padosayitvā

65) 이 책 143쪽.

Mahāpadumaniraye upapanno, Bhagavā ca satiārakkhena cetasā samannāgato, suttamhi vuttaṃ: satiyā cittaṃ rakkhitabban ti.

꼬까리까는 사리뿟따 존자와 목갈라나 존자에 대한 마음의 분노 때문에 마하빠두마 지옥에 태어났다.[66] 그래서 사띠로 수호된 마음을 지니신 세존께서는 '사띠로 마음을 수호해야 한다.'라고 경에서 말씀하셨다.

Niyutto catubyūho-hārasampāto.

'네 가지 정리를 통한 전달'의 적용이 끝남.

66) Suttanipāta, 123-127쪽.

7. '전환을 통한 전달'의 적용

Tattha katamo āvatto-hārasampāto?

그 [열여섯 가지 전달의 적용] 중에서 '전환을 통한 전달'의 적용이란 무엇인가?

Tasmā rakkhitacittassa sammāsaṃkappagocaro ti gāthā.

Tasmā rakkhitacittassa sammāsaṃkappagocaro ti ayaṃ samatho, sammadiṭṭhipurekkhāro ti vipassanā, ñatvāna udayabbayan ti dukkhapariññā, thīnamiddhābhibhū bhikkhū ti samudayapahānaṃ, sabbā duggatiyo jahe ti ayaṃ nirodho. Imāni cattāri saccāni.

'그러므로 마음을 수호하고서 바른 의향의 활동영역을 지닌 자…'라는 게송에서, '그러므로 마음을 수호하고서 바른 의향의 활동영역을 지님'이란 사마타이다. '바른 견해를 앞에 둠'이란 위빠사나이다. '생겨남과 사라짐을 알았음'이란 '괴로움에 대한 두루한 앎'이다. '나태와 졸음을 이겨낸 비구'란 [괴로움의] 일어남을 없애는 것이다. '모든 나쁜 곳을 뒤로 하고 [떠난다.]'란 [괴로움의] 소멸이다. 이것은 사성제이다.

Niyutto āvatto-hārasampāto.

'전환을 통한 전달'의 적용이 끝남.

8. '구분을 통한 전달'의 적용

Tattha katamo vibhatti-hārasampāto?

그 [열여섯 가지 전달의 적용] 중에서 '구분을 통한 전달'의 적용이란 무엇인가?

Tasmā rakkhitacittassa sammāsaṃkappagocaro ti gāthā. Kusalapakkho kusalapakkhena niddisitabbo, akusalapakkho akusalapakkhena niddisitabbo.

'그러므로 마음을 수호하고서 바른 의향의 활동영역을 지닌 자…'라는 게송에서, 옳음(善)의 측면은 옳음의 측면에 따라 설명되어야 한다. 옳지 않음(不善)의 측면은 옳지 않음의 측면에 따라 설명되어야 한다.[67]

Niyutto vibhatti-hārasampāto. [p.106]

'구분을 통한 전달'의 적용이 끝남. [106쪽]

67) 이 책 165쪽 참조.

9. '반전을 통한 전달'의 적용

Tattha katamo parivattano-hārasampāto?

그 [열여섯 가지 전달의 적용] 중에서 '반전을 통한 전달'의 적용이란 무엇인가?

Tasmā rakkhitacittassa sammāsaṃkappagocaro ti gāthā. Samathavipassanāya bhāvitāya nirodho phalaṃ pariññātaṃ dukkhaṃ samudayo pahīno, maggo bhāvito paṭipakkhena.

'그러므로 마음을 수호하고서 바른 의향의 활동영역을 지닌 자…'라는 게송이 있다.

사마타와 위빠사나를 닦음으로써 소멸이라는 결실이 있고, 괴로움은 두루 알려지고, [괴로움의] 일어남은 없어지며, 반대되는 것에 따라[68] 길은 닦여진다.

Niyutto parivattano-hārasampāto.
'반전을 통한 전달'의 적용이 끝남.

---

68) 이 책 211쪽 참조.

10. '유의어를 통한 전달'의 적용

Tattha katamo vevacano-hārasampāto?

그 [열여섯 가지 전달의 적용] 중에서 '유의어를 통한 전달'의 적용이란 무엇인가?

Tasmā rakkhitacittassa sammāsaṃkappagocaro ti gāthā. Tasmā rakkhitacittassā ti cittaṃ mano viññāṇaṃ manindriyaṃ manāyatanaṃ vijānanā vijānitattaṃ idaṃ vevacanaṃ,

'그러므로 마음을 수호하고서 바른 의향의 활동영역을 지닌 자…'라는 게송이 있다. '그러므로 마음을 수호하고서'에서 마음, 정신, 의식, 정신의 기능, 정신의 영역, 의식, 의식하는 상태는 유의어이다.

sammāsaṃkappagocaro ti nekkhammasaṃkappo abyāpādasaṃkappo avihiṃsāsaṃkappo idaṃ vevacanaṃ,

'바른 의향의 활동영역을 지닌 자'에서 세속을 떠남의 의향, 악의 없음의 의향, 해침 없음의 의향은 유의어이다.

sammādiṭṭhipurekkhāro ti sammādiṭṭhi nāma paññāsatthaṃ paññākhaggo paññāratanaṃ paññāpajjoto paññāpatodo paññāpāsādo idaṃ vevacanaṃ.

'바른 견해를 앞에 둔 자'에서 바른 견해란 반야의 칼, 반야의

무기, 반야의 보물, 반야의 빛, 반야의 회초리, 반야의 궁전이다. 이것은 유의어이다.[69]

Niyutto vevacano-hārasampāto.
'유의어를 통한 전달'의 적용이 끝남.

69) 이 책 292쪽 참조.

11. '묘사를 통한 전달'의 적용

Tattha katamo paññatti-hārasampāto?

그 [열여섯 가지 전달의 적용] 중에서 '묘사를 통한 전달'의 적용이란 무엇인가?

Tasmā rakkhitacittassa sammāsaṃkappagocaro ti gāthā. Tasamā rakkhitacittassā ti padaṭṭhānapaññatti satiyā, sammāsaṃkappagocaro ti bhāvanāpaññatti samathassa, sammādiṭṭhipurekkhāro ñatvāna udayabbayan ti dassanabhūmiyā nikkhepapaññatti, thīnamiddhābhibhū bhikkhū ti samudayassa anavasesapahānapaññatti, sabbaduggatiyo jahe ti bhāvanāpaññatti maggassa.

'그러므로 마음을 수호하고서 바른 의향의 활동영역을 지닌 자…'라는 게송에서, '그러므로 마음을 수호하고서'란 사띠의 근접요인에 관련된 묘사이다. '바른 의향의 활동영역을 지닌 자'란 사마타의 닦음에 관련된 묘사이다. '바른 견해를 앞에 둔 자, 생겨남과 사라짐을 알았으므로'란 봄의 영역에 대한 소개의 묘사이다. '나태와 졸음을 이겨낸 비구'란 [괴로움의] 일어남의 남김 없는 제거에 관련된 묘사이다. '모든 나쁜 곳을 뒤로 하고 [떠난다.]'란 길의 닦음에 관련된 묘사이다.

Niyutto paññatti-hārasampāto [p.107]

'묘사를 통한 전달'의 적용이 끝남. [107쪽]

12. '하강을 통한 전달'의 적용

Tattha katamo otaraṇo-hārasampāto?

그 [열여섯 가지 전달의 적용] 중에서 '하강을 통한 전달'의 적용이란 무엇인가?

Tasmā rakkhitacittassa sammāsaṃkappagocaro ti gāthā. Tasmā rakkhitacittassa sammāsaṃkappagocaro sammādiṭṭhi-purekkhāro ti sammādiṭṭhiyā gahitāya gahitāni bhavanti pañcindriyāni. Ayaṃ indriyehi otaraṇā.

'그러므로 마음을 수호하고서 바른 의향의 활동영역을 지닌 자…'라는 게송에서, '마음을 수호하고서 바른 의향의 활동영역을 지닌 자, 바른 견해를 앞에 둔 자'란 바른 견해를 얻음으로써 다섯 기능을 얻음을 뜻한다. 이것은 기능에 따른 하강이다.

Tāni yeva indreiyāni vijjā, vijjuppādā avijjānirodho, avijjānirodhā saṃkhāranirodho, saṃkhāranirodhā viññāṇanirodho. Evaṃ sabbaṃ. Ayaṃ paṭiccasamuppādena otaraṇā.

그 [다섯][70] 기능은 밝은 앎(vijjā, 明)에 해당한다. 밝은 앎의 일어남으로부터 무명의 소멸이 있다. 무명의 소멸로부터 지음의 소멸이 있다. 지음의 소멸로부터 의식의 소멸이 있다. 나머지도

70) 이 책 252쪽은 다섯 기능(pañcindriyāni vijjā)이라고 표현하고 있다.

이와같다. 이것은 연기에 따른 하강이다.

Tāni yeva pañcindriyāni tīhi khandhehi saṃgahitāni: sīlakkhandhena, samādhikkhandhena, paññakkhandhena. Ayaṃ khandhehi otaraṇā.

그 다섯 기능은 세 가지 다발(蘊)에 포함된다. 즉 계의 다발(戒蘊), 삼매의 다발(定蘊), 반야의 다발(慧蘊)이다. 이것은 다발에 따른 하강이다.

Tāni yeva pañcindriyāni saṃkhārapariyāpannāni.

Ye saṃkhārā anāsavā no ca bhavaṅgā, te saṃkhārā dhammadhātusaṃgahitā. Ayaṃ dhātūhi otaraṇā.

Sā dhammadhātu dhammāyatanapariyāpannā. Yaṃ āyatanaṃ anāsavaṃ no ca bhavaṅgaṃ. Ayaṃ āyatanehi otaraṇā.

이러한 다섯 기능은 지음에 속한다. 번뇌를 지니지 않은 것이며 존재의 고리가 아닌 이 지음은 법의 계(界)에 포함된다. 이것은 계에 따른 하강이다.

그 법계는 법의 영역(處)에 속한다. 이 영역은 번뇌를 지니지 않은 것이며 존재의 고리가 아니다. 이것은 영역에 따른 하강이다.

Niyutto otaraṇo-hārasampāto.

'하강을 통한 전달'의 적용이 끝남.

13. '해결을 통한 전달'의 적용

Tattha katamo sodhano-hārasampāto?

그 [열여섯 가지 전달의 적용] 중에서 '해결을 통한 전달'의 적용이란 무엇인가?

Tasmā rakkhitacittassa sammāsaṃkappagocaro ti gāthā. Yattha ārambho suddho, so pañho vissajjito bhavati. Yattha pana ārambho na suddho, na tāva so pañho vissajjito bhavati.

'그러므로 마음을 수호하고서 바른 의향의 활동영역을 지닌 자…'라는 게송에서, [질문의] 동기가 해결될 때 그 질문은 답변된 것이다. [질문의] 동기가 해결되지 않았다면 그 질문은 대답되지 않은 것이다.[71)]

Niyutto sodhano-hārasampāto
'해결을 통한 전달'의 적용이 끝남

71) 이 책 277쪽.

14. '관점을 통한 전달'의 적용

Tattha katamo adhiṭṭhāno-hārasampāto?

그 [열여섯 가지 전달의 적용] 중에서 '관점을 통한 전달'의 적용이란 무엇인가?

Tasmā rakkhitacittassa sammāsaṃkappagocaro ti gāthā.

Tasmā rakkhitacittassā ti ekattatā. Cittaṃ mano viññāṇaṃ, ayaṃ vemattatā.

'그러므로 마음을 수호하고서 바른 의향의 활동영역을 지닌 자…'라는 게송에서, '그러므로 마음을 수호함'이라는 것은 동일성[의 관점에서 말한 것이다.]

마음(心), 정신(意), 의식(識)이라는 것은 다양성[의 관점에서 말한 것이다.]

Sammāsaṃkappagocaro ti ekattatā. Nekkhammasaṃkappo, abyāpādasaṃkappo, avihiṃsāsaṃkappo, [p.108] ayaṃ vemattatā.

'바른 의향의 활동영역'이라는 것은 동일성[의 관점에서 말한 것이다.]

세속을 떠남의 의향, [108쪽] 악의 없음의 의향, 해침 없음의 의향이라는 것은 다양성[의 관점에서 말한 것이다.]

Sammādiṭṭhipurekkhāro ti ekattatā. Sammādiṭṭhi nāma yaṃ dukkhe-ñāṇaṃ dukkhasamudaye-ñāṇaṃ dukkhanirodhe-ñāṇaṃ dukkhanirodhagāminiyā-paṭipadāya-ñāṇaṃ magge-ñāṇaṃ hetumhi-ñāṇaṃ hetusamuppannesu-dhammesu-ñāṇaṃ paccaye-ñāṇaṃ paccayasamuppannesu-dhammesu-ñāṇaṃ, yaṃ tattha tattha yathābhūtañāṇadassanaṃ abhisamayo sampaṭivedho saccāgamanaṃ, ayaṃ vemattatā.

'바른 견해를 앞에 둠'이라는 것은 동일성[의 관점에서 말한 것이다.]

바른 견해는 괴로움에 관한 앎, 괴로움의 일어남에 관한 앎, 괴로움의 소멸에 관한 앎, 괴로움의 소멸로 가는 방법에 관한 앎, 길에 관한 앎, 원인에 관한 앎, 원인에 의해 일어난 법들에 관한 앎, 조건에 관한 앎, 조건에 의해 일어난 법(緣已生法)들에 관한 앎을 의미한다.72) 그리고 그것은 그때 그때 있는 그대로 알고 봄, 증득함, 꿰뚫음, 진리에 다다름이라고 일컬어진다. 이것은 다양성[의 관점에서 말한 것이다.]

Ñatvāna udayabbayanti ekattatā.

Udayena: avijjāpaccayā saṃkhārā, saṃkhārapaccayā viññāṇaṃ. Evaṃ sabbaṃ, samudayo bhavati. Vayena: avijjānirodho, avijjānirodhā··· Evaṃ sabbaṃ, nirodho hoti. Ayaṃ vemattatā.

72) Vibhaṅga, 104쪽.

'생겨남과 사라짐을 알았음'이라는 것은 동일성[의 관점에서 말한 것이다.]

생겨남이란 [다음과 같다.] 무명을 조건으로 지음이 있다, 지음을 조건으로 의식이 있다.… 이와 같이 나머지의 일어남도 같다. 사라짐이란 [다음과 같다.] 무명의 소멸이 있다. 무명의 소멸로부터… 이와 같이 나머지의 소멸도 같다. 이것은 다양성[의 관점에서 말한 것이다.]

Thīnamiddhābhibhū bhikkhū ti ekattatā. Thīnaṃ nāma yā cittassa akammaniyatā, middhaṃ nāma yaṃ kāyassa līnattaṃ. Ayaṃ vemattatā.

'나태와 졸음을 이겨낸 비구'라는 것은 동일성[의 관점에서 말한 것이다.]

나태는 마음이 잘 다루어지지 않는 상태를 말한다. 졸음은 몸이 둔한 상태를 말한다. 이것은 다양성[의 관점에서 말한 것이다.][73].

Sabbā duggatiyo jahe ti ekattatā. Devamanusse vā upanidhāya apāyā duggati, nibbānaṃ vā upanidhāya sabbā upapattiyo duggati, ayaṃ vemattatā.

73) 이 책 328쪽.

'모든 나쁜 곳을 뒤로 하고 떠난다.'란 동일성[의 관점에서 말한 것이다.]

천신과 사람에 비하여 괴로운 곳은 나쁜 곳이다. 열반에 비교하여 다시 태어나는 모든 것은 나쁜 것이다.[74] 이것은 다양성[의 관점에서 말한 것이다.]

Niyutto adhiṭṭhāno-hārasampāto.
'관점을 통한 전달'의 적용이 끝남.

74) 이 책 185쪽.

15. '요건을 통한 전달'의 적용

Tattha katamo parikkhāro-hārasampāto?

[열여섯 가지 전달의 적용] 중에서 '요건을 통한 전달'의 적용이란 무엇인가?

Tasmā rakkhitacittassa sammāsaṃkappagocaro ti gāthā. Ayaṃ samathavipassanāya parikkhāro.

'그러므로 마음을 수호하고서 바른 의향의 활동영역을 지닌 자…'라는 게송이 있다. 이것은 사마타와 위빠사나의 요건이다.

Niyutto parikkhāro-hārasampāto.

'요건을 통한 전달'의 적용이 끝남.

16. '상승을 통한 전달'의 적용

Tattha katamo samāropano-hārasampāto?

[열여섯 가지 전달의 적용] 중에서 '상승을 통한 전달'의 적용이란 무엇인가?

Tasmā rakkhitacittassa sammāsaṃkappagocaro
sammādiṭṭhipurekkhāro ñatvāna udayabbayaṃ
thīnamiddhābhibhū bhikkhu sabbā duggatiyo jahe ti. [p.109]

> "그러므로 마음을 수호하고서 바른 의향의 활동영역을 지닌 자,
> 바른 견해를 앞에 둔 자, 나태와 졸음을 이겨낸 그 비구는
> 생겨남과 사라짐을 알았으므로
> 모든 나쁜 곳을 뒤로 하고 [떠난다.]" [109쪽]

Tasmā rakkhitacittassā ti tiṇṇaṃ sucaritānaṃ padaṭṭhānaṃ. Citte rakkhite taṃ rakkhitaṃ bhavati kāyakammaṃ vacīkammaṃ manokammaṃ.

'그러므로 마음을 수호함'이란 세 가지 좋은 행동의 근접요인이다. 마음을 수호할 때 몸으로 하는 업, 언어로 하는 업, 정신으로 하는 업이 수호된다.

Sammādiṭṭhipurekkkhāro ti sammādiṭṭhiyā bhāvitāya bhāvito bhavati ariyo aṭṭhaṅgiko maggo. Kena kāraṇena?

Sammadiṭṭhito hi sammāsaṃkappo pabhavati, sammāsaṃkappato sammāvācā pabhavati, sammāvācato sammākammanto pabhavati, sammākammantato sammā-ājīvo pabhavati, sammā-ājīvato sammāvāyāmo pabhavati, sammāvāyāmato sammāsati pabhavati, sammāsatito sammāsamādhi pabhavati, sammāsamādhito sammāvimutti pabhavati, sammāvimuttito sammāvimuttiñāṇadassanaṃ pabhavati. Ayaṃ anupādiseso puggalo anupādisesā ca nibbānadhātu.

'바른 견해를 앞에 둠'이란 바른 견해를 닦을 때 팔정도가 닦임을 뜻한다. 왜 그런가?

바른 견해로부터 바른 의향이 발생한다. 바른 의향으로부터 바른 언어가 발생한다. 바른 언어로부터 바른 행위가 발생한다. 바른 행위로부터 바른 삶이 발생한다. 바른 삶으로부터 바른 정진이 발생한다. 바른 정진으로부터 바른 사띠가 발생한다. 바른 사띠로부터 바른 삼매가 발생한다. 바른 삼매로부터 바른 해탈이 발생한다. 바른 해탈로부터 바른 해탈지견이 발생한다. 이것이 생명의 연료가 남아 있지 않은 이, 생명의 연료가 남아 있지 않은 열반계(無餘涅槃界)이다.

Niyutto samāropano-hārasampāto

'상승을 통한 전달'의 적용이 끝남.

Tenāha āyasmā Mahākaccāno: Soḷasa hārā paṭhamaṃ disalocanena disā viloketvā saṃkhipiya aṅkusena hi nayehi tihi niddise suttan ti.

그러므로 마하깟짜나 존자는 말씀하셨다.

"열여섯 가지 전달을 맨 처음으로 하고, 방향별로 갈래지음을 통해 방향을 검토한 뒤, 갈고리로 분류하여, 세 가지 방식으로 경을 설명한다."[75)]

Niyutto hārasampato.

전달의 적용이 끝남.

75) 이 책 25쪽 참조.

엮은이 소개

E. Hardy(1852-1904)

- 철학 박사
- 독일 가톨릭 대학, 하이델베르크 대학교, 베를린 대학교에서 수학
- 독일 프라이부르크대학교 철학, 인도 언어, 문헌학, 비교 종교학 교수로 재직(1858-1898)
- 편저 : Aṅguttara Nikāya 3, 4, 5권, Aṅguttara Nikāya Aṭṭhakathā 등

옮긴이 소개

임승택

- 동국대학교 철학 박사(인도철학)
- 현재 경북대학교 철학과 교수
- 저서 : 고전요가의 이해와 실천(규장각),
  산스크리트어를 배우며 읽어보는 바가바드기타(경서원)
  남방불교 수행체계의 집성 빠띠삼비다막가 역주(가산문고)
  바가바드기타 강독(경서원)
  위빠사나 수행관 연구(경서원) 등 40여 편의 역·저서

서갑선

- 미얀마 국제불교전법대학교(International Theravada Buddhist Missionary University, Myanmar) 디플로마 수료
- 스리랑카 켈라니아대학교(University of Kelaniya, Sri Lanka) 불교학 석사
- 스리랑카 페라데니야대학교(University of Peradeniya, Sri Lanka) 철학 석사
- 현재 스리랑카 페라데니야대학교 빠알리·불교학 박사과정 중

이춘옥

- 경북대학교 문학 박사(사회학)
- 스리랑카 켈라니아대학교(University of Kelaniya, Sri Lanka) 디플로마 수료 및 불교학 석사
- 스리랑카 켈라니아대학교(University of Kelaniya, Sri Lanka) 빠알리·불교학 박사과정 중
- 현재 경주시니어클럽 관장
- 저서 및 주요논문 : 알기쉬운 사회학(공저, 정림사), 여성과 사회(공저, 문음사)
  원시불교에서의 중(中)에 대한 오해, 의와 법의 관계에 대한 고찰 등

한 국 연 구 재 단
학술명저번역총서
[동 양 편]   609

경전 이해의 길, 네띠빠까라나 上

초판 인쇄 2014년 6월 15일
초판 발행 2014년 6월 30일

엮   음 | E. Hardy
옮   김 | 임승택 · 서갑선 · 이춘옥
펴 낸 이 | 하운근
펴 낸 곳 | 學古房

주   소 | 서울시 은평구 대조동 213-5 우편번호 122-843
전   화 | (02)353-9907 편집부(02)353-9908
팩   스 | (02)386-8308
홈페이지 | http://hakgobang.co.kr/
전자우편 | hakgobang@naver.com, hakgobang@chol.com
등록번호 | 제311-1994-000001호

ISBN 978-89-6071-425-0 94220
      978-89-6071-287-4 (세트)

값 : 31,000원

■ 이 책은 2010년도 정부재원(교육과학기술부 인문사회연구역량강화사업비)으로 한국연구재단의 지원을 받아 연구되었음(NRF-2010-421-A00046).
This work was supported by National Research Foundation of Korea Grant funded by the Korean Government(NRF-2010-421-A00046).